Für unseren Opa.

Bibliografische Information der Deutschen Nationalbibliothek: Die Deutsche Nationalbibliothek verzeichnet diese Publikation in der Deutschen Nationalbibliografie; detaillierte bibliografische Daten sind im Internet über www.dnb.de abrufbar.

© 2014 Susanne Endres
www.kindergeburtstage.org

Gestaltung/Satz: Moritz Jacobs (moritzjacobs.de)
Illustrationen: Anne-Céline Soenke

Herstellung und Verlag:
BoD – Books on Demand, Norderstedt

ISBN: 978-3-7357-9458-1

Vorwort

Warum noch ein Buch über Kindergeburtstage?

Ich darf jedes Jahr für meine drei Kinder die Geburtstagsfeiern ausrichten. Ohne Übertreibung kann ich behaupten,
dass unsere Feste bis heute immer sehr schön und gelungen
waren, unsere Gäste immer zufrieden und begeistert. Mir
machte die Vorbereitung und Durchführung jedes Mal sehr
viel Freude.

In meinem Bekanntenkreis gibt es aber etliche Mütter/Väter,
die schon Bauchschmerzen gekommen, wenn sie nur an die
Organisation des bevorstehenden Kindergeburtstages denken.
So wurde ich schon einige Male um Tipps und Anregungen
gebeten, was mir sehr geschmeichelt und mich immer sehr
gefreut hat.

Da es sich hierbei sicher nicht um Einzelfälle handelt und es
im Buchhandel und Internet zwar hunderte von Quellen zur
Gestaltung des Geburtstages gibt, die aber alle nur Teilberei-
che abdecken, habe ich mich entschlossen, selber ein Buch
zu schreiben, das Sie über die Jahre begleiten wird.

WER PROFITIERT VON DEN INHALTEN DIESES BUCHS?

Persönlich habe ich leider die Erfahrung gemacht, dass viele Mütter und Väter Skrupel haben, ein Geburtstagsfest für ihr Kind auszurichten. Sie scheuen die Mühen der Vorbereitung und der Durchführung. Dabei macht dies, wenn sie es richtig angehen, sogar viel Spaß!

Es muss nicht das Teuerste und Extravaganteste an Ideen und Geschenken sein, es reichen oft schon Kleinigkeiten um das Kind glücklich zu machen und den Tag für die kleine Hauptperson und ihre Gäste zu einem unvergesslichen Erlebnis werden zu lassen. Sehen Sie Geburtstagsfeste nicht als Wettbewerbe zwischen Familien, machen Sie sich frei von Konkurrenzdenken! Ihr Kind ist Ihr Kind und diesem Kind wollen Sie einen schönen Tag bereiten!

Sehen Sie dieses Buch als Nachschlagewerk, als Handbuch. Natürlich können Sie es, wenn es Ihnen gefällt, von der ersten bis zur letzten Zeile lesen. Aber anhand des übersichtlichen Inhaltsverzeichnisses können Sie auch nur in den Kapiteln blättern, die Sie wirklich interessieren. Unter dem Schlagwort „kein Stress!" finden Sie konkrete Hinweise auf Spiel-, Bastel- und allgemeine Tipps.

Nicht vergessen möchte ich an dieser Stelle besondere häusliche Situationen. So gibt es heutzutage immer mehr allein erziehende Elternteile oder berufstätige Mütter, die nicht die Zeit haben, große, aufwendige Spiele vorzubereiten, stundenlang in der Küche zu stehen oder sämtliche Bastelbücher und -hefte nach ausgefallenen Bastelideen zu durchsuchen. Für diese ist das Buch auch genau das Richtige!

Inhalt

Vorwort 2

1. EIN GROSSER TAG FÜR JEDES KIND **8**

1.1 So feiern wir 12

2. ALTERSGERECHTE FESTE **16**

2.1 Feste für Ein- bis Dreijährige 17

2.2 Feste für Drei- bis Fünfjährige 20

2.3 Feste für Fünf- bis Siebenjährige 22

2.4 Feste für Sieben- bis Zehnjährige 24

3. EIN FEST MIT DEN BESTEN FREUNDEN **26**

3.1 Etwas Planung muss sein 27

3.2 Das Fest geht los 50

3.3 Speisen und Getränke 60

3.4 Verkleiden und Schminken 72

3.5 Alles zum Basteln 76

3.6 Zeit für Spiele 92

3.7 Vorlesegeschichten zum Träumen und Entspannen . 120

3.8 Schnitzeljagd, Schatzsuche, Suchfahrten 123

4. IDEEN FÜR TOLLE MOTTOGEBURTSTAGE **132**

4.1 Für die ganz Kleinen (1-3 Jahre) 136

4.2 Astronaut (ab 5 Jahre) 146

4.3 Badespaß (ab 5 Jahre) 154

4.4 Bauernhof (ab 3 Jahre) 164

4.5 Bienchen und Blumen (ab 3 Jahre) 176

4.6	Detektiv (ab 6 Jahre)	186
4.7	Dinosaurier/ Steinzeit (ab 5 Jahre)	194
4.8	Disco/ Flower-Power/ Karaoke (ab 8 Jahre)	204
4.9	Dschungel (ab 5 Jahre)	212
4.10	Farben (ab 4 Jahre)	222
4.11	Feuerwehr (ab 4 Jahre)	228
4.12	Fußball (ab 5 Jahre)	236
4.13	Geister, Gespenster, Halloween (ab 7 Jahre)	244
4.14	Hasen und Igel (ab 5 Jahre)	254
4.15	Hexenfest/ Walpurgis (ab 6 Jahre)	262
4.16	Indianer (ab 5 Jahre)	272
4.17	Jahreszeiten (ab 3 Jahre)	282
4.18	Käfer (ab 3 Jahre)	314
4.19	Kochparty/ Backparty (ab 7 Jahre)	322
4.20	Märchen und Sagen (ab 4 Jahre)	330
4.21	Mäuse und Katzen (ab 3 Jahre)	338
4.22	Olympiade (ab 6 Jahre)	346
4.23	Orient/ Ägypten (ab 4 Jahre)	354
4.24	Piraten (ab 5 Jahre)	362

4.25 Plärrer/ Volksfest/ Jahrmarkt (ab 6 Jahre). 370

4.26 Pony/ Pferd (ab 4 Jahre) 376

4.27 Prinzessin/ Prinz (ab 3 Jahre) 384

4.28 Räuber (ab 5 Jahre) 392

4.29 Ritter (ab 5 Jahre). 400

4.30 Römer (ab 5 Jahre) 408

4.31 Safari (ab 6 Jahre) 416

4.32 Schmetterling, Fee und Elfe (ab 3 Jahre) 424

4.33 Sterne (ab 4 Jahre) 432

4.34 Übernachtung, Pyjama, Mondschein-Party (ab 7 Jahre) 438

4.35 Unterwasser (ab 4 Jahre). 444

4.36 Wald/ Zwerge/ Wichtel (ab 4 Jahre) 452

4.37 Wellness (ab 8 Jahre) 460

4.38 Weltreise (ab 7 Jahre) 468

4.39 Wilder Westen (ab 5 Jahre) 474

4.40 Zauberfest (ab 6 Jahre) 480

4.41 Zirkus (ab 4 Jahre) 488

4.42 Zoo (ab 3 Jahre) 496

5. AUSWÄRTS FEIERN BZW. MIT PROFESSIONELLER ANIMATION. **504**

DANKESCHÖN. **509**

HAFTUNGSAUSSCHLUSS **510**

1 Ein großer Tag für jedes Kind

ENDLICH GEBURTSTAG!

Für alle Kinder ist der eigene Geburtstag einer der Höhepunkte im Jahr, der sehnsüchtig erwartet wird. Oder kennen Sie nicht die Frage: *„Mama, wann hab ich denn endlich Geburtstag?"*

Auch schon kleine Kinder spüren das Besondere dieses Tages. Bereits Einjährige sind beeindruckt vom Licht der Geburtstagskerze, den Geschenken und den knisternden Papieren. Sie spüren die Aufmerksamkeit und Liebe der Eltern und genießen sie. Je älter die Kinder werden, desto mehr treten Eltern und Verwandte in den Hintergrund und Freunde gewinnen an Bedeutung. Mit ihnen möchten sie zusammen sein und gemeinsam feiern.

Um die Wartezeit zu verkürzen, können Sie das Kind schon **frühzeitig** mit in die ersten, groben Planungen des Festes einbeziehen. (*„Wie möchtest Du denn überhaupt feiern – zuhause, mit Freunden, in einem Vergnügungspark, im Kino...?"*)

**MIT EINIGEN, KLEINEN TRICKS VERGEHEN DIE TAGE
BIS ZUM GEBURTSTAG ETWAS SCHNELLER:**

☐ Zerschneiden Sie einen alten **Kalender** und lassen Sie
Ihr Kind jeden Tag in anderen Farben abkreuzen.

☐ Fädeln Sie Perlen, bunte Müsliringe, Fruchtgummis
oder getrocknete Apfelringe in der Anzahl der
verbleibenden Tage auf einen Draht oder **Faden.**
Jeden Tag darf sich das Kind einmal davon
nehmen und die Kette wird immer kleiner.

☐ Legen Sie **Kieselsteine,** beschrieben mit den
verbleibenden Tagen in eine ruhige Ecke des
Kinderzimmers. Jeden Tag nähert sich das Kind
mehr dem Ziel, z.B. einer kleinen (unangezündeten)
Kerze, indem es einen Stein entfernt.

☐ Besorgen Sie sich eine kleine **Schiefertafel**
oder Tafelfolie (auf ein Stück Sperrholz geklebt)
und aktualisieren Sie jeden Tag die Zahl der
Tage bis zum Geburtstag (Noch ... Tage).

Ist endlich der Geburtstag dann da, machen Sie dem Kind
klar, dass es natürlich die Hauptperson ist, Sie aber ganz klar
und deutlich der „Bestimmer". Viele Kinder meinen, sie hätten
an diesem Tag den Freibrief dazu, „wild" zu sein und sich
Sachen – vielleicht zur Angabe vor Freunden - zu erlauben,
die ansonsten verboten sind. Setzen Sie hier klare Grenzen!

10 Ein großer Tag für jedes Kind

Natürlich ist das Geburtstagskind heute der Mittelpunkt, um den sich alles dreht, es wird heute geehrt, nicht weil es etwas Besonderes geleistet hat, sondern wegen seiner Persönlichkeit. *Man freut sich, dass es auf der Welt ist!*

Es darf zwischen von Ihnen vorgegebenen Alternativen (z.B. bei Spielen) wählen. Machen Sie dem Geburtstagskind klar, dass Sie alles Machbare versuchen und alles Vertretbare auch erlauben.

Es gibt aber Kinder, die es gar nicht mögen, Geburtstagsfeste mit vielen Leuten zu feiern. Es ist ihnen unangenehm im Mittelpunkt zu stehen und ein vorbereitetes Geburtstagsfest durchzuziehen. **Akzeptieren Sie dies!** Es ist nicht gut, diesen Kindern ein großes Fest aufzudrängen. Vielleicht ist es für diese Kinder das Höchste, die Eltern nur für sich allein zu haben oder nur die ein bis zwei besten Freunde einzuladen und in Ruhe den ganzen Tag mit diesen im Zimmer spielen zu können. Spiele und Basteln sind kein Muss! Oder Sie genießen in kleinem Rahmen mit Ihrem Sprössling einen Ausflug und nehmen sich den ganzen Tag Zeit für Ihr Kind.

Eigene Notizen

1.1 So feiern wir

In jeder Familie werden Geburtstage anders gefeiert. Am schönsten ist es aber, wenn sich jedes Jahr Kleinigkeiten wiederholen. Versuchen Sie, Rituale einzuführen und über Jahre beizubehalten, die Wiederholungen vermitteln Sicherheit und Geborgenheit.

Ich decke bereits am Vorabend oder in der Nacht heimlich unseren Tisch mit Filz- oder Windowcolor-Streu-Teilchen (teilweise aus der Weihnachtskiste), Geschenken, frischen Blumen, der Taufkerze, einem Geburtstagsrondell (oder auch Geburtstagszug) mit Kerzen in Anzahl der erreichten Jahre und hänge eine „Happy-Birthday-Girlande" auf. Am nächsten Morgen kommt noch der obligatorische Geburtstagskuchen dazu. Die Räume bleiben verdunkelt, Kerzen werden angezündet, Foto und Kamera bereitgelegt, bevor dann die kleine Hauptperson von allen anderen mit einem Geburtstagslied (sanft?!) geweckt wird.

Nach der Gratulation geht es dann an den Gabentisch. Dort werden als erstes die Kerzen ausgeblasen (Wunsch nicht vergessen) und die Geschenke ausgepackt, bevor der leckere Geburtstagskuchen angeschnitten und gefrühstückt wird.

Dann geht der „normale" Tagesablauf los.

In vielen **Kindergärten** und **Schulen** ist es üblich, dass das Geburtstagskind den anderen aus seiner Gruppe oder Klasse etwas zu Essen von zu Hause mitbringt. Hier gibt es die vielfältigsten Möglichkeiten, bewährt haben sich:

☐ Kuchen, Muffins, Waffeln

☐ Gemüsesticks

☐ Obstspießchen

☐ Kleine Tütchen mit Süßigkeiten

☐ Butterbrezen (bitte halbieren)

FEIERN IM KINDERGARTEN

Am besten, Sie sprechen dies im Voraus schon mit den Erzieherinnen ab. Planen Sie z.B. Pommes mit Ketchup oder Pizza, bedeutet dies Mehrarbeit für die Damen, was nicht überall gerne gesehen wird. Auch sollte eine gewisse Abwechslung geboten sein, wenn z.B. drei Geburtstage in einer Woche gefeiert werden.

Haben Sie Schulkinder, erkundigen Sie sich bei der Lehrerin, ob und wie das Geburtstagskind in der Schulklasse gefeiert wird und ob Mitbringsel überhaupt erwünscht sind.

In vielen Familien finden am Geburtstag selber Einladungen statt. Sei es zu einer Kinderparty, zu der dieses Buch die Vorlage bildet, oder sie laden die Großeltern, Tanten, Onkel und Paten etc. zu einem Familienfest ein.

IN MANCHEN FAMILIEN IST ES BRAUCH...

kein Stress! ERINNERUNGEN SCHAFFEN

☐ von jedem Geburtstag Erinnerungsstücke aufzuheben, z.B. in einer kleinen **Geburtstagsschatztruhe** (Schuhkarton)

☐ oder ein **Geburtstagsalbum** anzulegen, in das jedes Jahr nur Fotos vom Geburtstag eingeklebt werden und in dem die jeweiligen Gäste unterschreiben und gute Wünsche eintragen können

☐ oder eine **Collage** zu basteln, die Fotos, Teile der Dekoration und wichtige Daten (Gäste, Essen...) übersichtlich enthält.

Wenn es Ihnen gelingt, dieses Ritual konsequent durchzuführen, entsteht so mit den Jahren ein wunderbares Erinnerungsstück, in dem Ihr Kind auch noch als Erwachsener gerne blättert.

Sie haben sicherlich Ihre eigenen Rituale, vielleicht schmücken Sie den Geburtstagsthron besonders, gehen prinzipiell schön essen oder feiern in kleinem Rahmen mit der Familie. Aber Sie spielen zumindest mit dem Gedanken, Ihrem Kind eine Feier mit Freunden auszurichten und dazu finden Sie hier sicher genügend Anregungen.

Auch wenn die ersten Feiern nicht ganz nach Ihrem Geschmack gelingen, es wird besser. **Sie wachsen mit der Aufgabe.** Sie werden sehen, wenn das Fest vorbei ist, werden Sie denken, dass „es gar nicht so schlimm war" und dass Sie nächstes Jahr ruhig auch noch dies und jenes dazu anbieten und einbringen können. Mit den Jahren kommt auch die Routine.

Denken Sie daran, dass sich die Erinnerungen Ihrer Kinder an diese besonderen Festtage wie ein roter Faden durch ihr weiteres Leben ziehen werden!

2 Altersgerechte Feste

Welche Feier die richtige für das jeweilige Kind ist, hängt nicht nur von seinem Alter, sondern von seinen Bedürfnissen und seinen psychischen und motorischen Fähigkeiten ab.

In den ersten 10 Jahren durchlaufen unsere Kinder viele individuelle Entwicklungsphasen, das eine früher, das andere später. Deshalb ist es schwierig, die einzelnen Vorschläge zur Programmgestaltung einer Geburtstagsfeier einer bestimmten Altersgruppe zuzuordnen. Was ein Kind kann, welche Spiele ihm gefallen, das hängt von vielen Faktoren ab: von den häuslichen Gegebenheiten, vom Geschwister- und Freundeskreis, von Kindergarten und Schule und von allgemeinen Lebensverhältnissen (z. B. haben Landkinder andere Interessen als Stadtkinder...).

Mit der Entwicklung der Kinder ändert sich auch die Zusammensetzung der Gäste. Laden 3- und 4-Jährige noch vorurteilslos Kinder des anderen Geschlechts ein, fangen 7-Jährige doch schon an, unter sich bleiben zu wollen. Doch auch gemischte Gruppen können sehr lustig sein, wenn die Anzahl der Jungen und Mädchen in etwa gleich groß ist.

Sie können am besten einschätzen, was sich Ihr Kind wünscht und was Sie von ihm erwarten können. Sie sollten aber auf jeden Fall den Geburtstag ausrichten, der pauschal zum Alter des Kindes passt. So sind „Top-Model"-Feiern für 4-Jährige nicht ideal, für diese Altersgruppe wäre ein Märchengeburtstag besser. Beachten Sie diesen Aspekt gerade auch bei Ihren geplanten Spiel- und Bastelaktivitäten.

2.1 Feste für Ein- bis Dreijährige

Ein Fest für so kleine Kinder? Ist das nicht schon etwas früh?

Sicher, mit einem Jahr kann das Kind noch nicht so aktiv am Geschehen teilnehmen, aber schon in diesem Alter will es ernst genommen werden! Langsam entwickelt es ein Ich-Bewusstsein, es spürt die Aufregung des Tages und genießt es, besonders beachtet zu werden und vor allem: bunte Pakete aufreißen zu dürfen! Das Papier knistert doch so schön! In diesem Alter ist das Auspacken noch interessanter als das Geschenk, das Tun aufregender als das Ergebnis! Vielleicht hat das Kind sogar eine kleine Krone auf, alle um es herum singen und sehen es dabei an. Es lauscht fasziniert und beeindruckt! Was kann das nur bedeuten? Doch sicher, dass es etwas Besonderes ist!

Natürlich sind die Kinder zu klein um selber einzuladen, aber sie freuen sich, wenn bekannte Gesichter, Verwandte oder Freunde zu Besuch sind.

„In den ersten 2 Lebensjahren ist das Ich-Bewusstsein noch sehr verschwommen und unklar. Das Kind erlebt sich selbst als Mittelpunkt der Welt, ganz darauf bezogen, dass andere für sein Wohlergehen da sind.

18 Feste für Ein- bis Dreijährige

Von sich selbst spricht das Kleinkind, indem es seinen Namen nennt und auf sich zeigt... Gegen Ende des 2. Lebensjahres...beginnt das Kind, sich aus der engen Bindung an die Eltern zu lösen. Es macht seine ersten wichtigen Schritte in Richtung Selbstständigkeit... Es hat ein erstes Bewusstsein von sich selbst, spricht von sich ab diesem Zeitpunkt in der Ich-Form und kann schon vieles im täglichen Leben selbstständig unternehmen."[1]

[1] *Eva Renys, Hanne Viehoff: "Kleine Kinder kreativ", Don Bosco, 1997*

Für uns bedeutet dies: Eine richtige Kinderparty zu veranstalten ist in diesem Alter nicht möglich und nicht sinnvoll, da die Kinder noch auf ihre Bezugspersonen fixiert sind. Ersparen Sie es sich lieber, kleine, „fremde" Kinder aus Krippe, Klein-Kindergarten etc. alleine zu sich nach Hause zu einem Kindergeburtstag einzuladen. Die Kinder sind noch so auf ihre Bezugspersonen fixiert, kennen Sie nicht und fühlen sich wahrscheinlich im fremden Umfeld nicht sonderlich wohl. Laden Sie doch einfach zum Kaffee auch die dazugehörigen Mütter mit ein, man kennt sich wahrscheinlich eh aus Schwangerschaftskursen, Krabbelgruppen o.ä. Die kleinen Gäste brauchen vertraute Anlaufstellen, wo sie sich, wenn nötig, anlehnen können.

Seien Sie mit der Anzahl der Gäste zurückhaltend, denn zu viele Gäste sind anstrengend und das Geburtstagskind ermüdet leicht. Apropos ermüden: Bedenken Sie, dass selbst viele 3-Jährige noch ihren Nachmittagsschlaf brauchen! Vielleicht bietet sich hier also auch eine Einladung zum (verspäteten) Geburtstags-Frühstück an!

Muten Sie Ihrem Kind nicht zu viel zu, wenn es seine Gäste begrüßen soll, erwarten Sie nicht, dass es freudestrahlend jeden Gast einzeln registriert. Oft ist das Kind über die plötzliche Ansammlung der „vielen" Menschen irritiert und versteckt sich hinter Ihrem Rücken. Geben Sie ihm Zeit, sich an die Situation zu gewöhnen.

Um die Kleinen nicht zu überfordern, sollte für 1- bis 3-Jährige das Fest maximal 2 Stunden dauern.

Nun können Sie sich die 2 Stunden mit an den Kaffeetisch setzen und zusammen mit den anderen Müttern den Kindern beim Spielen zusehen. Aber: Beschäftigen Sie sich doch mit den Kindern, machen Sie doch etwas mit ihnen, was neu für sie ist und das Besondere dieser Einladung widerspiegelt! Setzen Sie sich mit den Kindern auf den Boden, singen Sie mit ihnen und zeigen ihnen Fingerspiele etc.! Fast alle der in Kapitel 4.1 genannten Vorschläge sind so ausgelegt, dass Erwachsene zusammen mit den Kindern das Spiel oder die Bastelei ausführen. Noch mehr Vorschläge erhalten Sie in speziellen Büchern für Krabbelgruppen, Spielgruppen oder Vorkindergärten.

Beachten Sie auch: Zwingen Sie niemals, sondern legen Sie Spielsachen in die Nähe, mit denen sich die Kinder beschäftigen können, wenn sie keine Lust auf gemeinsames Spiel haben.

2.2 Feste für Drei- bis Fünfjährige

In diesem Alter haben die Kinder meistens schon Erfahrungen damit gemacht, länger von ihren Eltern getrennt zu sein, sie gehen in Vor- oder in Kindergärten und haben dort schon einige Freunde kennen gelernt. Mit diesen sozialen Kontakten wächst ihre Selbstständigkeit und sie können dem Geburtstag schon seine wichtige Bedeutung zuordnen. Werden die Kinder nun bei fremden Leuten eingeladen, passen sie sich im Allgemeinen gut an, wenn man ihre Zurückhaltung akzeptiert und ihnen Zeit lässt, sich alleine zurecht zu finden. Die Mutter kann natürlich trotzdem noch mit eingeladen werden, wenn Sie meinen, dass dies notwendig ist.

Zeigen Sie Kindern in diesem Alter bereits bei der Begrüßung wie selbstverständlich die Toilette. Kleine Kinder scheuen sich oft, in einem fremden Haus danach zu fragen.

Kinder zwischen drei und fünf Jahren spielen gerne miteinander Rollenspiele, hören sich Geschichten an, beginnen Fragen dazu zu stellen und lernen auch, gewisse Regeln zu akzeptieren. Ihr feinmotorisches Geschick ist soweit ausgeprägt, dass sie z.B. Perlen auffädeln, mit der Schere an Linien schneiden und Schlangen und Kugeln kneten können. Sie können nun auch viele Tiere benennen und wissen auch, welche Geräusche diese von sich geben.

Ab diesem Alter können Sie anfangen, Spiele, auch mit komplexeren Spielregeln, mit den Kindern zu spielen, bei denen sie Preise gewinnen können. Sorgen Sie dafür, dass jedes Kind einmal gewinnt, denn kein Kind darf traurig nach Hause gehen! Drücken Sie beide Augen zu, wenn die Kleinen noch nicht ganz richtig spielen, durcheinanderlaufen und die Plätze wechseln. Hauptsache, es macht allen Spaß!

Sie können auch kleine Geschenke als Andenken an die Kinder verteilen oder Geschenketütchen mit Süßigkeiten zusammenstellen, die die Kinder mit nach Hause nehmen können.

2.3 Feste für Fünf- bis Siebenjährige

Zwischen dem 5. und dem 7. Lebensjahr erleben die Kinder grundlegende Veränderungen: Sie kommen zur Schule, gehen selbstständig ihren Schulweg und überqueren allein die Straße. Sie sind für ihre Hausaufgaben verantwortlich und erledigen Arbeiten alleine. Man kann von Kindern in diesem Alter also schon eine Portion Vernunft erwarten.

Deshalb können diese Kinder auf jeden Fall ohne Eltern eingeladen werden. Wenn sich die Kinder nicht kennen, geben Sie ihnen Zeit, sie werden selber Kontakte schließen.

Jetzt sind die Kinder in einem Alter, in dem sie etwas leisten wollen, sich mit Anderen messen und bei Spielen gewinnen wollen. Sie sind furchtbar betrübt, wenn sie verlieren und nichts gewinnen. Achten Sie deshalb darauf, dass bei den Spielen jedes Kind zumindest einen Trostpreis bekommt.

Sie lernen ihren Körper kennen und beherrschen. Bei Wett-rennen z.B. kann man verschiedene Schwierigkeiten einbauen, welche die Kinder nun meistern werden.

Die Kinder sind nun in der Lage, Unterschiede richtig zu definieren, verschiedene Materialien zu erkennen und Fehlen-des in Zeichnungen zu finden.

Was ihnen noch nicht so geläufig ist, ist das Lesen und Schreiben. Die Einen haben zwar richtig Spaß daran, aber für Andere ist „Lesen und Schreiben" mit viel Mühe verbunden. Halten Sie sich also mit derartigen Spiel-Ideen zurück, denn auf einem Kindergeburtstag sollte kein Kind überfordert werden.

2.4 Feste für Sieben- bis Zehnjährige

Die Kinder werden immer selbständiger. Sie haben ihre festen Freunde, mit denen sie am liebsten jeden Tag etwas unternehmen würden. Sie wünschen sich, bei ihren Freunden zu übernachten und würden dies auch an ihrem Geburtstag toll finden. Sie sind Meister im Geschichten erfinden, kennen die Jahreszeiten, die Himmelsrichtungen, Wortanfangsbuchstaben, Rechts und Links und vieles mehr.

Sie lieben die Herausforderung und jede Art von Rätseln, Rallyes und Schatzsuchen. Ihr Temperament ist kaum zu bändigen, denn dadurch, dass sie in der Schule zum „Stillsitzen gezwungen" werden, brauchen sie nun anderweitig sehr viel Bewegung.

Ihre Motorik ist bereits gut ausgebildet. Sie können auf einem Bein über längere Strecken hüpfen, klettern sicher und gewandt und haben keine Probleme, exakte Arbeiten mit ihren Händen auszuführen. Das Spiel- und Bastelangebot auf einem Geburtstagsfest kann demzufolge doch sehr breit gefächert sein.

Die Kinder haben nun ein Alter erreicht, in dem sie sich größtenteils schon selber bei den Geburtstagsvorbereitungen mit einbringen wollen und können. Sie können Sie bei Einladung und Dekoration unterstützen und Ihnen wirklich zur Hand gehen. Und dabei haben die Kinder sicher eine Menge Spaß!

Eigene Notizen

3 Ein Fest mit den besten Freunden

3.1 Etwas Planung muss sein

Beginnen Sie frühzeitig mit den Vorbereitungen für Ihr Fest, dann haben Sie genügend Zeit für die Festlegung des Mottos, der Spiele, der Dekoration etc.. Machen Sie Ihrem Kind Vorschläge -schließlich ist es die Hauptperson- und lassen ihm Zeit, sich zu entscheiden. Bei rechtzeitiger Planung können Sie die notwendigen Vorbereitungen nebenbei im normalen Alltag erledigen und haben die Tage vor dem Fest nicht alles auf einmal zu managen. Sich 6 Wochen vor dem geplanten Fest zum ersten Mal mit dem Thema zu befassen, reicht völlig aus (Ausnahme: Auswärts-Reservierungen).

TERMIN-PLANUNG (4 WOCHEN VOR TAG X)

Wann soll die Feier sein?

- ☐ Am Geburtstag direkt?
  Wird dieser Tag für die Familie freigehalten?
  Wird bereits in Kindergarten/Schule gefeiert? (D.h. ist der Tag zu anstrengend für das Geburtstagskind?)

- ☐ Am Wochenende?
  Sind hier Helfer eher verfügbar?
  Haben alle Geschäfte, Restaurants und sonstige Ziele geöffnet? (Gerade bei einer Schatzsuche etc. ist es bedauerlich, wenn z.B. das Ziel Eisdiele Ruhetag hat.)

kein Stress! WANN?

Bedenken Sie auf jeden Fall, dass nicht allzu viel Zeit zwischen dem Geburtstag und dem Fest vergehen sollte, da sonst der Bezug fehlt und vieles nicht richtig durchgeführt werden kann (z.B. Geburtstagslied singen).

Der Samstag ist für viele Familien der beste Tag für eine Einladung. Hier haben die anderen Eltern am wenigsten Termine und Verpflichtungen, so dass ein Abgeben und Abholen der Kinder am unproblematischsten ist.

Gerade bei größeren Kindern ab dem 7. Lebensjahr sind „Übernachtungspartys" der Hit. Wenn Sie diese nicht in den Ferien feiern, kann hier nur das Wochenende gewählt werden.

Beachten Sie „äußere Einflüsse":

☐ Gibt es andere Veranstaltungen (in Schule, Kindergarten, Ort) am geplanten Tag?
Es ist schade, wenn ausgerechnet an diesem Tag andere Feierlichkeiten stattfinden, die das Geburtstagskind und seine Gäste versäumen, oder Gäste absagen, weil eine Generalprobe des Schulorchesters o.ä. ansteht.

☐ Sind alle Gäste da oder eventuell im Urlaub (Ferienzeit beachten)? Sprechen Sie ruhig im Vorfeld die Eltern der eingeladenen Kinder an, ob der Termin wahrgenommen werden kann.

☐ Können alle Einladungen frühzeitig übergeben werden (ca. 2–3 Wochen vor dem Fest)? Für die Detailplanung sollten Sie schnellstmöglich die endgültige Gästezahl wissen.

WIE LANGE SOLL DAS FEST DAUERN?

In der Regel reichen 3 bis 4 Stunden für das Fest. Kinder im Alter bis zu 3 Jahren sind aber auch schon nach 2 Stunden Programm erledigt.

Das Fest findet meistens nachmittags statt, beginnt mit fröhlichem Kuchenessen und endet vor oder nach dem Abendessen.

Bei Freunden, die alle in den gleichen Kindergarten/Schule gehen, wäre es auch denkbar, die Kinder gemeinsam abzuholen, das Fest direkt am Geburtstag mit Mittagessen beginnen zu lassen und schon gegen 16.00 Uhr abzuschließen. Der späte Nachmittag und Abend wäre dann für die Familie reserviert, für Oma/Opa etc. Bedenken Sie jedoch: Das ist eine anstrengende Variante, sowohl für Sie als auch für das Geburtstagskind.

WIE LANG?

30 Etwas Planung muss sein

Bei Kindern ab 9 Jahren sind Feste, die nachmittags beginnen und abends enden (ca. 21:00 Uhr), also auch 5 Stunden dauern können, sehr beliebt. Ebenso Pyjama-Partys, bei denen die Gäste im Schlafanzug am Samstag Morgen kommen und nach dem Mittagessen wieder gehen.

Und dauert das Fest noch länger (z.B. über Nacht) verschieben sich natürlich die Zeiten, so kann ein Fest durchaus erst zum Abendessen beginnen und am nächsten Tag nach einem späten Frühstück enden.

Eigene Notizen

GÄSTE-PLANUNG (4 WOCHEN VOR TAG X)

Wer wird eingeladen?

Legen Sie die Anzahl der Gäste fest.

Als Grundregel gilt das Alter des Kindes (+/- ein Kind): Zum 5. Geburtstag sollten also ca. 5 Kinder eingeladen werden.

Setzen Sie Grenzen und halten Sie das Fest übersichtlich. Es wird zu viel, sollten Sie den ganzen Kindergarten einladen wollen. Je mehr Kinder, desto turbulenter wird die Feier für Sie und die Kinder.

Auch wenn Ihr Kind bei vielen anderen Geburtstagen eingeladen ist, sehen Sie es nicht als Muss, sich zu revanchieren. Freunde kommen und gehen und Sie tun sich keinen Gefallen, wenn Sie allen gerecht werden wollen.

Beachten Sie: Lassen Sie Ihr Kind die Gäste aussuchen. Es ist nicht ratsam, dem Kind Gäste aufzudrängen, die normalerweise nicht zu dessen Freundeskreis gehören (z.B. Kinder von mit Ihnen befreundeten Erwachsenen). Die Kinder kennen sich nicht gut und leicht kann es zu Streitigkeiten oder durch „bockende" Kinder zu Stresssituationen kommen. Vermeiden Sie so jede Art von Machtkämpfen und Tränen.

Ausnahme bei der Gästezahl bilden spezielle Geburtstage, z.B. Nachtfeiern oder Ausflüge mit speziellem Programm. Auch hier sollten Sie sich nicht scheuen, die Anzahl einzugrenzen, da sonst der Aufwand und die finanziellen Ausgaben viel zu hoch wären. Denken Sie immer daran: Ein Kindergeburtstag ist kein Wettbewerb, wer am meisten Geld dafür ausgeben kann!

Werden zu viele Erwachsene bei einem Kinderfest eingeladen, kann dies schnell die gute Laune vertreiben. Vermeiden Sie es, Ihre Verwandtschaft zum Kindergeburtstag einzuladen: Die Kinder können nicht so spielen, wie sie wollen und die „älteren Herrschaften" fühlen sich oft übergangen.

Spätestens 2 Wochen vor dem Fest sollten alle Gäste auf die Einladung geantwortet haben und die endgültige Zahl feststehen.

HELFER-PLANUNG

**Wer kann Ihnen im Vorfeld zur Hand gehen?
(Einkäufe erledigen, Kuchen backen, ...)**

Sprechen Sie die Oma oder Freundin ruhig an, viele freuen sich über diese Aufgabe.

WER KANN IHNEN AM FESTTAG BEHILFLICH SEIN?

☐ Gibt es größere Geschwisterkinder,
die Ihnen helfen können?

☐ Oder benötigen Sie eine Aufsichtsperson, die
für die kleineren Geschwister sorgt?

☐ Wer nimmt Ihnen Ihr Haustier für ein paar Stunden ab?

☐ Kann jemand das Fotografieren oder Filmen
übernehmen? (Achtung: Batterie etc. überprüfen!!!)

☐ Übernimmt jemand aus Ihrem Familien-/Freundeskreis
das Holen und Bringen der kleinen Gäste oder
werden diese von ihren Eltern abgeliefert/geholt?

☐ Wer hilft Ihnen beim Abbau/Aufräumen?

RAUM-PLANUNG (4 WOCHEN VOR TAG X)

Wo soll gefeiert werden?

Es hängt von der Jahreszeit, vom Wetter und natürlich von den räumlichen Gegebenheiten ab, wo das Fest stattfinden soll.

IM HAUS/WOHNUNG:

☐ Gibt es einen speziellen Partyraum oder kann das Wohnzimmer in ein Schloss oder eine Disco etc. umfunktioniert werden?

☐ Sind die Nachbarn informiert, dass es etwas lauter zugehen könnte?

☐ Auf die Wohnverhältnisse müssen auch die Spiele abgestimmt werden, in engen Räumen können Tobespiele leicht ins Chaos führen.

☐ Legen Sie klar fest, wo der Geburtstag stattfindet und dass verschiedene Räume in der Wohnung tabu sind (z.B. Elternschlafzimmer).

Steht kein geeigneter Raum zuhause zur Verfügung, ist es manchmal sogar ratsamer, bei der zuständigen (Kirchen-) Gemeinde nach einem zu mietenden Raum nachzufragen als zwanghaft zu versuchen, sieben Jungen in einem 15 m² Raum drei Stunden lang ruhig zu halten.

IM GARTEN / IM FREIEN:

Auch wenn z.B. im Sommer ein Garten zur Verfügung steht, ist nicht sicher, dass das Wetter mitspielt und die Gartenparty wirklich stattfinden kann. Haben Sie einen alternativen Raum für schlechtes Wetter?

Kann z.B. die Garage mit einbezogen werden?

Sie können auch auf öffentlich zugänglichen Schulhöfen oder Spielplätzen feiern, müssen sich aber im Klaren sein, dass sich dort auch andere Kinder, die nicht zu Ihnen gehören, aufhalten können.

Sind Spiele für draußen (z.B. Schnitzeljagden) auch bei Regen oder sogar Schnee möglich? Meistens gefällt es den entsprechend angezogenen Kindern sogar viel besser! (Denken Sie bei der Formulierung des Einladungstextes an die wetterfeste Kleidung.)

WIE WOLLEN SIE DIE „LOCATION" DEKORIEREN?

Überdenken Sie diesen Punkt auch schon im Vorfeld. Weniger ist hier oft mehr. Wunderschön sieht z.B. der Garten aus, wenn man nur Luftballons und bunte Krepppapierstreifen an Bäume bindet bzw. tackert.

AUSWÄRTS FEIERN:

Hierauf soll in Kapitel 5 noch gesondert eingegangen werden.

VERLAUFS-PLANUNG

Wie soll gefeiert werden?

Dem Kind macht es sehr viel Spaß, zusammen mit Ihnen an der Planung beteiligt zu sein. Beziehen Sie es also ruhig mit ein. Schon Wochen vorher können Sie Ihren Schatz fragen, was er sich denn so vorstellt. Soll das Fest ein gewisses Motto haben oder sollen einfach ein paar Spiele gespielt und viel Raum für Freispiel (z.B. Fußball) gelassen werden?

EINLADUNGEN

(3 Wochen vor Tag X)

Richtige Kinderfeste, bei denen sich alles um die Kinder dreht, sind relativ rar. Jedes Kind freut sich deshalb, wenn es eine Einladung erhält. Eine liebevoll gestaltete Karte stimmt bereits ein wenig auf die Geburtstagsfeier ein, sie steigert die Vorfreude und Spannung und macht einfach Lust auf das Fest.

Stehen das Motto und alle wichtigen Daten fest, können Sie an das Basteln der Einladungskarten gehen. Wichtig sind dabei die Angaben von:

- ☐ **Anlass** (z.B. „Ich feiere meinen 5. Geburtstag!")
- ☐ **Datum**, Uhrzeit (z.B. „Am 23.03.2015, von 15:00–18:00 Uhr")
- ☐ **Ort** (z.B. „Blütenstrasse 12, Kissing")
- ☐ **Antwort erwünscht**, Angabe der Telefonnummer (z.B. „Kommst Du? Bitte gib Bescheid unter 08233/XXXX")
- ☐ (Mitzubringen ist...)

Laden Sie und Ihr Kind zu einem Motto-Geburtstag ein, sollten Sie schon den Einladungstext entsprechend dem Motto formulieren z.B. „Zum großen Indianer Pow Wow bist Du herzlich eingeladen ... Dein Stammeshäuptling Adlerauge Kevin..."

Die Karten können übergeben oder verschickt werden. Manchmal ist es besser, die Einladungen persönlich zu Hause zu übergeben als sie z.B. im Kindergarten zu verteilen. Nicht-eingeladene Kinder, die etwas von der Einladung mitbekommen, könnten beleidigt reagieren.

Einladungen können natürlich außer persönlich und per Post auch per Fax, E-Mail, SMS, Whatsapp, Social Media oder Telefon ausgesprochen werden, wobei sich diese Möglichkeiten wohl eher bei 10+-Jährigen eignen.

Es gibt natürlich auch nette, bereits vorgefertigte Einladungskarten im Schreibwarenhandel zu kaufen, diese Alternative möchte ich hier nicht außer Acht lassen.

EINLADUNG

ALLGEMEINE IDEEN FÜR GEBASTELTE EINLADUNGSKARTEN:

- ☐ Normale **Klappkarte** auf S. 1 vom Kind bemalen lassen, auf S. 3 kommt der Einladungstext.

- ☐ Einladungstext im **Kreis** schreiben; zum Lesen muss die Karte gedreht werden.

- ☐ **Gefaltete** Einladungen (Origami-Techniken, z.B. ein Hund, eine Blume, deren Blätter sich öffnen, Himmel & Hölle...). Im Buchhandel/ Internet gibt es hier viele Anregungen.

- ☐ **Luftballon**-Einladungen: In den aufgeblasenen Luftballon ein Röllchen mit dem Einladungstext stecken.

- ☐ Auf den aufgeblasenen Luftballon mit wasserfester Farbe den Text schreiben und wieder schrumpfen lassen.

- ☐ Die Einladungskarte in mehrere **Puzzleteile** zerschneiden und im Kuvert übergeben. Die Rückseite könnte ein Foto oder Bild darstellen, damit die Kinder die Puzzleteile leichter zusammenfinden.

- ☐ Ein **Foto** des Geburtstagskindes mit einer Sprechblase verzieren.

- ☐ Der Einladungstext kann **verschlüsselt** übermittelt werden (z.B. Bilderrätsel, Zahlenrätsel – A=1, B=2..., rückwärts geschrieben, Spiegelschrift) oder als Geheimbotschaft überbracht werden (mit weißer Kerze auf weißes Papier schreiben; Tipp: Nur mit Wasserfarbe lesbar..., oder mit Zitronensaft geschrieben, über Kerze sichtbar machen).

☐ Einladungstext auf Zettel schreiben und diesen in eine **Streichholzschachtel** stecken. Die Streichholzschachtel kann in allen möglichen Arten beklebt oder bemalt werden (siehe Mottogeburtstage).

☐ Den Einladungstext auf einen Zettel schreiben. Diesen rollen und in eine Klorollen-Pappe legen. Diese wie ein **Bonbon** mit Geschenkpapier einwickeln (eventuell vorher noch bemalen) und an die Einladung rechts und links noch 2 echte Bonbons hinhängen.

☐ Der ganze Einladungstext wird als ein **langes Wort** oder in verschobenen Silben geschrieben: liebeandreaichwerdenächstenmittwoch... oder Lie bertho masam nä chstenmon tagmö chteich mei nenge burts tagmit dirfei ern.

Weitere Anregungen finden Sie unter den jeweiligen Motto-partys unter Kapitel 4.

DEKO-PLANUNG

(3 Wochen vor Tag X)

Ein weiterer Punkt, über den Sie sich rechtzeitig Gedanken machen sollten, ist die Dekoration. Wollen Sie alles üppig verändern oder sagen Sie sich nach dem „KEIN-STRESS-Prinzip": Weniger ist oft mehr!?

In manchen Büchern oder im Internet finden sich die wildesten und aufwendigsten Dekotipps: Da werden Zimmer mit echten Heuballen, Mistgabeln etc. in Pferdeställe verwandelt oder alle Wände und Möbel hinter grünen Tüchern versteckt, damit man sie dem Thema Urwald entsprechend mit Plastikblumen dekorieren kann. Es wird größtes handwerkliches und handarbeits-technisches Geschick vorausgesetzt und vor allem Stunden an mühevoller Arbeit!

Hier handelt es sich doch um ein Kinderfest! Kinder brauchen kein perfektes vorgefertigtes Ambiente. Kinder haben noch sehr viel Fantasie und fühlen sich schon, wenn man ihnen die richtige Hilfestellung gibt, in der einfachen Küche wie auf einer Ritterburg.

Nichtsdestotrotz: Dekoration gehört zu jedem Fest! Das Zimmer soll anders aussehen als sonst!

FOLGENDE DEKORATIONEN HALTEN

DEN AUFWAND IM RAHMEN:

□ **Luftballons** in **Trauben** zusammenfassen und
an die Wohnungs- oder Haustür hängen (auch als
Orientierungshilfe für Kinder, die noch nie zu Gast
waren). Die Luftballons nicht zu sehr aufblasen, sonst
platzen sie leicht. Luftballons können auch von der Decke
des Festraumes baumeln oder an Stühlen und Lampen
angebunden werden. Das heitert die Raumatmosphäre
auf. Sie können die Luftballons natürlich noch ein wenig
bearbeiten, damit sie mehr zum Motto der Party passen
oder einfach, damit sie lustiger aussehen, d.h. Sie können
ihnen Gesichter aufmalen, Papphüte aufsetzen u.v.m.

□ Wenn Sie **Luftballons** mit einem Wolltuch reiben,
laden sie sich statisch auf und haften bis zu
3 Stunden an Raumdecke und Wänden.

□ **Luftschlangen** und **Konfetti** aus Papier
gehören auf jeden Fall zum Fasching, aber
warum nicht auch zum Kindergeburtstag?

44 Etwas Planung muss sein

☐ **Girlanden**, Gratulations-Schriftzüge, die quer durchs
Zimmer gespannt werden, können Sie bereits fertig
im Schreibwaren- oder Versandhandel kaufen oder
leicht selber kreieren, indem Sie den gewünschten
Schriftzug auf Pappe aufmalen, ausschneiden und mit
Geschenkpapier bekleben oder selber mit verschiedenen
Plakafarben bemalen. Ziehen Sie einen Strick durch
die „Bogen"-Buchstaben (ABDOPQRabdegopq) oder
tackern Sie einfach den Schriftzug am Strick fest.

☐ Sie können auch alle möglichen **Symbole**
(Herzchen, Sterne, Fledermäuse, Hufeisen) aus
Tonpapier an einer Leine aufhängen oder an
Haken von der Decke baumeln lassen.

☐ Als **Festbeleuchtung**, gerade wenn draußen in
den Abend hineingefeiert wird, (also doch eher bei
Geburtstagskindern ab 9 Jahren) dienen Lampions, farbige
Glühbirnen, Lichterketten oder Teelichter. Verzichten
Sie aus Sicherheitsgründen auf Gartenfackeln.

☐ Eventuell können Sie noch das **Fenster** im Vorfeld
mit Window-Color dem Motto gerecht schmücken bzw.
bekleben. Dies ist aber schon sehr arbeitsintensiv.

☐ Was auf jeden Fall dekoriert gehört, ist der **Tisch**,
an dem die Speisen eingenommen werden. Auch hier
gibt es unzweifelhaft schöne Deko-Ideen in unzähligen
Büchern. Aber – brauchen Kinder wirklich Serviettenringe?
Beschränken Sie sich doch hier auf das Wesentliche:

- [ ] **Tischdecke**: Es sieht einfach hübsch aus, wenn auf dem Tisch Stoff liegt. Sei es ein schwungvoll drapiertes Chiffon-Tuch, ein Tischläufer oder eine konventionelle Tischdecke bis zum Boden, sie alle geben dem Ganzen etwas Heimeliges und Festliches. Eine Alternative bieten auch Papptischdecken, die nach Lust und Laune sogar bemalt werden können. Nachteil: Gute Qualität ist verhältnismäßig teuer und es fällt viel Müll an. Natürlich langen aber auch schon einfache, farblich passende...

- [ ] **Untersetzer**: Es gibt Vorschläge, im Vorfeld den Namen der Kinder oder etwas zum Motto Passendes kunstvoll auf Papier zu bringen und dieses dann zu laminieren. Wenn Sie in Besitz eines solchen Spezialgerätes sind, können Sie ruhig mit dem Gedanken spielen, Sie können eine solche Bastelaktion von den Gästen aber auch selber machen lassen. Ansonsten, nur keine übermäßigen Kosten!

- [ ] Auf das **Geschirr** wird unter Kapitel 3.3 genauer eingegangen

- [ ] **Kerzen** sehen auch immer schön aus auf einem geschmückten Tisch. Aber: Achtung – offenes Feuer! Leicht geraten Haare über die Flamme oder beim Reichen von Irgendetwas wird über die Flamme gelangt. Mein Vorschlag: Lassen Sie die Kerzen nur brennen, wenn alle am Tisch sitzen und Sie über alles „wachen" können. Sobald das Spielen oder Basteln beginnt, löschen Sie die Kerzen.

46 Etwas Planung muss sein

☐ Eine schöne Art, den Tisch zu schmücken, ist das lockere Auswerfen von **Streuteilen**. Diese können Sie entweder selber aus Filz nach einer einfachen Schablone schneiden, im Bastelgeschäft kaufen oder räumen Sie doch Ihre Oster- und Weihnachtsdeko-Kisten. Vielleicht finden Sie dort Blümchen, Sterne, Herzen, etc.

☐ In manchen Büchern wird angeregt, die **Strohhalme** zu verzieren. Das ist zwar eine nette Idee, aber absolut unpraktisch. Wenn man die Dekoration wie Manschetten um den Strohhalm bindet, dauert es keine 5 Minuten und alles ist verrutscht. Sparen Sie sich diese Mühe!

☐ Das Gleiche gilt für kunstvoll gefaltete **Servietten**. Wenn Sie nicht ein heimlicher Meister der Origami-Kunst sind, falten Sie die Servietten einfach nur einmal. Schöne Servietten in Sternform, mit Hasenohren oder als Bischofsmütze sehen zwar schön aus, sind aber auf einem Kinderfest wirklich nicht notwendig. Servietten sollten aber auf jeden Fall in ausreichender Menge bereit liegen, da vieles doch mit den Händen gegessen wird und so mancher Schmutzfink sonst das T-Shirt benutzt...

☐ Bei **Tischkarten** gehen die Meinungen auseinander. Natürlich will jedes Kind neben dem Geburtstagskind sitzen, aber da dies nicht möglich ist, ist es wohl am gerechtesten, wenn das Los entscheidet (siehe auch Kapitel 3.2). Sie können also auf mit Namen versehene Tischkarten gut verzichten.

☐ Alle soeben genannten **Dekorationselemente** können Sie natürlich auch im Handel, Versand oder Internet fertig kaufen, vielleicht überlegen Sie sich die Anschaffung eines neutralen Designs und verwenden dieses dann einige Jahre hintereinander.

NOTFALL-PLANUNG (2 TAGE VOR TAG X)

Was ist zu vermeiden? Was mache ich im Notfall?

Als erstes gilt es, alle potenziellen Gefahrenquellen aus dem Weg zu räumen. Schaffen Sie, bevor die Gäste anrücken, alles Wertvolle, was beschädigt werden könnte, in andere Zimmer oder aus der Wohnung. Leicht stoßen tanzende Kinder, auch wenn sie noch so gut aufpassen, an teure Vasen oder Lampen und ein Ketchupfleck macht sich auf dem Berberteppich nicht wirklich gut... Schließen Sie alle Fenster und die Balkontüren, wenn Sie viele kleine Kinder zu Besuch haben. Überschätzen Sie die Kinder nicht! 3-Jährige sind mit spitzen Scheren oder Messern einfach überfordert. Bedenken Sie dies bei der Gestaltung des Festprogramms. Vermeiden Sie heiße (!) Getränke, heiße (!) Suppen und offenes Feuer, bzw. stimmen Sie dies auf das Alter Ihrer Gäste ab.

Gerade bei Gartenpartys sollten Sie Wespen und Bienen etc. nicht vergessen, sorgen Sie für Gläserschutz bzw. für Strohhalme. Bestehen irgendwelche Gefahren durch Gartenteich, Swimmingpool etc.?

Sie sollten alle wichtigen Rufnummern schnell parat haben. Lassen Sie sich die Telefonnummern der Eltern geben, damit Sie sie im Notfall kurzfristig erreichen können.

Denken Sie auch daran, Ihren Medizin-Schrank auf Pflaster, Coolpacks und Kopfschmerztabletten (für Sie!) zu überprüfen.

CHECKLISTE TERMINE

- ☐ Thema festlegen, Verlauf (erste Gedanken) .... 6 Wochen vorher
- ☐ Tag der Feier festlegen......... 4 Wochen vorher
- ☐ Gäste und Helfer festlegen ...... 4 Wochen vorher
- ☐ Ort der Feier festlegen......... 4 Wochen vorher
- ☐ Einladungen schreiben.......... 3 Wochen vorher
- ☐ Dekoration festlegen und basteln .. 3 Wochen vorher
- ☐ Übergabe der Einladungen. . . 2—3 Wochen vorher
- ☐ Ablauf grob festlegen........... 2 Wochen vorher
- ☐ Spiel-, Bastelmaterial etc. besorgen. 2 Wochen vorher
- ☐ Essen und Trinken festlegen und ab sofort Unverderbliches einkaufen .... 2 Wochen vorher
- ☐ Musik, Geschichten, Rätsel festlegen............... 2 Wochen vorher
- ☐ Gastgeschenke besorgen........ 2 Wochen vorher
- ☐ Helfer einteilen .... 1 Woche vorher
- ☐ Verkleidung/Schminken testen ..... 1 Woche vorher
- ☐ Bei Schatzsuchen etc. noch einmal Weg zur Sicherheit abgehen ...... 1-2 Tage vorher
- ☐ Fotoapparat/Kamera checken ..... 1-2 Tage vorher
- ☐ Wohnung kindersicher machen/Notfallplan .... 1-2 Tage vorher
- ☐ Nachbarn informieren .... 1-2 Tage vorher
- ☐ Verderbliches einkaufen.......... 1-2 Tage vorher
- ☐ Letzte Dekorationen .... 1 Tag
- ☐ Kuchen backen, Essen vorbereiten .... 1 Tag
- ☐ Programm noch einmal durchgehen .... 1 Tag
- ☐ **und ACTION...**

3.2 Das Fest geht los...

DER ABLAUF DES FESTES

Gehen Sie ein- oder zweimal das Fest in Gedanken durch. Machen Sie sich Notizen. Und denken Sie daran, es handelt sich in erster Linie immer noch um ein Kinderfest! Sie werden nicht bewertet, Perfektionismus ist hier nicht notwendig. Viel wichtiger ist, dass das Fest abwechslungsreich ist und den Kindern und Ihnen Spaß macht!

kein Stress! KENNEN-LERNEN

JEDES FEST BEGINNT MIT DER BEGRÜSSUNG DER GÄSTE.

Wenn sich die Kinder nicht kennen, kann es hilfreich sein, gleich beim Empfang jedem ein gebasteltes Namensschild zum Umhängen (Tonpapier) oder zum Aufkleben (Maler-Klebeband beschriften) zu überreichen, vorausgesetzt die Kinder können schon lesen. Für Sie als ausrichtenden Ansprechpartner ist es auf jeden Fall eine Erleichterung.

Je nach Motto und Alter der Kinder bietet es sich manchmal an, den Kindern einen Stempelabdruck, quasi als Eintrittskarte, zu verpassen. Alle tragen nun ein „Geheimzeichen". Solche Gemeinsamkeiten stärken das Wir-Gefühl: Wir gehören zusammen, wir sind jetzt eine -verschworene- Gruppe...

Sicher werden auch schon bald nach dem Eintreffen die Geschenke überreicht. Werden die oftmals doch mit sehr viel Liebe und Sorgfalt ausgesuchten und eingepackten

Präsente nicht während des Festes ausgepackt, ist dies oft sehr schade für die Schenkenden, da sie ja die Reaktion des Geburtstagskindes sehen möchten. Außerdem besteht tatsächlich auch die Gefahr, dass das Geburtstagskind am Abend vor lauter Geschenken nicht mehr weiß, wem es welches zu verdanken hat.

Es sollte klar sein, dass mit den Geschenken nicht sofort gespielt werden darf. Die Sachen sind für das Geburtstagskind und das hat später auch noch Zeit, das Geschenk in Ruhe zu bespielen. Jetzt ist erst einmal Feiern angesagt!

ES HAT SICH BEWÄHRT, AUS GESCHENKÜBERGABE UND -ÖFFNEN GLEICH EIN SPIEL ZU MACHEN:

- ☐ Alle Kinder sitzen im Kreis, das Geburtstagskind dreht eine **Flasche** und das Kind, auf das der Flaschenhals zeigt, übergibt dem Geburtstagskind sein Geschenk.

- ☐ Alle Gäste sitzen im Kreis. Nacheinander wird einmal **gewürfelt**. Derjenige, der einen 6er würfelt, darf sein Geschenk übergeben.

- ☐ Dem Geburtstagskind werden die **Augen verbunden** und es darf blind sein Geschenk auspacken und erfühlen...

- ☐ Alle Geschenke werden in einem **großen Sack** gesammelt, das Geburtstagskind greift blind hinein und holt Eines nach dem Anderen heraus.

kein Stress!
GESCHENKE ÖFFNEN

Denken Sie daran, eine Ecke des Tisches oder der Kommode als Gabentisch zu reservieren.

52 Das Fest geht los...

kein Stress! WER BIST DU?

Wenn sich die Kinder noch nicht kennen sollten, ist das auch der richtige Zeitpunkt für Kennenlern-Spiele, z.B.

☐ Alle Kinder sitzen im Kreis. Zwischen 2 Kindern ist etwas mehr Platz. Das links sitzende Kind ruft: **Mein rechter, rechter Platz ist leer**, drum wünsch ich mir ... hierher. Das gerufene Kind muss fragen: Und wie soll ich kommen? Der Rufer bestimmt, in welcher Weise das Kind zum freien Platz gelangen soll: hüpfend, kriechend, auf einem Bein etc. Dann ist das Kind an der Reihe, dessen rechter Platz jetzt frei ist.

☐ Die Kinder sitzen im Kreis und erzählen, was sie dem Geburtstagskind beinahe geschenkt hätten. Diese Sachen dürfen aber nur mit dem **gleichen Buchstaben wie der eigene Vorname** beginnen. Wer länger überlegen muss, scheidet aus bzw. muss ein Pfand abgeben. So lernen die Kinder zumindest den Anfangsbuchstaben der fremden Kindernamen. Bei Kindergartenkindern ist dieses Spiel nicht geeignet, aber die Gästeanzahl sollte bei dieser Altersgruppe eh noch nicht so hoch sein, dass sich die Kinder nicht die Namen merken können.

Anschließend suchen sich die Kinder den Platz am Tisch, an dem sie essen, trinken und auch später ihre gesammelten „Gewinne" oder Basteleien aufbewahren wollen.

Zur Tischordnung kann folgendes gesagt werden: Wahrscheinlich will jedes Kind neben dem Geburtstagskind sitzen. Wenn Sie denken, dass die Kinder nicht selber eine Einigung finden, können Sie natürlich schon im Vorfeld kleine, passende Tischkarten basteln (so einfach wie möglich, z.B. nur ein kleines geknicktes Papier mit Namen darauf) oder durch ein Losspiel (jedes Kind zieht blind aus einer Kiste einen Gegenstand oder ein Zettelchen auf Papier (z.B. Blume, Kerze, Blatt) und sitzt dann dort, wo dieser Gegenstand schon einmal am Platz steht) entscheiden lassen. Nett ist es, wenn Sie dieses Spiel mit kleinen Willkommensgeschenken (z.B. Glücksbringer, Blümchen, kleine Schleckerei) verbinden, die bereits auf den Tellern liegen.

54 Das Fest geht los...

WIR EHREN DAS GEBURTSTAGSKIND

[2] Im Kindergarten
– Musik für Dich,
Rolf Zuckowski OHG,
Hamburg, 1994

Nun können sich die Kinder zum ersten Mal stärken (Essen und Trinken), die Kerzen auf der Geburtstagstorte bestaunen und gemeinsam ein Geburtstagslied singen:

☐ „Happy Birthday to you!"

☐ „Viel Glück und viel Segen, auf all Deinen Wegen, Gesundheit und Frohsinn sei auch mit dabei"

☐ *„Heute kann es regnen, stürmen oder schneien,*
denn Du strahlst ja selber wie der Sonnenschein,
heut ist Dein Geburtstag, darum feiern wir.
Alle Deine Freunde freuen sich mit Dir.

Wie schön, dass Du geboren bist,
wir hätten Dich sonst sehr vermisst,
wie schön, dass wir beisammen sind,
wir gratulieren Dir, Geburtstagskind!"[2]

☐ Hoch sollst Du leben, hoch sollst Du leben, 3 x hoch Geschenke sollst Du kriegen, Geschenke sollst Du kriegen 3 x 4 usw.

Nach dem Singen kann noch zu Ehren des Geburtstagskindes

☐ eine **„Geburtstags-Rakete"** abgeschossen werden,
d.h. die Kinder schlagen auf ihre Oberschenkel
während des Countdowns, trampeln dann,
klatschen anschließend, springen dann in die Luft
und rufen: AAAH! (Sie machen natürlich mit!)

☐ oder eine **Schwebe-Rakete** abgebrannt werden: Einen
Teebeutel entleeren und Heftklammer etc. entfernen. Die
Hülle in einen Teller stellen. (Von der Zimmerdecke darf
nichts Brennbares herunter hängen.) Dann den oberen
Rand des Beutels anzünden. Wie von Geisterhand erhebt
sich der Beutel nach oben und schwebt zu Ehren des
Geburtstagskindes in der Luft, bevor er ganz verglüht.

☐ 2 größere Kinder oder Erwachsene fassen sich über Kreuz
an den Handgelenken und bilden damit eine Art **Sänfte**
für das Geburtstagskind. Dieses setzt sich vorsichtig auf
die Hände. So geht es unter Applaus einmal um den Tisch!

☐ Bekommt das Geburtstagskind einen
Blumenkranz, eine Geburtstagskrone?

56 Das Fest geht los...

Wenn Sie ein Mottofest geplant haben, sollten Sie an nächster Stelle an eine Verkleidung oder/und an das Schminken denken.

Planen Sie für einen Zeitraum von 3 Stunden ca. 6 Spiele und 2 Bastelaktivitäten ein. Sie werden im Laufe des Nachmittags erkennen, was machbar ist und was nicht. Haben Sie lieber Reserven in der Hinterhand als keine Ideen mehr vorrätig, wenn Ihr Publikum nach Zugaben schreit!

Dann beginnt die Aktion: Spiele und Basteln! Beachten Sie, wenn es an die Spiele geht: Es ist schön, wenn zwischendurch auch etwas gebastelt wird und Phantasiereisen oder Mitmachgeschichten angeboten werden. Achten Sie darauf, dass sich ruhige und laute, schnelle und langsame Aktionen abwechseln. Kinder lieben zwar Bewegung, sie bauen dadurch Spannungen ab, aber sie brauchen auch wieder Ruhephasen, in denen sie sich anderweitig beschäftigen und konzentrieren können.

Ein Erinnerungsfoto (auf dem alle Kinder in die Kamera sehen!) sollte auf keinen Fall vergessen werden. Haben Sie vielleicht sogar die Möglichkeit, durch digitale Aufnahme, das Bild sofort am eigenen Drucker ausdrucken zu lassen? Wenn Sie dieses Bild Ihren Gästen gleich als Erinnerungsgeschenk mitgeben, ist das fast nicht mehr zu übertreffen!

Nach den Spielen folgt eine weitere Mahlzeit und die letzte viertel bis halbe Stunde sollte dem Freispiel gehören, hier kann das Geburtstagskind den Gästen sein Zimmer und seine Spielsachen zeigen.

Sie können das Fest natürlich auch anderweitig ausklingen lassen, z.B.

- ☐ mit vorbereiteten, Gas gefüllten **Ballons** (in den Gelben Seiten unter „Gase"), die Sie zusammen mit den Kindern steigen lassen können. Wenn Sie in der dunklen Jahreszeit **Wunderkerzen** an die Ballons binden und diese angezündet steigen lassen, ist das ein gelungener Abschluss für den Geburtstag!

- ☐ Ebenso können Sie an Ballons kleine **Kärtchen** (max. 5g) mit guten Wünschen für das Geburtstagskind, von den Gästen vorher aufgeschrieben, in den Himmel schicken.

58 Das Fest geht los...

kein Stress!
ERINNERUNGS-
GESCHENKE

Bevor die Gäste wieder gehen bzw. abgeholt werden, ist es oft üblich, ihnen eine kleine Tüte mit Inhalt (bei den Spielen „gewonnene" Süßigkeiten und Kleinigkeiten, Basteleien oder kleine Geschenke) mitzugeben. In solche Gastgeschenke-Tüten können gehören: jegliche Art von Süßigkeit, Mini-Schokoladen, Weingummiteile, Traubenzucker, Aufkleber, Murmeln, Blöcke, Stifte, Abziehbilder, Proben aus der Drogerie, Seifenblasen, Anhänger... oder andere Artikel aus speziellen 1- Euro-Läden.

Da heutzutage schon jede Menge Klein-Spielzeug in den Kinderzimmern herumliegt, versuche ich, den Kindern während der Feier nur symbolische Preise (z.B. aus gelbem Tonpapier ausgeschnittene Goldtaler) zu überreichen, die sie dann am Ende in ein etwas größeres Gastgeschenk umtauschen können (z.B. Matchbox-Auto, schöne Haarspange). Bei Motto-Feiern kann man sich hier auch gut am Thema orientieren. Sie erhalten später dazu noch gezielte Vorschläge. Auf der Feier Gebasteltes wird auch gerne als Erinnerungsgeschenk aufbewahrt. Dadurch erübrigen sich dann oft sogar andere Gastgeschenke!

Die Geschenketüten (mit Namen versehen) können gekauft oder im Rahmen des Geburtstages mit den Kindern gebastelt werden. Entweder bleiben die Tüten am Essplatz liegen oder sie werden an einem, quer durchs Zimmer gespannten Seil mit Wäscheklammern aufgehängt, so erübrigt sich das lästige Suchen nach der eigenen Tüte.

Je konstanter Sie die Kindern beschäftigen, desto besser haben Sie sie im Griff. Wenn Sie die Kinder sich selbst überlassen, wird es nicht lange dauern und die Feier kippt ins Chaos. Also: Programm, Programm, Programm!

Wenn Sie jedoch merken, dass für einen geplanten Programmpunkt keine Zeit mehr bleibt, ist dies in Ordnung. Versuchen Sie nicht, Ihren Plan unter allen Umständen durch zu ziehen. Lassen Sie keine Hektik aufkommen und bleiben Sie immer locker und gelassen. Auch hier könnte sonst der Schuss nach hinten losgehen. Die Kinder spüren Ihre Nervosität, werden selber unruhig oder tanzen Ihnen zum Schluss auf der Nase herum.

Vergessen Sie auch nicht, die Kinder immer wieder während des Programms zu loben!

Es ist ganz wichtig, ihnen zu sagen, dass Sie es toll finden, wie schön sie mitmachen und dass es Ihnen richtig Freude macht, sie zu unterhalten. Das gefällt natürlich den Kindern, auch den schon Größeren, und sie strengen sich noch mehr an!

Legen Sie alle Utensilien für die angedachten Spiele und Bastelaktionen schon vor dem Eintreffen der Gäste in einen Korb, damit Sie alles griffbereit haben, und gehen die kommenden Stunden sicherheitshalber im Kopf noch einmal durch.

3.3 Speisen und Getränke

Planen Sie für einen Kindergeburtstag reichlich zu Essen ein!

Vielen Kindern schmeckt es gerade in Gesellschaft noch besser als zu Hause. Unter dem Motto „Kein Stress!" sollten Sie bedenken: Auch mit wenig Aufwand können besondere Leckereien gezaubert werden!

Meistens beginnen die Geburtstagsfeiern nachmittags gegen 14:30 / 15:00 Uhr und enden gegen 18:00 Uhr.

Empfangen werden die Kinder in der Regel mit einem gedeckten Tisch und Kuchen.

Natürlich können Sie den obligatorischen Geburtstagskuchen anbieten, bestückt mit Kerzen in der Zahl der Lebensjahre. Aber halten Sie sich mit dem Backen und vor allem Verzieren bloß nicht zu lange auf! Es gibt zwar ambitionierte Hobby-Konditorinnen, denen es sehr viel Spaß und Freude macht, Burgen, Gespenster oder andere Themen-bezogene Meisterwerke herzustellen, aber ist dies auch für die Kinder so wichtig? Sollten Sie diese Zeit nicht vielleicht für andere Vorbereitungen nutzen?

Es gibt viele Tiefkühlprodukte (z.B. Mini-Windis, Amerikaner...), die man sehr schnell mit bunten Schokotalern noch kindgerechter verzieren kann und die mit viel Spaß und Appetit verspeist werden. Natürlich können Sie auch aus jedem einfachen Blechkuchen etwas Besonderes machen, indem Sie ihn z.B. mit Lebensmittelfarbe bunt glasieren und mit

Zucker-Blümchen, Schaum-Mäusen oder ähnlichem verzieren. Im Supermarkt bei den Backutensilien gibt es etliche Zuckerguss- oder Schokotierchen und -förmchen, die eventuell sogar zu dem von Ihnen gewählten Motto passen (z.B. blaue Meerestiere).

Am besten geeignet sind Kuchen oder Gebäckteile, die mit den Händen gegessen werden können. Die Kinder sind gespannt auf das weitere Programm und alles muss schnell gehen. Denken Sie an Ihre Teppiche und halten Sie sich mit Sahnetorten etc. gerade bei kleinen Kindern etwas zurück...

Ersetzen Sie an heißen Sommertagen den Kuchen durch diverses Eis, leichte Süßspeisen (Pudding) oder Obst in sämtlichen Variationen.

Leckereien am Nachmittag

☐ Einfache Blechkuchen oder Kastenkuchen

☐ Gekaufte TK-Produkte

☐ Gekaufte Gebäckteile, die noch verziert werden

☐ Verzierte Kekse

☐ Waffeln

☐ Verzierte Muffins

☐ Eis, Joghurt, Pudding

☐ Obst

ABENDESSEN

Auch hier gibt es ausgefallene Kreationen, die viel Aufwand und Sorgfalt verlangen. Aber: Was essen Kinder denn nun mal wirklich am liebsten? Und was hindert uns daran, ihnen dies auch zu bieten?! Man muss kein Marktforscher sein um zu wissen, dass die meisten Kinder einfache Wiener Würstchen, Currywurst mit Pommes, Pizza und Spaghetti lieben.

Also, bleiben Sie bodenständig! Kochen Sie nichts Anderes, was Sie nicht sonst auch anbieten. Sie können den Gerichten heute an diesem besonderen Tag ja andere Namen geben. Mit etwas Phantasie werden dann die Pommes zu Piratenfingern oder die Hühnchennuggets zu Wichtel-Talern.

Achten Sie darauf, dass alles leicht vorzubereiten ist bzw. schnell so zwischendurch zubereitet werden kann. Schließlich sind Sie auch für die Animation zuständig und können nicht eine Stunde in der Küche verschwinden.

Natürlich ist es löblich, wenn auch zu solchen Anlässen auf Gesundes nicht verzichtet wird, aber vielleicht reicht es hier ja (ausnahmsweise), einfach eine Dose Erbsen zu öffnen oder – drücken Sie doch beide Augen zu. Morgen können die Kinder wieder gesünder leben!

Leckereien am Abend

☐ Pommes mit Ketchup

☐ Chickenwings, Chickennuggets, kleine Schnitzel

☐ Suppen (gut vorzubereiten)

☐ Lustig belegte Brote (vorbereitet), z.B. mit
   Gurken-Augen und Paprika-Mund

☐ Hot Dogs, Hamburger, Cheeseburger
   zum Selberbelegen nach Wahl

☐ Würstchen und Kartoffelsalat

☐ Hackfleischbällchen

☐ Spaghetti Bolognese

☐ Pizza

☐ Nudeln mit Tomatensoße

☐ Fischstäbchen

GETRÄNKE

Zum Kuchen können Milch, Kakao oder einfach verschiedene Säfte angeboten werden. (Tees bitte nicht kochend heiß auf den Tisch stellen!) Es schmeckt auch gleich viel besser, wenn die normale Saftschorle dann zum Hexenpunsch oder Zaubertrank umbenannt wird. Milchshakes und Mixgetränke sind auch sehr beliebt.

Eine tolle Idee sind Eiswürfel, die mit Lebensmittelfarbe hergestellt werden. Wenn Sie Gummibärchen, essbare Blümchen o.ä. vor dem Einfrieren ins Wasser legen, lösen diese Eiswürfel ein großes Aha aus.

Sehr originell ist die Verwendung von Plastikhandschuhen, die, mit farbigem Wasser gefüllt, eingefroren werden: Handschuh vorsichtig ablösen und fertig ist die Geister-Hand o.ä.

GESCHIRR

In größeren Verbrauchermärkten oder Spielwarenläden gibt es alle erdenklichen Variationen von, mit verschiedensten Motiven versehenen, Pappbechern, Papptellern und Servietten. Selbst das Einwegbesteck aus weißem Plastik gibt es zu kaufen. Da dies aus Umweltaspekten aber nicht empfehlenswert ist, Papier- oder Plastikgeschirr zudem sehr leicht ist und schnell umfallen kann, bietet sich wieder verwendbares, spülmaschinengeeignetes Plastikgeschirr an. Zur Kennzeichnung können die Kinder kleine Aufkleber auf den Gläsern anbringen, mit Namen oder verschiedenen Motiven.

Natürlich können Sie auch Ihr alltägliches Geschirr verwenden, aber es darf Ihnen kein Problem machen, wenn ein Teil davon zu Bruch gehen sollte. Bitte verzichten Sie aber auf jeden Fall bei diesem Anlass auf Ihre guten, teuren Erbstücke.

NICHT VERGESSEN

Bitte erkundigen Sie sich im Vorfeld bei den Eltern, ob Sie gesundheitliche oder religiöse Aspekte bei der Auswahl Ihres Speiseangebotes berücksichtigen müssen. Liegen irgendwelche Allergien vor oder sind verschiedene Speisen aus religiösen oder ethischen Gründen verboten, streichen Sie diese komplett aus Ihrem Angebot. So ist kein Kind benachteiligt, weil es nicht alles essen kann.

SÜSSIGKEITEN

Für viele, ach, eigentlich alle Kinder spielen Süßigkeiten eine große Rolle! Wenn sie diese auch noch geschenkt bekommen, ist es das Größte! Planlos wird da ein Gummibärchen oder Schokoriegel nach dem anderen im wahrsten Sinne des Wortes „hineingestopft". Bitte halten Sie sich also mit dem Anbieten etwas zurück. Es sagt niemand etwas gegen Mohrenkopf-Essen oder Gummibärchen-Spießen, aber alles in Maßen!

Es hat sich bewährt, den Kindern als Andenken Tütchen oder ähnliches, unter anderem gefüllt mit ein paar Süßigkeiten, mitzugeben.

EINKÄUFE

Planen Sie die Speisenfolge und stellen Sie eine Einkaufsliste zusammen. Bitte kaufen Sie nicht alle Lebensmittel einen Tag vor der großen Party. Denken Sie schon frühzeitig (bei Ihren gewohnten Einkäufen) daran, haltbare Lebensmittel zu besorgen. So bleiben Ihnen die Tage vor dem Fest für den Einkauf von frischen Lebensmitteln und leicht verderblichen Speisen.

Speisen und Getränke

ERPROBTE ERFOLGS-REZEPTE:

☐ **Waffeln:** 6 Eier, 120 g Butter, 150 g Zucker, 200 g Mehl, 200 ml Sahne
Alles mischen und im Waffeleisen rausbacken. Mit Zimt/Zucker, Puderzucker etc. servieren. Ergibt ca. 10 Stück.

☐ **Apfelmuskuchen:** 300 g Butter, 350 g Zucker, 1 Pr. Salz, 4 Eier, ev. ¾ TL Zimt, 250 g Apfelmus, 325 g Mehl mit 1 P. Backpulver gemischt.

Zutaten der Reihe nach zu einem Rührteig verarbeiten. In eine beliebige Form geben (Achtung: Sehr ergiebig!). 60 Min. bei 180°.

Mit Zitronenguss bestreichen und verzieren.

☐ **Muffins:** 240 g Mehl, 1 TL Backpulver, ½ TL Salz, 110 g Zucker, 60 ml Pflanzenöl, 1 Ei,
1/8 l Milch verrühren*.
Ca. 15 Min. bei 160° backen. Ergibt ca. 12 Stück.

*mit Banane und Kokos oder Kirschen aus dem Glas oder Walnussstückchen und Apfel oder etwas Kakao oder geraspelter Schokolade verfeinern.

☐ **Biskuitteig:** 4 Eier, 200 g Zucker, 1 P. Vanillezucker, 100 g Mehl, 100 g Speisestärke, ½ P. Backpulver mischen und in gefettete Springform füllen. 25 Min. bei 180°.

Nach Erkalten durchschneiden und nach Belieben mit Creme, Sahne, Obst-Creme etc. füllen und dekorieren.

☐ **Hamburger:** (Menge an Personenzahl ausrichten)
Rinderhack mit Salz, Pfeffer, Senf und Paprika würzen, eventuell Semmelbrösel und Ei unterrühren, zu Hamburger formen und gut durchbraten.

Hamburger- oder Vollkornbrötchen toasten und mit Kopfsalat, Tomaten, Gurken, Schmelzkäse belegen und mit Mayonnaise und Ketchup bestreichen.

☐ **Pizzateig:** (1 Blech)
Hefeteig bereiten aus: 350 g Mehl, 200 ml Wasser, 20 g frischer Hefe, 2 EL Öl, 1 TL Salz, 1 Pr. Zucker. 30 Min. gehen lassen. Auf einem Blech ausrollen und mit Tomatensauce und verschiedenen Zutaten belegen. Ca. 20 Min. bei 180° backen.

70 Speisen und Getränke

☐ **Hot Dogs:** Hot Dog-Brötchen aufschneiden, eine Seite mit Ketchup, die andere mit Mayonnaise bestreichen. Mit Gurken, Schmelzkäse und Röstzwiebeln belegen und heißes Würstchen in die Mitte geben.

☐ **Ruck-Zuck-Baguette:** 300 g Schinken oder Salami, 200 g geriebener Emmentaler, 120 g Butter, 3 Eier, 2-3 Paprikaschoten (rot, gelb), 3 Essiggurken, Oregano, Paprika, Salz und Pfeffer, 1 – 2 Baguette

Butter schaumig rühren, Emmentaler und Eier dazugeben. Restliche Zutaten klein schneiden und unterheben. Gewürze hinzufügen, Masse auf in Spalten geschnittenes Baguette streichen. 20 Min. bei 120° backen.

☐ **Stockbrot:** 400 g Mehl, ½ TL Salz, 2 TL Backpulver, 50 g Butter, 150 ml Milch verkneten und in 12 Stücke teilen. Langziehen und dünn um den mit Alufolie umwickelten Stock winden. Reicht für 12 Brote. (Sie können auch fertigen Pizza-Teig aus der Kühltheke verwenden)

Eigene Notizen

3.4 Verkleiden und Schminken

Verkleiden macht immer Spaß, nicht nur im Karneval! Kinder lieben es, mit Hilfe von Kleidung und Schminke in andere Rollen zu schlüpfen und im Spiel jemand ganz anderer zu sein. Das Rollenspiel gehört zu den bevorzugten Spielarten der drei- bis achtjährigen Kinder. Phantasie und Kreativität werden angeregt und das eigene Ich wird über das Ausleben der gespielten Rolle gefestigt, zudem werden Selbstvertrauen und Selbstwertgefühl gesteigert. Wo immer es geht, sollte man den Kindern die Möglichkeit zu solchen Rollenspielen geben.

Kinder brauchen nicht viel, um sich zu verkleiden. Alte Vorhänge werden zu Römergewändern, Tücher dienen als Gürtel und vieles mehr. Am besten ist, Sie legen Ihrem Kind mit der Zeit eine große Verkleidungskiste an, in die sämtliche Faschingsgewänder, ebenso wie alte ausrangierte Hüte, Gürtel, Ketten, Brillen, Taschen etc. von Ihnen kommen. Die Kleidungsstücke sollten bequem sein und den Bewegungsdrang der Kinder nicht einengen. Sie werden sehen, auch ohne Anlass wird Ihr Kind auf Sie zukommen und sich verkleiden wollen.

Am Geburtstag können Sie den Kindern diese Verkleidungskiste parat stellen und sehen, was sich die Kinder aussuchen. Oder aber Sie stellen den Kindern, z.B. bei den Mottogeburtstagen, spezielle Kleidungsstücke zum Motto passend zur Verfügung. Das Motto wird dadurch noch authentischer und begeistert noch mehr. Vielleicht möchten Sie sich auch verkleiden?

☐ Stellen Sie die Kiste in die Mitte des Raumes. Zur Musik sollen sich die Kinder alles anziehen, was ihnen gefällt. Wer sieht **am lustigsten** aus, wenn die Musik ausgeht?

☐ Wer schafft es, **die meisten** Kleidungsstücke anzuziehen?

☐ Die Kinder bilden **2 Mannschaften**. Legen Sie diverse Kleidungsstücke in 2-facher Ausfertigung parat (2x Schuhe von Erwachsenen, 2x Hosen, 2x Mützen etc.). Von jeder Mannschaft zieht ein Kind alles an, legt eine markierte Strecke zurück und gibt -wie beim Staffellauf- die Utensilien an das nächste Kind weiter. Welche Mannschaft ist am Ende als erstes im Ziel?

kein Stress!
VERKLEIDUNGS-SPIELE

74 Verkleiden und Schminken

Schminken: Kennen Sie auch die Schlangen an den Schmink-
stationen bei öffentlichen Feierlichkeiten (Stadtfesten etc.)?
Die Kinder stellen sich mit einer Ausdauer an, nur um am
Schluss als Käfer, Prinzessin, Spiderman oder Pirat anders
auszusehen als sonst.

Auch Sie können sich durchaus überlegen, die Kinder am
Kindergeburtstag zu schminken. Beschränken Sie sich jedoch,
wenn Sie alleine sind, auf einfache, nicht allzu aufwendige
Masken, da Sie immer nur an einem Kind arbeiten können,
während sich die anderen selber beschäftigen müssen.
Es muss kein fantastisches Kunstwerk werden, wie man in
passenden Fachbüchern findet. Vielmehr reichen bei Tieren
z.B. schon kleine schwarze Nasen und Schnurrhaare oder bei
Hexen Spinnennetze auf grünen Backen.

Wichtig ist jedoch, auch bei minimalistischen Kunstwerken, dass diese mit Schminke gestaltet werden, die hautverträglich und wasserlöslich ist. Zur Faschingszeit oder in Theaterzubehörgeschäften finden Sie Schwämmchen für die Grundierung, Pinsel für Details und Linien, Schminkstifte und -töpfchen sowie Glittergel für besondere Effekte. Passen Sie bitte mit dem Glitter gerade bei Vorschulkindern auf, damit nichts in die Augen gelangt. Legen Sie sich Wattestäbchen, sauberes Wasser und Feuchttücher für Kinder (ideal zum Entfernen der Schminke!) zurecht. Und natürlich einen Spiegel, damit sich die Kinder auch gleich selber bewundern können!

Damit Schminkstifte nicht schmieren, sollten Sie diese übrigens vor der Verwendung kurzzeitig im Kühlschrank deponieren.

3.5 Alles zum Basteln

Kinder finden es spitze, etwas Schönes selber zu schaffen, das sie dann mit nach Hause nehmen und als Erinnerung aufbewahren können. Selbst die Kleinsten lieben es schon zu malen oder zu kleistern.

Wenn Sie mit den Kindern etwas basteln möchten, sollten Sie sämtliche Materialien vorweg bereithalten. Ein Muster des Endproduktes, von Ihnen im Vorfeld gefertigt, erleichtert den Kindern die Arbeit. Sie selbst wissen dadurch auch, auf was die Kinder besonders achten sollen, und können ihnen bei der Bastelaktion selber mit Ihrer „Erfahrung" zur Hand gehen.

Achten Sie darauf, dass Sie genügend „Handwerkszeug" (Scheren etc.) haben (eventuell ausleihen), damit lange Wartezeiten und Staus vermieden werden.

**WICHTIGE BASTELMATERIALIEN (IM BASTELGESCHÄFT
ODER SCHREIBWARENLADEN ERHÄLTLICH):**

**kein
Stress!**
SCHUTZ UND
SCHNEIDEN

☐ **Wachstücher** zum Abdecken von
Tischen und Arbeitsflächen oder weiße Papptischdecken,
die sogar bemalt werden dürfen und danach
als Erinnerung aufgehoben werden können.

☐ **Putztücher**, Haushaltstücher, Schwämme zum
Entfernen kleinerer Patzer

☐ **Schürzen**, alte Hemden oder Malerkittel sollten Sie
bereitlegen, wenn größere Malaktionen geplant sind.

☐ **Scheren** (spezielle Kinderscheren mit abgerundeten
Schneideblättern) in ausreichender Menge. Es gibt
auch Wellenscheren, mit denen die Kinder bereits beim
Schneiden auffällige Konturen herstellen können.

☐ **Cutter**: (Achtung spitz!!! - Erklären Sie den Kindern
(ab 9 Jahre) die richtige Handhabung und mahnen
Sie die Kinder zur Vorsicht, indem Sie sie auf die
Gefahren hinweisen!) – auf entsprechende Unterlage
(dicke Pappe oder spezielle Cutter-Matten) achten! Mit
einem Cutter lassen sich z.B. Felder innerhalb eines
Motivs besser ausschneiden als mit einer Schere.

☐ **Nadeln**: Wenn möglich stumpfe Stopfnadeln verwenden,
wenn etwas zusammen genäht werden soll. Um den
Eindruck einer Perforation zu erzeugen, können mit spitzen
Nadeln kleine Löcher in das Papier gestochen werden.

- Mit einem **Locher** bzw. einer Lochzange lassen sich ganz schnell kleine Löcher ausstechen. (Es gibt auch nette Motiv-Locher, mit denen Sie zusätzlich noch kleine Motiv-Schnitzelchen produzieren.)

- **Tonkarton** in verschiedenen Farben, Stärken und Größen. Weniger starken Tonkarton nennt man Tonpapier. Dieser kann leicht geschnitten und bemalt werden und ist daher auch für kleinere Kinder ideal. Für größere Kunstwerke kann ruhig eher der stabile Tonkarton oder Wellpappe (wellenartig, biegsam) verwendet werden.

kein Stress!
PAPIERARTEN

- **Pergamentpapier**, Butterbrotpapier, Transparentpapier kann zum Basteln von Laternen o.ä. verwendet werden. Es lässt sich schneiden, aber auch gut reißen. Daher wird es oft auch von Kindergartenkindern mit viel Freude verwendet.

- **Seidenpapier** ist ebenfalls leicht durchsichtig und in allen möglichen Farben erhältlich. Achtung: Färbt leicht in Verbindung mit Wasser oder Kleber.

- **Krepppapier** eignet sich hervorragend für das Fertigen von langen Bahnen. Mit etwas Krepppapier kann z.B. die Räumlichkeit schnell zur Partyburg verwandelt werden. Es eignet sich auch hervorragend zum „Knüllen" und Verwenden in Collagen. Achtung: Färbt leicht in Verbindung mit Wasser oder Kleber.

☐ **Origamipapier**: Damit lassen sich Tiere, Figuren und Formen herstellen. Auch Kinder haben viel Spaß an dieser Faltkunst. Wenn Sie diese Technik interessiert und Sie mit dem Gedanken spielen, auf dem Kindergeburtstag damit etwas zu basteln: Es gibt spezielle „Origami für Kinder"-Bücher, denen Sie sicherlich einige Ideen entnehmen können.

☐ **Buntpapier**: Auf der Rückseite gummierte, glänzende Bögen. Sind in allen Farben erhältlich. Lassen sich z. B. für Girlanden verwenden.

☐ **Goldfolie**: Stabil und in vielen glänzenden Farben erhältlich. Meistens 2-seitig z.B. in rot/gold. Sie kennen sie sicher von den Weihnachtssternen.

☐ Die Rückseiten alter **Tapetenrollen** eignen sich wunderbar für Gemeinschaftsbilder oder Abbildungen der Kinder selber.

☐ **Stifte**: Zum Ausmalen sind dicke Buntstifte ideal. Filzstifte oder Marker können schnell für T-Shirts oder Hosen gefährlich werden.

☐ **Stoffmalfarben**, Fenstermalfarben, Tonmalfarben (z.B. für Blumentöpfe) sind in Stiftform im Bastelwarenladen in verschiedensten Farben erhältlich.

80 Basteln von A bis Z

☐ Bei **Textilfarben** ist zu beachten, dass sich die Farbe erst durchs Bügeln mit den Textilfasern verbindet, so dass die Textilie erst dann bedenkenlos gewaschen werden kann. Bitte beachten Sie auch die Trockenzeit der Stoffmalfarbe! Und verwenden Sie sicherheitshalber eine Unterlage, falls die Farbe durch den Stoff geht.

☐ **Fingerfarben** sind schon für die Kleinsten geeignet, es lassen sich durch Mischen alle Farbvariationen bilden. Sie sind leicht abzuwaschen und können auf Leinwand, Papier, Glas und sonstigen Stoffen verwendet werden. Trockenzeit beachten.

☐ **Wasserfarben** und Acrylfarben verwenden Sie am besten nur, wenn sowohl die Kinder als auch die Umgebung dementsprechend geschützt werden können. Die Kinder haben jedoch sehr viel Spaß daran, mit diesen Farben zu malen. Sehen sie doch nach wenigen Pinselstrichen schon ein Ergebnis. Trockenzeit beachten! (Für Spanschachteln, Steine, Holzbecher, Plastikdosen etc.)

☐ **Wachsmalkreide**: Eine vielseitige Technik. Sie können Bilder malen oder mit einer Nadel oder einem Löffelstiel in vollflächig gemalte Flächen Muster einritzen lassen. Dinge mit markanter Oberfläche (Geldstücke) lassen sich leicht durchpausen, indem Sie ein Papier darauf legen und mit Wachsmalkreide darauf herumfahren. Das Motiv drückt sich durch.

☐ **Straßenkreide** verwenden Sie eigentlich nur, wenn das Geburtstagsfest draußen stattfindet. Lassen Sie die Kinder vor der Türe Straßenkunstwerke erstellen. Unbedingt notwendig ist Straßenkreide bei der ursprünglichen Art von Schnitzeljagd, bei der Pfeile und andere Hinweise auf die Straße gemalt werden.

☐ **Farbige Tusche** können Sie in kleinen Gläschen kaufen. Besonders für die ganz jungen Geburtstagskinder unter Aufsicht der Eltern geeignet. (Beispiel siehe unter Kapitel 4.1)

☐ **Window Color** gibt es mittlerweile auch in allen möglichen Farben. Man trägt die Farben auf spezielle Window-Color-Folie auf, wenn das Ergebnis etwas fester sein soll (z.B. für Blumenstecker), oder auf z.B. Klarsicht-Dokumenten-Hüllen. Man malt zuerst die Konturen, lässt die Farbe trocknen, und kann sich dann an das Ausmalen machen. Bitte bedenken Sie, dass es bis zu 24 Stunden dauern kann bis die Window Color getrocknet ist. Aber dann kann man das Kunstwerk von der Folie abziehen und immer wieder aufkleben. Hier sollte die Feinmotorik schon so weit ausgebildet sein, dass selbst feine Linien gezogen werden können.

82 Basteln von A bis Z

- **Marmorierfarbe**: Wird sie in kleinere Wasser-Behältnisse (mit etwas Essig) gefüllt, können Sie passenden Gegenständen (Styroporkugeln, Holzeiern) durch Hineintunken die herrlichsten Farbspielereien auf die Oberfläche zaubern. Oder Sie füllen ein höheres Backblech mit Wasser, Essig und ein paar Tropfen Ölfarbe. Verwirbeln Sie die Farben mit einem Zahnstocher. Nun können die Kinder ganze Papierblätter marmorieren, indem sie diese vorsichtig auf die Wasseroberfläche legen und wieder vorsichtig abheben. Trockenzeit beachten!

- **Porzellan- und Keramikfarben** können Sie zum Bemalen von möglichst weißen Tassen, Tellern etc. verwenden. Nach Anleitung über die Handhabung der Farben dürfen sich die Kinder austoben. Um das Kunstwerk spülmaschinenfest zu machen, muss es nach der sehr langen Trockenzeit von ca. 4 Stunden im Ofen bei ca. 160° gebrannt werden.

- **Pinsel**: Wählen Sie je nach Bedarf welche Art von Pinsel (Borsten- oder Haarpinsel) und welche Pinselstärke Sie benötigen. (Qualität beachten!)

- **Spitzer, Radiergummi, Lineal und Zirkel**: Diese Utensilien werden zwar nicht immer benötigt, erleichtern die Arbeit aber sehr. Natürlich können Sie statt des Zirkels auch Unterteller, Tassen o.ä. zur Zeichnung eines Kreises nehmen.

- ☐ **Kleber**: Von Sekundenkleber ist beim Basteln mit Kindern dringend abzuraten (Verletzungsgefahr!). Verwenden Sie stattdessen einen handelsüblichen lösemittelfreien ...

- ☐ **Alleskleber**, wobei Sie aber die Trockenzeit bedenken müssen. Den Kleber immer punktuell auftragen und nicht zu nahe am Rand, sonst quillt der Kleber beim Zusammenpressen der beiden Fixierteile über.

- ☐ **Klebestifte** verwenden Sie am besten dann, wenn glatte Oberflächen aneinander geklebt werden. Für Basteleien, die schnell kleben müssen, bietet sich ein...

- ☐ **Heißkleber** mit dazugehöriger Heißkleberpistole -bitte nur von größeren Kindern selber bedienen lassen- an. Damit können Sie z.B. 3-dimensionale Dekoteile am besten und schnellsten zusammenkleben.

Wenn Kleber an die Kleidung kommen sollte, können Sie versuchen, diesen mit Nagellackentferner wieder zu entfernen.

- ☐ **Kleister**: Mit normalem Tapetenkleister, nach Packungsangabe zusammengerührt, lassen sich nicht nur Sachen wunderbar zusammenkleben. Sie können auch tolle Effekt-Bilder kreieren: Geben Sie Kleister auf dicke Pappe oder Pressspanplatten, mischen Sie Farbpulver oder Fingerfarbe darunter und gestalten Sie mit den Kindern wunderbare Reliefbilder, indem Sie mit einer Gabel, einem Kamm oder Spachtel Linien und Muster einziehen.

- ☐ Wird der **Kleister mit Sand** oder mit Kreide-„Spänen" gemischt und mit Muscheln oder Schnecken beklebt, ergeben sich wunderbare Andenken.

☐ **Selber gemachter Kleister**: Dieser für Kleinkinder ideale Kleister eignet sich besonders für Kleisterbilder wie oben beschrieben. Auch leichte Sachen lassen sich damit zusammenkleben, z.B. Seidenpapier auf Marmeladengläser (für schöne bunte Windlichter).

Luftdicht verschlossen hält er sich einige Wochen im Kühlschrank: 0,5 bis 0,75 l Wasser zum Kochen bringen. 150 g Mehl dazugeben und unter ständigem Rühren aufkochen lassen. Sofort von der Kochstelle nehmen und abkühlen lassen.

☐ **Tesa/Kleberoller**: Kleinere Kinder scheint das Geräusch des abrollenden Tesarollers geradezu magisch anzuziehen. Sie lieben es! Es gibt in der Zwischenzeit auch farbige Rollen, die einfach aufgeklebt werden können. Sie können kleine Kinder auch einige Lagen Klebestreifen als Bild aufeinander kleben lassen.

☐ **Moosgummi** gibt es ebenfalls in verschiedenen Farben, Größen und Stärken. Im Handel sind auch vorgefertigte Motive (z.B. Buchstaben, Symbole) erhältlich, die sich ideal z.B. auf Tonpapier aufkleben lassen. Er lässt sich gut schneiden.

☐ Wenn Sie ein Stück Moosgummi z.B. auf eine Filmdose kleben, haben Sie einen tollen **Stempel**, den Sie in verschiedene Farben drücken können. Die Farbe haftet besser, wenn Sie den Moosgummi vorher mit Spülmittel befeuchtet haben.

☐ **Kartoffeldruck** (oder Möhren oder Kohlrabi) ist eine leichte, auch für kleine Kinder geeignete Art, verschiedene Materialien zu bedrucken. Die Kartoffel wird halbiert, das jeweilige Motiv ausgeritzt, z.B. mit Plätzchenausstecher. Die Schnittfläche wird angemalt (Stofffarbe, Acrylfarbe, Plaka etc.) und auf das zu stempelnde Material gedrückt. (Papier, Stoff, T-Shirt, Tasche...). Trockenzeit beachten! Natürlich lassen sich auch tolle Drucke mit Korken herstellen.

☐ **Schablonen**: Haben Sie sich eine Bastelarbeit ausgesucht, bei der Schablonen benötigt werden, bereiten Sie diese bitte vor. Dazu pausen Sie die Vorlage auf Transparentpapier. Dieses legen Sie wiederum auf einen festeren Karton, von dem Sie dann anhand der Umrisse die Schablone ausschneiden.
Wenn Sie Schablonen zum Malen fertigen (hier das Motiv mit einem Cutter ausschneiden), verwenden Sie am besten dickflüssige Farbe und einen Pinsel mit kurzen, dicken Borsten. Eignet sich wunderbar zum Verzieren von verschiedenen Materialien.

□ **Naturmaterialien**: Unsere Natur bietet uns die schönsten Grundstoffe, aus denen herrliche Sachen gebastelt werden können. Ein Waldspaziergang ist immer lohnenswert, hier lassen sich richtige Schätze finden. Pressen Sie Blumen, Gräser oder Blätter zur späteren Verwendung. Sammeln Sie Äste, Wurzeln, Steine, Moos, Kastanien, Zapfen, Eicheln, Bucheckernhülsen, Rinde etc. auf Vorrat.

□ **Ton, Lehm und Modelliermasse** (Fimo): Ton und Lehm spielen für einen Kindergeburtstag zuhause eine eher kleinere Rolle – oder wer hat schon einen Brennofen daheim? Sie können zwar auch ohne Brennen mit Ton arbeiten, aber ein Lackieren der fertigen Objekte ist erst nach dem Brennen möglich.
Aber auch aus den anderen Massen (Fimo) lassen sich die herrlichsten Sachen, Tiere, Gebrauchsgegenstände und Phantasieformen basteln. Die Kinder können mit Spezialwerkzeugen diese Materialien bearbeiten, billiger sind jedoch zu Schaufeln gebogene Büroklammern, die man mit Klebeband an einem Stift oder an einer Wäscheklammer befestigt. Zeigen Sie den Kindern, dass sie sehr sorgfältig arbeiten müssen, damit die gewünschte Form nicht durch zu schnelles Hineinbohren zerstört wird. Sie müssen das Material im Backofen bei ca. 130° etwa 30 Minuten härten, erst dann kann es mit Acrylfarben bemalt werden.

☐ **Knetmasse**: Ist schnell selbst gemacht: 400 g Mehl, 200 g Salz, 2 EL Alaun (Apotheke), ½ l kochendes Wasser, 2 EL (Baby-)Öl, Lebensmittelfarbe verrühren und im Kühlschrank in Plastikschüssel aufbewahren. Kann natürlich auch gekauft werden. Schon 2-Jährige befühlen, drücken, quetschen die Knetmasse, Ältere rollen und schneiden sie mit Vorliebe und ab 4 Jahren formen die Kinder Kugeln, Würste und Figuren. Je älter die Kinder sind, desto detaillierter und realistischer wird das Geformte.

☐ **Salzteig**: Hiermit lassen sich z.B. kleine Figuren, Kerzenständer oder Anhänger (Loch mit Strohhalm durchstoßen) herstellen. (200 g Mehl, 200 g Salz, ca. 10 EL heißes Wasser verrühren bis eine knetbare Masse entsteht.) Das geknetete Kunstwerk etwa 2 Tage stehen lassen und dann ca. 40 Min. bei ca. 150° Hitze auf Backpapier im Ofen langsam trocknen lassen. Bemalen und Lackieren ist dann möglich. Wenn Sie dem Teig Kakao, Zimt oder Safran zugeben, bekommt dieser eine leichte Färbung und einen zarten Duft.

Bei allen Massen ist es wichtig darauf zu achten, dass sich die Kinder nichts in den Mund stecken!

88 Basteln von A bis Z

Wenn die Maske über das ganze Gesicht gehen soll, legen Sie bitte die Gipsbinden so, dass Augen und Nasenlöcher auf jeden Fall freibleiben! Legen Sie eine Lage Mullbinde auf die Lippen, damit diese nicht gereizt werden.

☐ **Gips**: Selber gemachte Gipsmasken sind der Hit: Achten Sie darauf, dass die Gesichter mit genügend Fettcreme an den Stellen eingecremt werden, an denen die Maske aufliegen wird. Die Gipsbinden werden klein geschnitten und kurz in warmem Wasser eingeweicht. In mehreren Lagen werden die Binden nun auf das Gesicht gelegt. Lassen Sie den Gips einige Minuten trocknen, bevor Sie mit kleinen Bewegungen die Maske vom Gesicht heben. Reste lassen sich mit Seife rasch abwaschen. Wenn die Maske getrocknet ist, kann sie wunderbar bemalt oder beklebt werden. Vergessen Sie nicht, abschließend die Farbe noch mit Klarlack zu fixieren. Andere Körperteile, wie Hände oder Füße, eignen sich ebenso, wenn sie im Vorfeld richtig fett eingecremt werden. Bitte klären Sie dies im Vorfeld mit allen Eltern wegen Allergien.

☐ **Pappmaché**: Zerrupfte Eierkartons oder mehrere Lagen Zeitungspapier dick mit Kleister bestreichen und in verschiedene Formen bringen. Wird diese Masse um aufgeblasene Luftballons gelegt, getrocknet, angemalt und vorsichtig aufgeschnitten, lassen sich z.B. schöne Lampions herstellen. Sie können auch als letzte Schicht Seidenpapier auftragen.

- **Filz**: Handwarmes Wasser mit viel flüssiger Schmierseife bereithalten (wenn möglich draußen arbeiten – es wird nass...). Farbige Märchenwolle oder Schafwolle tränken. Für Bälle kleine Schaumstoffkissen als Mittelpunkt nehmen und Wolle in Lagen darum rollen bis die gewünschte Größe erreicht ist. Dann so lange unter klares Wasser halten bis keine Seife mehr aus dem Ball läuft. Trocknen lassen.

- **Filzplatten**: Fransen nicht aus und sind deshalb ideal für Taschen, Motive etc. geeignet.

- **Leder**: Rund schneiden und als Untersetzer verwenden. Taschen und Beutel: Löcher am Rand mit einem Locher stanzen und ein Band durchziehen.

- **Stoff**: Ideal sind weiße T-Shirts oder alte weiße Bettwäsche, aus der Sie Gewänder etc. ausschneiden können.

- **Kupferblech/Metallfolie**: Mit einem Stift Muster eindrücken oder mit einem Nagel Löcher durchdrücken, zum Kreis schließen und als Windlicht verwenden...

- **Kupferblech** können Sie zu Schälchen behämmern lassen.

- **Porzellan**: Bemalen

☐ **Holz**: Aus dünnem Sperrholz können Sie mit einer Dekupier- oder Laubsäge kleine Motive, die zum Geburtstag passen (z.B. Fledermäuse, Hasen, Fußbälle etc.) im Vorfeld aussägen und von den Kindern mit Wasserfarben anmalen lassen. Wenn Sie die bemalten Hölzer kurz mit Klarlack übersprühen, geht die Farbe nicht so leicht ab. Natürlich können Sie mit größeren Kindern auch Laubsägearbeiten direkt am Geburtstag herstellen, dies ist aber zeitaufwändig und anspruchsvoll.

☐ **Laminieren**: Für Tischsets Hologrammfolie, Glitzeraufkleber mit einschweißen (Achtung: Gelfarbe verdampft und wird im Laminiergerät gelöscht).

Sonstiges Bastelmaterial: Tacker, Blumendraht, Geschenkbänder, Perlen, Bastel- und Wäscheklammern, Ostergras, Pfeifenputzer, Schaschlikspieße, Wattekugeln, Walnussschalen, Wollreste, Weinkorken, Klopapierrollen, leere Streichholzschachteln, Kronenkorken, Knöpfe, Käseschachteln, Gummiringe, Fellreste.

Aus dem „Basteln" lässt sich übrigens auch eine ganze Themenparty gestalten. Die Kinder können Speckstein bearbeiten, Keilrahmenbilder mit verschiedenen Techniken bemalen, kleben etc. Alles wird dann, wenn die Eltern zum Abholen kommen, im Rahmen einer Vernissage präsentiert.

Selbstverständlich ist hier nur ein Teil des Machbaren aufgeführt, es gibt im Handel spezielle Bastelbücher, in denen Sie noch gezielter zu den verschiedenen Techniken nachlesen können.

3.6 Zeit für Spiele

Wir alle spielen gerne. Erwachsene wie Kinder. Während sich die Erwachsenen gerne mit klassischen Gesellschafts-, Brett- und Computerspielen beschäftigen, macht es Kindern viel mehr Spaß mit improvisierten Mitteln zu spielen, sich während des Spieles zu bewegen, die Sinne zu beschäftigen und manchmal dabei auch etwas zu gewinnen. Spiele sollen in erster Linie die Gemeinschaft und Kameradschaft fördern und keine ehrgeizigen Wettkämpfe darstellen. Der Gewinn selber sollte deshalb nicht im Vordergrund stehen. Es ist jammerschade, wenn ein Kind bei einigen Spielen immer zu den Verlierern gehört, während andere immer gewinnen. Sorgen Sie für Ausgleich! Manchmal können Sie auch ruhig ein Auge zudrücken, wenn Sie merken, dass ein Kind nicht wirklich „gewonnen" hat. Verteilen Sie als Gewinn keine Süßigkeiten oder größeren Präsente. Es reicht schon, wenn Sie einen bunten Aufkleber, eine Papierblume oder einen Tonpapier-Punkt als Prämie auswählen. Am Schluss des Festes wird abgerechnet und der Sieger erhält vielleicht eine Extra-Minitüte Gummibärchen o.ä.

Erklären Sie die Regeln der Spiele. Ziel sollte sein, dass Kinder die Regeln einhalten, weil sie deren Sinn auch verstehen.

Wenn Sie merken, dass ein vorgeschlagenes Spiel einfach nicht so gelingen will, wie Sie sich das vorstellen, oder wenn es nicht gut ankommt, beharren Sie nicht darauf, es mit allen Mitteln zu Ende zu spielen. Spielen Sie lieber dafür ein anderes, beliebtes Spiel zweimal, wenn die Kinder es so wollen. Achten Sie immer auf die Stimmung der Kinder.

Wenn ein Kind ein Spiel partout nicht mitspielen will, lassen Sie es ruhig aussetzen. Bestimmt braucht es einfach nur kurz Ruhe und ist dann beim nächsten Spiel wieder voll dabei.

Wird ein Spiel angekündigt, möchte fast jedes Kind "Erster" sein. Alle strecken die Finger in die Luft und Sie haben die Qual der Wahl. Natürlich können Sie einfach nach Ihrem Willen bestimmen, es gibt aber noch andere Möglichkeiten, den „Anfänger" festzulegen:

kein Stress!
WER BEGINNT?

☐ nach **Alphabet** (Anna ist als erstes dran, beim nächsten Spiel Bernd...),

☐ nach **Alter** (der Jüngste fängt an...),

☐ im **Losverfahren** (mit Namenszettel z.B.)

☐ Sie lassen das **Geburtstagskind bestimmen** oder

☐ Sie greifen auf die guten, alten **Abzählreime** zurück:
Ene mene miste, es rappelt in der Kiste, ene mene meck und du bist weg.

Eine kleine Minimaus zieht sich ihre Hosen aus, zieht sie wieder an und du bist dran.

Ich und du, Müllers Kuh, Müllers Esel, der bist du

Ene mene dubla dene, dubla dene dalia, acka macka sensia, bio bio buff.

Eine alte Frau kocht Rüben, eine alte Frau kocht Speck und du bist weg.

10 Marionetten hüpfen in die Betten, hüpfen wieder raus und du bist draus.

Werden **Mannschaftsspiele** gespielt, achten Sie auf ausgeglichene Mannschaften. Sind alle Kinder ungefähr gleich stark, können sich die Mannschaften z.B. mit folgenden Tricks finden:

☐ Bei 8 Kindern und 4 Mannschaften: jeweils 2 **Karten** einer Figur (oder einer Farbe) eines Kartenspiels bereithalten und die Kinder ziehen lassen. Wer hat die Pärchen?

☐ Erfinden Sie mit den Kindern zusammengesetzte **Nonsens-Hauptwörter** in der Anzahl der Mannschaften (Geburtstags-Kuchenesser). Schneiden Sie die beiden Begriffe in gleich große Zettel. Alles gut mischen und die Kinder ziehen lassen. Die Kinder eines Wortes gehören in eine Mannschaft.

☐ Schneiden Sie je einen farbigen Punkt und ein gleichfarbiges Viereck aus **Tonpapier** aus. Die Kinder nehmen sich mit geschlossenen Augen jeweils ein Objekt. Welche passen farblich zusammen?

Legen Sie sich die einzelnen **Spielutensilien** z.B. in einem Wäschekorb oder für jedes Spiel in einem Schuhkarton zurecht. Fangen Sie auch hier rechtzeitig mit der Planung an! Spielen Sie alle Spiele einmal im Kopf kurz durch, so sehen Sie am besten, ob alles vorhanden ist oder ob Sie noch etwas (Würfel, Spielkarten, Augenbinden) brauchen.

Ich habe bei den Spielvorschlägen bewusst auf eine Altersempfehlung verzichtet, da ich die Erfahrung gemacht habe, dass es sehr auf die Kinder selber ankommt. Viele lieben z.B. Topfschlagen, obwohl sie keine 4 Jahre mehr alt sind. Oder viele kleine Kinder mögen es gar nicht, die Augen verbunden zu bekommen. Später, bei den Mottogeburtstagen, habe ich zwar Altersvorschläge abgegeben, die Spiele und Basteleien sind aber auch hier nicht genau zuordenbar, müssen auf Ihre Kinder abgestimmt und eventuell ausgetauscht werden.

Man unterscheidet

☐ Wahrnehmungsspiele

☐ Bewegungs- bzw. Tanzspiele

☐ Geschicklichkeitsspiele

☐ Konzentrationsspiele

☐ Denkspiele

96 Zeit für Spiele

Es gibt unzählige Spiele mit verschiedensten Varianten, hier habe ich eine kleine Auswahl der gängigsten aufgelistet. Spezialbücher mit bis zu 1000 Spielideen bieten Ihnen noch weitere Anregungen.

ALTE, BEKANNTE SPIELE

Wer kennt sie nicht, die alten Kinderspiele? Auch heute noch sind sie sehr beliebt und werden immer wieder gewünscht. Wenn Sie eine Motto-Party halten, geben Sie den Spielen einfach andere Namen:

☐ **Versteckspielen** wird z.B. zu „Wer findet das Huhn" (Bauernhof):
Ein Kind hält sich die Augen zu, zählt bis 20 oder 100, während sich die anderen Kinder verstecken. Es ruft laut: „Ene, mene, Speckstein, alles muss versteckt sein" und macht sich auf die Suche. Gelingt es einem versteckten Kind in der Zwischenzeit sein Versteck zu verlassen und einen vorher ausgemachten Zielpunkt zu berühren, hat der Sucher verloren. Findet dieser aber ein Kind oder ist früher am Zielpunkt, ist das gefundene Kind in der nächsten Runde der Sucher.

☐ **Blinde Kuh** (wird zu "Fang die Maus" o.ä.): Alle Kinder stehen im Kreis. Einem Kind werden die Augen verbunden. Es wird 5x gedreht und muss nun versuchen, ein anderes Kind zu erwischen.

- **Topfschlagen** nennen wir "Pilze suchen im dunklen Trollwald": Einem Kind werden die Augen verbunden. Im Raum stellt man verkehrt herum einen Topf auf, darunter liegt ein kleines Geschenk. Das Kind mit den verbundenen Augen bekommt nun einen Kochlöffel und versucht kriechend den Topf durch Klopfen zu finden. Die anderen Kinder rufen dabei: kalt, warm, wärmer, etc. Und wenn der Topf gefunden ist: heiß!

- **Sackhüpfen** wird zum Nixenwettlauf: 2 Kinder treten gegeneinander an. Sie schlüpfen in je einen alten Sack und hüpfen bis zur Ziellinie. Wer wird Erster?

- **Kartoffel- oder Eierlauf:** Auf einen Löffel geben und im Zweikampf bis zum Ziel rennen, ohne dass die Kartoffel/das Ei hinunterfällt. Beliebt ist dieses Spiel auch mit Schokoladeneiern.

- **Reise nach Jerusalem:** Stühle aufstellen, Anzahl 1 weniger als Anzahl Kinder. Alle Kinder laufen bei Musik um die Stühle herum. Wer hat keinen Stuhl, wenn plötzlich die Musik ausgeht? Dieses Kind scheidet aus. Immer einen Stuhl wegnehmen, ein Kind bleibt als Sieger übrig und kriegt einen extra Gewinn.

98 Zeit für Spiele

☐ **Schokolade essen:** Würfelspiel. Die Kinder sitzen im Kreis. In der Mitte liegt eine Tafel Schokolade, eine Mütze, ein Schal, Messer und Gabel. Jeder würfelt. Wer eine 6 würfelt, darf schnellstmöglich die Mütze aufsetzen, den Schal umbinden und solange mit Messer und Gabel an der Schokolade herum schneiden und essen bis die nächste 6 gewürfelt wird. Dieses Kind muss sich nun schnell alles anziehen, die anderen würfeln weiter. So lange bis die Schokolade aufgegessen ist.

☐ **Hütchenspiel:** Ein Hut steht mit der Öffnung nach oben in der Kreismitte. Alle Kinder versuchen nacheinander, die Karten eines Kartenspieles in den Hut zu werfen. Wer trifft mit den meisten Karten in den Hut?

☐ **Stille Post/Flüsterpost:** Alle Kinder sitzen im Kreis. Ein Kind flüstert seinem Nachbarn etwas ins Ohr. Dieser gibt das Gehörte an den Nächsten weiter. Der Letzte sagt, was er verstanden hat. Besteht noch eine Ähnlichkeit zu dem als erstes Gesagtem?

☐ **Es fliegt, es fliegt,...:** Alle sitzen im Kreis, die Hände auf dem Tisch oder im Schoß. Der jüngste Spieler beginnt, mit den Zeigefingern auf den Tisch oder den Boden zu klopfen und dabei zu sprechen: „es fliegt, es fliegt... der Vogel". Beim letzten Wort streckt er immer die Hände in die Luft. Alle anderen Kinder müssen in diesem Fall das selbe machen, weil ja Vögel wirklich fliegen. Aber was ist mit Bäumen, Kerzen, Häusern etc.? Da müssen die Hände unten bleiben, fliegen sie trotzdem hoch, obwohl der Gegenstand nicht fliegen kann, muss das Kind ein Pfand abgeben, ist aber der nächste Sprecher.

☐ **Armer schwarzer Kater:** Kreisspiel. Ein Kind ist der Kater. Der geht von einem Kind zum nächsten, miaut herzzerreißend und will gestreichelt werden. Das Kind, das sich der Kater aussucht, streichelt es dreimal und spricht dazu: "armer schwarzer Kater". Es darf dabei nicht lachen, muss es dies doch, wird es selbst zum Kater.

☐ **Pfänderspiele** sind all die Spiele, bei denen die Kinder ein Pfand (Haarspange, Socke, Kette) abgeben müssen, weil sie einen "Fehler" gemacht haben. Alle Pfänder werden gesammelt, der Spielleiter nimmt einen Gegenstand, den die Kinder aber noch nicht sehen dürfen und fragt: „Was soll das Pfand in meiner Hand für harte, harte Buße tun?" Erst wenn alle Kinder beschlossen haben, was die nächste Aufgabe ist, wird das Pfand gezeigt und das Kind steht fest. Um dieses Pfand wieder zu bekommen, muss es z.B:

☐ Rückwärts um alle Kinder herumlaufen

☐ Auf einem Bein um den Tisch hüpfen

☐ Vom Boden aufstehen, ohne die Arme zu benutzen

☐ Einen Purzelbaum schlagen

☐ 3 Dinge aus Holz nennen (Plastik, Stoff, Papier...)

☐ 7 verschiedene Werkzeuge nennen

☐ Kleine Rätsel lösen: z.B. wie viele Beine haben 3 Kinder, 2 Katzen...

☐ Das ABC rückwärts aufsagen

☐ Das Einmaleins aufsagen

☐ Ein Lied pfeifen ohne zu lachen

☐ Eine Lobrede halten

☐ Gackern wie eine Henne...

WAHRNEHMUNGS- ODER SINN-SPIELE

(bekannt als KIM-Spiele nach einem Buch von R. Kipling)

Darunter versteht man alle Spiele, die unsere Sinne anregen: Hören, Tasten, Riechen, Sehen, Schmecken und zusätzlich: Streichelspiele

Hör-Spiele:

☐ **Geräusche raten**: Nehmen Sie verschiedene Geräusche auf Band auf, z.B. Wasser laufen lassen, Klospülung betätigen, Papier zerknüllen, Tisch rücken und lassen Sie die Kinder raten.

☐ Wo ist das **Glöckchen**?: Eine Glocke wandert hinter dem Rücken von Kind zu Kind im Kreis, ein Kind in der Mitte muss die Glocke finden, dann darf ein anderes Kind in die Mitte.

☐ **Hänschen**, piep einmal: Alle Kinder stehen im Kreis, Rater steht mit verbundenen Augen in der Mitte, ein Kind piepst, welches, das muss der Rater herausfinden. Dann ist das Kind an der Reihe, das gepiepst hat.

☐ Machen Sie verschiedene **Tierstimmen** vor. Welches Kind errät als erstes das Tier?

☐ Alle Kinder sollen für 3 Minuten ganz **leise sein** und alle Geräusche, die sie hören, aufschreiben. Wer hat die Meisten? Oder es werden alle Geräusche im Nachhinein von allen Kindern genannt.

Tast-Spiele:

☐ Schicken Sie unter einer Decke einen **Gegenstand** (Stofftier, Schlüssel, Zitrone, ...) auf die Reise von Kind zu Kind im Kreis. Wenn die Runde beendet ist, muss jedes Kind seinen Tipp abgeben. Wer hat richtig geraten?

☐ Lassen Sie die Kinder blind in einen **Sack** greifen: Was fühlen sie? Wenn das Kind meint, es hätte etwas erraten, darf es den Gegenstand herausnehmen. Stimmt alles?

☐ Ein Kind muss mit verbundenen Augen die **anderen Kinder** abtasten und herausfinden, welches Kind welches ist.

Riech-Spiele:

☐ Füllen Sie jeweils **2 kleine Filmdöschen** mit Wattestücken, die Sie mit Parfüm, Essig, Würze, Deo oder sonstigem besprühen. Lassen Sie die Kinder die Paare finden.

☐ Präparieren Sie ca. 10 Filmdöschen mit Wattestückchen (Boden nummerieren zur Kontrolle). Sprühen Sie verschiedene Essenzen darauf (Zitrone, Parfüm, Gewürze...). Nennen Sie den Kindern den **Duft**. Die Kinder müssen ihn finden...

Beobachtungs-Spiele:

☐ Auf einem Tablett 15 verschiedene Gegenstände deponieren. Nach 2 Minuten entfernen. Die Kinder sollen aufschreiben, welche sie sich **gemerkt** haben.

☐ Alternativ: Einen Gegenstand entfernen, die Kinder raten lassen, **was jetzt fehlt**.

☐ **Blinzeln**: Alle Kinder sitzen im Kreis, immer 2 hintereinander. Ein Kind sitzt alleine da und blinzelt einem vorderen Kind verstohlen zu und lockt es so zu sich. Das hinten sitzende Kind muss genau aufpassen, dass ihm der Vordermann nicht wegläuft... Wenn es ihm nicht gelingt, das Kind festzuhalten, ist es der nächste Blinzler.

☐ Ein Kind macht **pantomimisch** den anderen Kindern vor, was Sie ihm sagen. Und diese müssen den Begriff erraten (z.B. eine Geige, ein Klavier, ein Rennfahrer, ein Speerwerfer, ein Kaminkehrer, ein Bäcker...).

Schmeck-Spiele:

☐ Verbinden Sie den Kindern die Augen. Legen Sie verschiedene gefüllte **Löffel** bereit und lassen Sie die Kinder raten: Senf, Sahne, Honig, Banane, Kartoffeln, Käse, Ei, etc... Wer errät die meisten?

☐ Schütten Sie verschiedene **Getränke** in Gläser und lassen Sie die Kinder mit Strohhalmen daraus trinken. Welches Kind erkennt z.B. den Tomatensaft?

Streichel-Spiele:

Kinder, jedenfalls die Kleineren, lieben jede Art von Spielen mit Körperkontakt. Sie genießen es, massiert oder gestreichelt zu werden. Fügen Sie solche Spiele ruhig zur Beruhigung zwischen 2 Tobe-Spielen ein.

☐ **Rückenbilder**: Ein Kind malt auf den Rücken, das Andere muss erraten, was es malt.

☐ Alle Kinder stehen **hintereinander**. Dem Letzten zeigen Sie eine Zeichnung von etwas, was es dem Vordermann auf den Rücken zeichnen soll, der wiederum seinem Vordermann etc. Der Vorderste malt auf ein Blatt. Was kommt da wohl raus? (z.B. Fragezeichen, Sonne, Blume...)

BEWEGUNGS- UND TANZSPIELE

Bewegungsspiele machen Kindern generell große Freude und dabei fördern sie auch noch ihre motorischen Fähigkeiten. Bei solchen Spielen sollte man sich natürlich an den örtlichen Gegebenheiten orientieren. In einem engen Wohnzimmer wilde Tanzspiele auszutragen, ist mit einigen Gefahren verbunden. Achten Sie auf den Untergrund (harter Steinboden?) und darauf, dass im Vorfeld eventuell Brillen abgenommen werden.

Sollen Erwachsene mittanzen, können die Kleinen auf die Schulter genommen werden oder auf die Füße der Erwachsenen steigen.

Organisieren Sie sich für diese Tanzspiele spezielle Kinderparty-Musik je nach dem Geschmack der Gäste. Musik ist Ausdruck von Lebensfreude. Kinder lieben es, selber Musik zu machen (mit einfachen, eventuell selbst gebauten Rhythmusinstrumenten, z.B. Kochlöffeln, 2 Bestecklöffel aufeinander, oder mit Körperinstrumenten wie klatschen, stampfen) oder ein Lied zu begleiten. Es dauert nicht lange und sie beginnen dazu herum zu hüpfen oder zu tanzen.

Tanzspiele können sowohl alleine, als auch mit einem Partner durchgeführt werden.

- **Luftballontanz:** Ein Luftballon wird zwischen die Bäuche zweier Kinder gepresst. So sollen die Kinder tanzen ohne dass der Ballon auf den Boden fällt. Welches Paar scheidet als letztes aus?

- **Orangentanz:** Wie oben, nur mit einer Orange zwischen den Köpfen.

- **Klebe-Tanz:** Immer wenn die Musik ausgeht, müssen sich 2 Kinder finden und Kommandos ausführen: z.B. Popo klebt, linke Schulter klebt, Nase klebt…. Wenn alle „geklebt" weitertanzen, ist das zum Schluss ein richtiges Knäuel.

- **Wäscheklammertanz:** An jedem Kind hängen ca. 10 Wäscheklammern, z. B. am T-Shirt. Die Kinder müssen sich gegenseitig die Klammern wegnehmen und an sich selber befestigen. Wer hat am meisten, wenn die Musik ausgeht?

- **Stopptanz:** Wenn die Musik ausgeht in der momentanen Bewegung verharren – bitte Fotoapparat bereithalten!

- **Zeitungstanz:** Wenn die Musik ausgeht, auf eine am Boden ausgelegte Zeitung springen. Diese wird immer kleiner gefaltet bzw. es wird immer eine Zeitung weggenommen. Wer bleibt zum Schluss übrig? (Statt Zeitungen sind auch Teppichfliesen möglich.)

- **Kommandotanz:** Sie geben das Kommando, wie die Kinder tanzen sollen (auf einem Bein, mit dem Arm über dem Kopf etc.).

- Der Spielleiter, also Sie, sagt: **Stellt Euch vor**, Ihr seid jetzt ein ... ein Hase, ein Flugzeug, etc. Tanzt oder bewegt Euch dem entsprechend!

- **Polonaise** (den Vordermann an der Schulter oder an der Hand nehmen) bietet sich an, wenn die Räumlichkeit gewechselt werden soll (z.B. vom Essen in der Küche zum Spielen im Wohnzimmer)

- **Schwarzer Mann:** Ein Kind steht auf der einen, alle anderen auf der gegenüberliegenden Seite. Das Kind fängt an: „Wer hat Angst vor dem Schwarzen Mann?" Die anderen rufen: „Keiner!" „Wenn er aber kommt?" „Dann laufen wir davon!" Dabei müssen die Kinder wirklich versuchen, vor dem Fänger davon zu laufen... Wer bleibt nach einigen Durchgängen ungefangen übrig?

- **Fischer, welche Fahne weht heute?** Der Fischer nennt eine Farbe. Kinder, die Kleidungsstücke in dieser Farbe anhaben, können unbehelligt zum anderen Ufer rennen. Alle anderen muss der Fischer versuchen zu fangen. Es werden dadurch immer mehr Fischer. Welches Kind bleibt am Ende übrig?

FANGSPIELE

108 Zeit für Spiele

☐ Jede Art von **Wettläufen**: Paarweise, gegeneinander, Staffellauf...
Wettläufe kann man anspruchsvoller machen, indem man den Kindern z.B. Luftballons zwischen die Beine gibt oder von 2 Kindern jeweils ein Bein zusammenbindet (Dreibeinlauf). In Kapitel 4 (Mottogeburtstage) schlage ich Ihnen noch einige weitere Wettläufe vor.

GESCHICKLICHKEITSSPIELE

Zu Geschicklichkeitsspielen gehört immer auch eine Portion Glück. Entscheiden Sie selber, inwieweit „Ihre" Kinder altersbedingt schon dazu in der Lage sind, damit diese Spiele nicht nur frustrieren...

☐ Ringe über einen **Kegel** werfen

☐ **Kirschkernweitspucken**

☐ **Boccia** mit Knöpfen

☐ **Klorollen wickeln**: Gegenstand, z.B. ein Spielzeugauto, an einen Faden binden und diesen über eine Klopapierrolle aufwickeln lassen

☐ **Luftballons**: Luft rauslassen und loslassen. Welcher fliegt am weitesten?

KONZENTRATIONSSPIELE

- □ **Schlafkönig:** Alle Kinder „schlafen fest", der, der sich als Erster bewegt, scheidet aus.

- □ Erzählen Sie eine erfundene **Lügengeschichte** (z.B. Ein blondgelockter Jüngling mit rabenschwarzem Haar saß auf einem schwarzen Schimmel...). Das erste Kind, das den jeweiligen Fehler entdeckt, bekommt einen Punkt.

- □ **Nase, Öhrchen:** Alle Kinder sollen mit der rechten Hand die Nase und mit der linken Hand das rechte Ohr berühren. Auf Ihr Kommando werden die Hände gewechselt, d.h. die rechte Hand berührt das linke Ohr. Geben Sie die Kommandos immer schneller, bald lachen alle nur noch...

- □ Alle Kinder sitzen im Kreis. Jedes Kind erhält (fiktiv) eine **Nummer**. Das Kind Nr. 3 beginnt. Es (und alle anderen mit ihm) klatscht auf die Oberschenkel, klatscht in die Hände und schnipst mit den Fingern. Zuerst mit denen der rechten Hand, wobei es seine eigene Nr. ruft, und dann mit denen der linken Hand. Hier ruft es die Nr. eines Kindes, das übernehmen soll, z.B. 7. Nun ist die Nr. 7 an der Reihe... Wer nicht schnell genug reagiert oder Nummern aufruft, die schon ausgeschieden sind, scheidet aus.

☐ Alle Kinder sitzen im Kreis um einen Tisch. Sie erzählen den Kindern eine Geschichte. Fällt ein vorher vereinbartes **Wort**, müssen die Kinder blitzschnell nach einem Gummibärchen in der Mitte greifen. Wer kriegt es denn?

DENKSPIELE (RÄTSEL, BILDERRÄTSEL, WORTSPIELE)

Schon 3-Jährige lieben kleine, einfache Rätsel, bei denen sie etwas suchen müssen, die lustigsten Wortkreationen erfinden oder Unterschiede finden können. Denkspiele sind für jedes Alter geschaffen, die Schwierigkeit passt sich einfach dem altersbedingten Wissen und Können an. Sammeln Sie sich doch einfach so mit der Zeit einen kleinen Fundus an, den Sie auch zu anderen Gelegenheiten, z.B. lange Autofahrt, verwenden können.

112 Zeit für Spiele

Entweder die Reihenfolge geht im Kreis oder ein Gegenstand (z.B. geknotetes Tuch) wird zum nächsten Kind geworfen. Fällt dem Kind nichts Passendes ein, muss es ein Pfand abgeben.

Wörterkettenspiele:

☐ **„Meine Oma ist krank** – Was hat sie denn? – Schnupfen!" Dies wird nun von jedem Kind wiederholt und eine Krankheit wird hinzugefügt. Besonders lustig ist dieses Spiel, wenn die Kinder dazu eine Salzbreze im Mund halten müssen.

☐ **„Ich packe meinen Koffer** und nehme mit... meinen Teddy" Wie oben wiederholen und noch einen Gegenstand dazufügen.

☐ **Zusammengesetzte Wörter** (Wohnungsschlüssel, Schlüsselblume...): Das erste Kind überlegt sich ein zusammengesetztes Hauptwort. Das nächste Kind muss wiederum ein zusammengesetztes Hauptwort bilden, dessen erster Teil der zweite des Vordermannes ist.

Scherzfragen/Rätsel:

☐ Wie viele Buchstaben stecken in der Zeitung (7)

☐ Welches ist das stärkste Tier (die Schnecke, sie trägt ihr Haus)

☐ Welcher Hahn kann nicht krähen (Wasserhahn)

☐ Wie viel Eis kannst Du nüchtern essen (1)

☐ Was ist die kleinste Mühle (Mund)

☐ Es gehört Dir, wird aber von Anderen viel mehr gebraucht als von Dir (Name)

☐ Wie heißt die Laus mit Vornamen? (Niko)

☐ Und das Reh? (Kartoffelpü)

Sprichwörter raten:

☐ Wie du mir, so ...

☐ Wer andern eine Grube gräbt, ...

☐ Es ist nicht alles Gold ...

☐ Einen ... aufbinden

114 Zeit für Spiele

Paarwörter raten:

Tag und ..., Freud und ..., Hinz und ..., Berg und ..., Saus und ..., Pech und ..., Hänsel und ...

Wortgruppen bilden/raten:

Welches Kind erkennt am meisten:

☐ Was sind: Kartoffeln, Karotten, Sellerie... ? (Gemüse)

☐ Was passt nicht: Zentimeter, Meter, Sekunden, Kilometer?

☐ Alles, was man frühstücken kann; alles, womit man fahren kann...

Deutsch prüfen:

☐ Mehrzahl von Maus?...

☐ Das Gegenteil von müde?...

☐ Vergangenheit bilden von ich esse?...

Reimen:

Kleine 2-Zeiler können sowohl Sie erfinden, als auch die Kinder. Geben Sie ihnen z.B. 4 Wörter vor. Aus diesen sollen sie dann einen Reim basteln.

☐ Was nicht hart ist, das ist weich,
    wer nicht arm ist, der ist ...

☐ Ach, er steht mir ja so gut, mein schöner, neuer Sonnen...

☐ Im Sommer scheint zu meiner Wonne
    den ganzen Tag die warme ...

Wissensfragen:

☐ Nach dem System der Fernsehsendung 1, 2 oder 3 können die Kinder unter 3 Antwortalternativen zu Fragen aus verschiedenen Wissensgebieten wählen und sich auf vorher festgelegte Punkte im Raum stellen. Wurde richtig geraten, erhalten sie eine Murmel oder einen Aufkleber. Das Kind, das am Ende des Fragespiels die meisten richtigen Antworten hat, gewinnt einen größeren Preis.

Allgemeine Fragen könnten z.B. lauten: Wo fand die letzte Fußball- Weltmeisterschaft statt: 1. in Russland 2. in Amerika oder 3. in Brasilien? Welcher Fluss fließt durch Augsburg? 1. Lech 2. Isar 3. Rhein?

Bitte entnehmen Sie solche Fragen entweder verschiedenen Wissens-Spielen oder erfinden selber welche, von denen Sie glauben, dass Ihre Gäste die geeigneten Wissensstände haben.

☐ Stadt/Land/Fluss-Prinzip in allen Variationen.

Geschichten erfinden, Reizwörter:

Geben Sie 4 oder 5 Wörter vor. Jedes Kind überlegt sich einen Satz oder eine kurze Geschichte und soll sie erzählen. Danach wird abgestimmt, welche Geschichte die tollste war.

Schreibspiele:

Schulkinder kennen massig von diesen Spielen. Für einen Kindergeburtstag halte ich dieses für geeignet:

☐ Ein Satz wird vorgegeben. Er enthält so viele Satzglieder wie Anzahl Kinder vorhanden sind, z.B. bei 8 Kindern: Mein – alter – Vater – badet - jeden Tag – in – der – blauen - Badewanne (Pronomen-Adjektiv-Substantiv-Verb-Zeitangabe-Ort-Artikel-Adjektiv-Substantiv). Die Kinder sollen reihum eines dieser Art von Wörtern aufschreiben. Das Erste schreibt unter das Wort Mein ein anderes Pronomen. Das Papier wird nach hinten umgeknickt, so dass man das bereits Geschriebene nicht mehr erkennen kann, das Nächste schreibt ein Adjektiv etc. Es entstehen die lustigsten Schachtelsätze!

☐ Dieses Spiel kann auch auf Figuren umgewandelt werden. Jedes Kind malt entweder Kopf, Brust und Arme, Bauch, Unterleib, Oberschenkel oder Unterschenkel etc.

Erwähnen möchte ich natürlich auch die Heute nicht mehr wegzudenkenden Computerspiele oder technischen Spiele, wie ferngesteuerte Autos, Flugzeuge oder Eisenbahnen. Auf einem Kindergeburtstag sollten Sie auf diese Art von Spielen verzichten. Dieses Fest bietet die Gelegenheit, wieder einmal zusammen in der Gemeinschaft zu spielen. Wenn dann zwei oder mehr Kinder mit anderen Sachen beschäftigt sind, ist dies nicht nur für das Geburtstagskind sehr schade, sondern reißt die Gemeinschaft auseinander und das Besondere des Festes geht verloren.

Eigene Notizen

3.7 Vorlesegeschichten zum Träumen und Entspannen

Heutzutage sind unsere Kinder sehr vielen Reizen von außen ausgesetzt. Vieles wird ihnen präsentiert. Fernsehen und Computer lassen nicht mehr viel Raum für eigene Kreativität. Die Fähigkeit, ihre Phantasie in Ruhe ausleben zu können, geht ihnen verloren, wenn man ihnen keine Möglichkeit bietet, diese natürliche Gabe zu pflegen.

Ein Kindergeburtstag sollte auch diesen Aspekt berücksichtigen. Wie bereits geschrieben, ist es wichtig, dass sich laute und leise, schnelle und langsame Aktionen abwechseln. So geben ruhige Spiele und auch Vorlesegeschichten, bei denen die Kinder nur zuhören und vielleicht sogar die Augen schließen und zum Träumen angeregt werden, wieder Kraft und Ausdauer für folgende, eventuell anstrengende Tobe-Spiele.

Es gibt viele Entspannungstechniken (Autogenes Training, Yoga, Massagen für Kinder etc.) -und noch mehr Bücher zu diesen Themen-, die nicht innerhalb einiger Minuten durchgeführt werden können. Da an einem Kindergeburtstag Vorlesegeschichten, Phantasie- oder Traumreisen aber nur ein Programmpunkt sind, sollten diese nicht zu ausschweifend und umfangreich sein. Beschränken Sie sich auch hier auf das Wesentliche, ein kurzes Zur-Ruhe-Kommen durch das Entführen der Kinder in eine erdachte Welt.

Wenn Sie eine Geschichte einbauen wollen, können Sie dies z.B. im Rahmen einer Mottogeschichte machen.

Jedes Kind bekommt ein Kissen und eine Decke und sucht sich einen schönen Platz im Raum, wo es bequem liegen kann und äußeren Reizen weniger ausgesetzt ist. Wenn möglich sollte es die Augen schließen. Sie können leise, meditative Musik einschalten.

Sie sollten sich vorher die gewählte Geschichte durchgelesen oder selbst ausgedacht und aufgeschrieben haben und sie jetzt mit ruhiger Stimme vortragen. Animieren Sie die Kinder durch detaillierte Beschreibungen (von Umgebung, Wegen, Düften, Farben und sonstigen Eindrücken) dazu, sich den Inhalt der Geschichte bildlich vorzustellen und ausgesprochene Bewegungen (z.B. Einrollen, alle Viere von sich strecken...) mitzumachen. Sprechen Sie die Kinder in der Einzahl oder in der Mehrzahl direkt an, je nachdem, was Ihnen besser über die Lippen kommt. Der Anfang kann immer z.B. so lauten:

"Ich möchte (Dir) Euch noch eine Geschichte erzählen. Such(t) (Dir) Euch dazu einen Platz, leg(t) (Dich) Euch auf das Kissen, wickel(t) (Dich) Euch in die Decke und mach(t) es (Dir) Euch so richtig gemütlich. Schließ(t) (Deine) Eure Augen und hör(t) mir einfach zu. Stell(t) (Dir) Euch vor, ..."

Ebenso wie der Anfang kann auch das Ende bei jeder Traumreise gleich sein. Die Geschichte sollte nicht abrupt enden,
die Kinder sollten langsam wieder in die Realität zurückgeholt
werden.

„Langsam kommt Ihr wieder von Eurer Reise zurück. Streckt Euch,
macht Euch ganz lang und rollt Euch leicht hin und her. Langsam
öffnet Ihr wieder die Augen. Gähnt herzhaft, wenn Euch danach
ist und kommt langsam in den Vierfüßlerstand. Reckt Euch noch
einmal, macht einen Katzenbuckel, steht langsam auf, und richtet
Euch -Wirbel für Wirbel- auf. Atmet noch einmal tief ein und aus!"

...

So wie bei Erwachsenen Phantasie und Kreativität unterschiedlich ausgeprägt sind, ist dies auch bei Kindern der
Fall. Nicht alle Kinder sind für Phantasiereisen offen. Manche
haben den Hang, die Umsetzung der vorgeschlagenen Geschichte durch Übertreibung ins Lächerlich zu ziehen. Dann
beenden Sie einfach diesen Programmpunkt möglichst schnell,
aber nicht abrupt. Orientieren Sie sich immer an den Kindern!

3.8 Schnitzeljagd, Schatzsuche, Suchfahrten

„Die Rallye ist ein Spiel, in dem sich die Teilnehmer im Gelände von einem Ort zum anderen bewegen. Sie lösen dabei verschiedene Aufgaben und erreichen nach Beachtung von Weghinweisen einen Zielpunkt. Rallyes sind sowohl zu Fuß, als auch mit verschiedenen Fortbewegungsmitteln möglich und können in unterschiedlichen Umgebungen gespielt werden, wobei die Teilnehmer ein unbekanntes Umfeld auf spielerische Weise erkunden können."[3]

[3] Jürgen Fritz: Rallyes bei Tag und Nacht, Matthias-Grünewald-Verlag, 2000

Schickt man die Kinder auf die Suche nach irgendetwas oder lässt sie verschiedene Übungen/Aufgaben erfüllen um zu einem gewissen Ort zu gelangen, gefällt das eigentlich allen. Auch die kleinen 4-Jährigen finden es ganz toll, wenn sie fünf Blumenarten oder drei verschiedene Zapfen im Wald finden sollen. Stimmen Sie Schwierigkeit, Dauer, Ort etc. immer auf „Ihre" Kinder ab und muten Sie sich alleine nicht zu viel zu! Nehmen Sie lieber noch eine 2. oder 3. Aufsichtsperson zur Hilfe. Die Kinder werden sich mit größter Wahrscheinlichkeit nicht gemächlich von einer Aufgabe zur anderen fortbewegen, sondern in Galopp verfallen und Sie müssen mithalten können. Kinder ab ca. acht Jahren können Sie natürlich auch in Gruppen ziehen lassen, bei Kleineren müssen Sie oder Ihre Hilfe aber immer mit Rat und Tat zur Verfügung stehen.

Vergessen Sie nicht, den Kindern für unterwegs Obst, Müsliriegel und Getränke mitzugeben. Picknickdecken, auf denen sich die Kinder erholen und stärken können, sind sehr praktisch. Ich leihe mir in solchen Fällen einen Leiterwagen, der vollgepackt werden kann. Ebenso sollten Sie Ihr Notfallset (auch Pinzetten zum Entfernen von Splittern), Feuchttücher und eine Abfalltüte dabei haben. Sie können auch kleine billige Trillerpfeifen an die Kinder verteilen, damit sich diese bemerkbar machen können, falls sie sich zu weit von der Gruppe entfernt haben.

Erklären Sie vor Beginn der Rallye die Regeln und lassen Sie Rückfragen zu. Sie müssen als „Regisseur" den Spielweg bzw. das Spielgebiet im Vorfeld mindestens 1x abgegangen sein, am besten 1 bis 2 Tage vor der Feier. So sind Sie „up to date" und erleben keine unliebsamen Überraschungen (Maisfeld abgeerntet, Metzger Betriebsurlaub etc.). Machen Sie sich selber Notizen und Wegkennzeichnungen. Vermeiden Sie so, dass Sie sich mit den Kindern z.B. im Wald verlaufen. Sie können auch dabei am besten abschätzen, ob der Weg zu lang/zu kurz ist.

Das Wetter spielt hier natürlich eine große Rolle. Eine Rallye kann bei jedem Wetter stattfinden, macht aber bei strömendem Regen nicht wirklich viel Spaß. Überlegen Sie sich für solche Fälle ein Ersatzprogramm.

Natürlich können Sie auch im Haus/in der Wohnung eine Rallye durchführen. Die Kinder werden hier einfach von Zimmer zu Zimmer gelotst.

VERSCHIEDENE VARIATIONEN

Je nachdem, wie Sie die Suche aufbauen wollen, werden die Kinder aufgeteilt.

Es bestehen die Möglichkeiten

☐ die Kinder in mehrere Teams einzuteilen
   und zeitversetzt laufen zu lassen,

☐ die Kinder nur in 2 Mannschaften zu trennen
   (Jäger und Gejagte – Schnitzeljagd) oder

☐ alle Kinder gemeinsam auf die Suche zu schicken.

Die erste Variante bietet sich erst ab ca. 8 Jahren an. Geben Sie diesen Kindern auf jeden Fall eine Telefonnummer, Geld und strikte Anweisungen z. B. in einem SOS-Kuvert mit (Wenn Ihr nicht mehr weiter wisst: Ruft an!).

Findet eine Schatzsuche bei Nacht statt, denken Sie daran, für die Kinder Sicherheit spendende Elemente mit einzubauen, d.h. ein gemeinsames Lied zu singen oder Körperkontakt zu ermöglichen (Hände halten). Und sorgen Sie auf jeden Fall dafür, dass die Kinder auch gesehen werden, indem Sie ihnen phosphoreszierende Gegenstände (Armbinden, Leuchtwesten etc.) anziehen bzw. Taschenlampen aushändigen.

SCHNITZELJAGD

Die klassische Schnitzeljagd wird gespielt, indem die erste Mannschaft Hinweise hinterlässt (Papierschnitzel, Kreppband, Kreidepfeile, bunte Bänder oder Luftballons). Diese Kinder werden anhand von Hinweisen, die Sie ausgeben, an einen bestimmten Zielpunkt gelotst.

Die zweite Mannschaft, die ca. 20 Minuten nach der ersten Gruppe startet, erhält von Ihnen keine Hinweise und orientiert sich nur an den Zeichen, die die erste Gruppe hinterlassen hat. Holt die zweite Gruppe die erste vor dem Erreichen des Zielortes ein, hat diese Gruppe gewonnen, ansonsten ist die Erste der Sieger.

Wird die Jagd so gespielt, sollte bei jeder Gruppe ein Erwachsener, der die Strecke und das Ziel kennt, dabei sein.

SCHATZSUCHE, ORIENTIERUNGSRALLYE

Es hat sich in der Praxis bewährt, alle Kinder gemeinsam auf die Suche zu schicken. Mit bis zu 10 Kindern ist dies durchaus zu bewältigen, wenn 2 Erwachsene mitlaufen, ist das gar kein Problem. Sie stärken dadurch das Gemeinschaftsgefühl und ehrgeiziger Wettstreit wird ausgeschlossen.

Die Kinder kommen anhand von Hinweisen auf den Standort des „Schatzes" oder des Zielortes. Am Ausgangspunkt erhalten sie einen Hinweis, der sie aber nur bis zur nächsten Station führt, an der sie Aufgaben erfüllen müssen, um

Hinweise auf den wiederum nächsten Zielpunkt zu erhalten. Sie werden also nur von einem Punkt zum nächsten gelotst. Wenn die Kinder pro gelöste Aufgabe z.B. einen Stempel auf umgehängte Karten bekommen, ist das auch gleich eine Art Teilnahmebestätigung.

Hier eine kleine Auswahl von Hinweisen:

☐ Die Kinder erhalten Fotos von den zu suchenden Stationen.

☐ Sie müssen Markierungen folgen und (von Ihnen auf der Strecke angebrachte) Buchstaben finden, mit denen sie am Ende den Zielort/ Lösungswort bilden können (E-I-S-D-I-E-L-E).

☐ Umschreiben Sie das jeweilige nächste Ziel (dort gibt es ein Brett an 2 Seilen = Schaukel = Spielplatz).

☐ Zeichnen Sie den Weg auf einer Straßenkarte ein, kopieren und verteilen Sie diese (oder noch schwieriger: zeichnen Sie den Weg auf Transparentpapier und die Kinder müssen den Weg ihrer Straßenkarte zuordnen).

☐ Beschreiben Sie den Weg (nach der Kirche geht es scharf links, welches Verkehrsschild steht an der Ecke ...(Spielstraße)... Dann geht es die Blumenallee entlang bis zu einem...

An den jeweiligen Stationen müssen die Kinder Aufgaben erfüllen. Diese haben entweder etwas mit den dortigen Gegebenheiten zu tun („Wann fährt der letzte Bus nach Augsburg?", „Wieviel Stufen hat die Treppe zur Kirche?"...) oder prüfen das Allgemeinwissen oder -können der Kinder. Werden Fragen gestellt, bei denen Rat oder Hilfe von Dritten (Geschäft, Amt, Nachbarn) notwendig ist, kündigen Sie diese bitte dort an und prüfen Sie, ob die Frage überhaupt gelöst werden kann. Geben Sie den Kindern Taschen für die gefundenen Gegenstände, Klemmbretter, Papier und Stifte.

Beispiele zu Aufgaben:

☐ Sammelt Steine und legt ein vorgegebenes Muster

☐ Lauft in der Schlange einen Parcours rückwärts

☐ Macht 20 Kniebeugen

☐ Bildet aus den Anfangsbuchstaben
Eurer Vornamen ein Wort

☐ Hier steht Ihr vor der Grundschule.
Nennt noch 3 andere Schularten.

☐ Zählt die Laternen auf dem Weg

☐ Sammelt verschiedene Blumen

☐ Organisiert die Tageszeitung von Gestern (im Kiosk)

☐ Was kostet ein Dinkelbrötchen beim Bäcker?

☐ Wie sind die Öffnungszeiten der Bücherei?

☐ Wie viele Klingeln hat das Haus?

☐ Welche Tiere sind auf dem Schild
abgebildet (Hinweisschild zum Zoo)?

☐ Wie viele Treppen hat die Rutsche auf dem Spielplatz?

Wie bereits erwähnt, können die Kinder auch an jeder Station einen Buchstaben, eine Zahl o.ä. erhalten, die sie als Schluß-aufgabe dann sortieren, addieren etc. müssen.

Schatz/Ziel

Entweder die Kinder finden zu einem bestimmten Ort (Eis-diele, Grillplatz...) oder gelangen durch die Hinweise zum „Schatz". Das kann eine normale Holzschachtel oder Blechkis-te sein, die Sie vorher als Schatzkiste (mit Vorhängeschloss, Stricken, Glitzersteinen) präpariert haben. Sie können die Kiste mit verschiedenen Füllmaterialien (Alufolie, geknüllte Papiere, Stoffe) auslegen und die Gastgeschenke hineinlegen. Jedes Kind sollte das Gleiche erhalten. Schön ist auch, wenn Sie Urkunden oder Teilnahmebestätigungen, schnell gemacht per Computer, verteilen, die die Kinder an diesen Tag erinnern.

Erst bei Kindern ab 10 Jahren schlage ich vor, an die einzel-nen Teams für gelöste Aufgaben, Schnelligkeit und gefundene Gegenstände Punkte zu verteilen, eine genaue Reihenfolge der Sieger zu ermitteln und dadurch auch die Preiswertigkeit zu staffeln.

SUCHFAHRT

Mit der Fahrradprüfung in der 4. Klasse sind die Kinder befähigt, alleine auf der Straße mit verkehrstauglichen Rädern und unter Berücksichtigung der Helmpflicht Fahrrad zu fahren. Alle oben erwähnten Variationen der Rallye sind hier möglich. Zusätzlich können Sie noch Geschicklichkeitsprüfungen einbauen, z.B. über Bretter, Slalom zwischen Flaschen oder Pylonen fahren oder eine gewisse Zeit auf dem Rad die Balance halten, ohne dass ein Bein den Boden berührt.

Eigene Notizen

4 Ideen für tolle Mottogeburtstage

Ein Geburtstagsfest unter ein spezielles Motto zu stellen, kann bei der Planung und Gestaltung sehr hilfreich sein. Alles erscheint aus einem Guss und Sie müssen sich nur auf eine Thematik festlegen. Meistens wissen die Kinder sehr genau, was sie selber wollen. Vielleicht können Sie sich ja die Zeit nehmen und mit Ihrem Schatz schon ein paar Wochen im Voraus nach einem Motto suchen. Inwieweit wollen Sie das Geburtstagskind in die Planung mit einbeziehen, was Essen, Basteln und Spiele angeht? Bei den Vorbereitungen sollte Ihr Kind schon dabei sein, es macht ihm doch auch Spaß, an der Einladung und Dekoration mitzuwirken, aber am Geburtstag selber ist es für das Kind viel schöner, ebenso wie die Gäste überrascht zu werden.

Die nachfolgenden Mottogeburtstagsideen sind die Angesagtesten bei Ihren Kindern. Das angegebene Alter ist nur ein kleiner Anhaltspunkt. Bitte prüfen Sie bei den einzelnen Programmpunkten, ob sie auch für das Alter Ihrer Kinder geeignet sind. Die einzelnen Spielvorschläge, Bastelideen und Geschichten sind je nach Bedarf auch untereinander austauschbar. Ebenso können die Speise- und Getränke-Vorschläge für verschiedene Mottos verwendet werden. Ihrer Fantasie sind keine Grenzen gesetzt. **NICHTS IST DOOF! ALLES WIRD BEI IHREN KINDERN GUT ANKOMMEN.**

Ein Motto-Geburtstag macht ihn für die Gäste noch spannender und erhöht die Vorfreude! Vielleicht kommen die Kinder schon dem Motto entsprechend gekleidet oder müssen spezielle Code-Wörter zum Einlass wissen...

Die Mottogeburtstage werden folgendermaßen gegliedert:

 Ideensammlung

 Vorschlag Einladung

 Vorschlag Dekoration

 Vorschlag Verkleidung

 Vorschlag Basteln

 Vorschlag Motto-Geschichte

 Vorschlag Spiele

 Vorschlag Essen und Trinken

 Vorschlag Gastgeschenk

Wenn Sie Schwierigkeiten bei der Umsetzung und Ideenfindung zu den einzelnen Mottos haben, schließen Sie für ein paar Minuten die Augen und versetzen Sie sich in die Lage eines Hasens, einer Prinzessin, eines Schmetterlings,...: Was treibt man so den ganzen Tag, was gibt es für Besonderheiten (Raupe...), was gibt es zu Essen, welche Spiele könnte ein solcher Typ spielen etc.? Schreiben Sie alles auf, was Ihnen einfällt. Alles kann wichtig sein.

Die hier konzipierten Vorschläge können Sie gerne haarklein übernehmen, Sie können diese aber auch mit dieser Methodik nach Ihrem Geschmack verändern und untereinander austauschen. Picken Sie sich das Beste für Ihre Zwecke heraus!

Und spielen Sie mit, werden Sie selbst zum Kind! Verkleiden Sie sich nach dem Motto, setzen Sie sich einen Piratenhut auf, malen Sie sich Schnurrhaare ins Gesicht oder binden Sie sich einen Vorhang als Toga um. Die Kinder finden das sicher ganz toll!

Ich möchte noch darauf hinweisen, dass Sie sich im Internet oder über den Versandhandel so genannte Verleihkisten ab ca. 40,- Euro organisieren können. Aber das ist viel Geld, und dies nur für einen Tag! Sie müssen die Kisten innerhalb eines Tages wieder zurückschicken. Besser ist es doch, mit einigen einfachen Mitteln etwas selber herzustellen, was Sie dann auch behalten können.

Es gibt viele bekannte Figuren aus Film und Fernsehen, welche die Kinder gerne als Motto nehmen möchten (z.B. Bob, der Baumeister, Barbie, Kpt. Blaubär, Sesamstraße, Die wilden Kerle, Pippi Langstrumpf, Benjamin Blümchen etc...). Auf diese werde ich hier aber nicht näher eingehen. Wenn Sie diesen Weg gehen möchten: Es gibt hierfür sogar vorgefertigtes Dekomaterial wie Fähnchen, Tischdecken etc., die über Versandhandel, Internet oder sämtliche Spielwarenläden zu besorgen sind.

4.1 Für die ganz Kleinen
(1-3 Jahre)

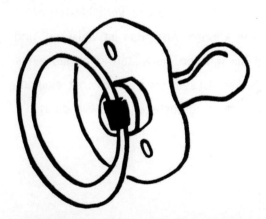

IDEENSAMMLUNG

Mit **einem Jahr** sind die Kinder im Krabbelalter, manche machen schon die ersten Schritte, die Mobilität nimmt zu. Sie wollen Neues auskundschaften; lieben es, Deckel zu öffnen um den Inhalt von Kartons etc. zu inspizieren; Schränke werden ausgeräumt und wieder eingeräumt. Sie können schon einfache Bitten befolgen, lassen sich stundenlang Bilderbücher erklären und beginnen, Bausteine und Becher aufeinander zu setzen. Sie lieben das Kuckuck-Spiel, bei dem sich die Mama hinter den Händen versteckt und immer wieder kommt... Spiele auf dem Schoß (*Hoppe Hoppe Reiter*), Kitzelspiele (*Eine Maus baut ein Haus, eine Mücke baut eine Brücke und der Floh, der macht so...*), Singsang- und Schmuse-Spiele stehen hoch im Kurs.

Im Laufe des **2. Lebensjahres** werden die Spiele aktiver, die Kinder selbstbewusster. Sie imitieren die Großen, können Bekanntes wiederholen und beginnen auch an Sing-Spielen aktiv mitzuwirken (z. B. *Häschen in der Grube – Das Auto fährt tut, tut – Da steht der Zauberer Schrabbelschrut*[4] *– Auf der grünen Wiese steht ein Karussell...*), da sich die Motorik so weit entwickelt hat, dass sie in die Hocke gehen, freihändig aufstehen und klettern können.

[4] *Musik und Text: Detlev Jöcker, Menschenkinder-Verlag, 2005*

Sie beginnen, jede Art von Finger- und Kreisspiel zu lieben (*Steigt ein Büblein auf den Baum – 10 kleine Zappelmänner...*) und entwickeln langsam ein großes Interesse an Schmieren, Matschen, Fingerfarbe malen und kneten. Knete wird in diesem Alter in erster Linie nur geknetet, erst mit etwa 3 Jahren wird geformt.

Am liebsten würden sie alles genau untersuchen, mit allen Sinnen, auch mit dem Mund. Kinder lieben es, getragen und geschaukelt zu werden, z.B. in einem großen Tuch, das 2 Erwachsene hin- und herschwenken (*Müller's Säckel*) oder im Kreis z.B. mit dem Schwungtuch Bälle hoch zuwerfen (*Aramsamsam*).

Im **3. Lebensjahr** äußern die Kinder selber Wünsche und können aktiv am Geschehen teilnehmen (*Was kommt denn da – Gewitter – Löwenjagd...*). Sie mögen es, zusammen mit anderen Kindern Rollenspiele zu machen, in verschiedene Personen zu schlüpfen, sich zu verkleiden und sie beginnen, Regeln zu akzeptieren, d.h. erste Regelspiele werden langsam möglich. Nun kann das Kind meist schon recht geschickt mit beiden Händen gleichzeitig hantieren, was natürlich weitere Bastelmöglichkeiten schafft.

EINLADUNG

- ☐ Malen Sie die jeweilige **Fingeranzahl** (Alter) Ihres Kindes mit Fingerfarbe an und pressen sie den oder die Finger auf eine Klappkarte. Versehen Sie dieses Bild oben mit einer Flamme, so dass es wie eine oder mehrere Kerzen aussieht.

- ☐ Oder Sie machen einen Fingerfarben-Abdruck von der **ganzen Hand** Ihres Kindes auf eine Klappkarte.

- ☐ Schneiden Sie einen **Teddy** (einfache Konturen) oder Ball oder Auto aus Tonpapier aus und kleben Sie das Bild auf eine Klappkarte. Lassen Sie dies ruhig von Ihrem Kind noch „bemalen".

- ☐ Laden Sie zum **„Sandkastenfest"** indem Sie eine Schaufel aus Pappe ausschneiden und alle wichtigen Daten auf die Schaufel schreiben.

- ☐ Schreiben Sie im **Text**, dass die Eltern auch eingeladen sind!

DEKORATION

- ☐ Luftballons, Girlanden, bunte Tischdecke oder Betttuch und Servietten, Kriechtunnel. Bänder aus Krepp in leuchtenden Farben über den Tisch legen. Alles möglichst bunt und „anders als sonst"!

VERKLEIDUNG

- Haben Sie schon eine Verkleidungskiste? Wenn nicht, dann ist es an der Zeit, eine anzulegen. Heben Sie alle möglichen Kleidungsstücke von Ihnen, Schals, Vorhänge, Tücher, Schuhe etc. auf. Selbst die kleinsten Kinder setzen sich von Herzen gern Hüte und Mützen auf.

- Schminken dürfen Sie die Kleinen natürlich auch schon nach Lust und Laune. Denen gefällt wahrscheinlich noch alles. Bieten Sie ihnen zwei verschiedene Masken an und die Kinder sind selig.

ESSEN UND TRINKEN

- Decken Sie für die Erwachsenen **extra** und sorgen Sie dafür, dass der heiße Kaffee oder Tee nicht in Reichweite der Kinder steht. Wenn die Kinder doch am Tisch der Großen sitzen wollen, sorgen Sie bitte für eine ausreichende Zahl Kissen oder Hochstühle.

- Bitte bedenken Sie: Kinder essen in diesem Alter meistens nur das, was sie schon **kennen**. Mit einfachen Kuchen, Waffeln, Joghurt, Wiener, Butterbrezen oder einer Ladung Pommes machen Sie bei den Kleinen deshalb sicher nichts verkehrt. Und servieren Sie natürlich etwas, was die eingeladenen Mütter auch mögen.

- ☐ Bei den **Getränken** habe Sie freie Auswahl, achten Sie aber darauf, dass angebotene Fruchtsäfte kein Fruchtfleisch enthalten. Mit Obstsalaten oder Obstkuchen halten Sie sich bitte zurück, Kerne sind viele Kinder in diesem Alter noch nicht gewohnt.

- ☐ **Verzichten** Sie auf jeden Fall auf jegliche Art von Bonbons oder anderen Sachen, die die kleinen Kinder verschlucken können (Erdnüsse etc..).

MOTTO-GESCHICHTE

Eine richtige Geschichte ist hier wohl noch nicht angebracht, wählen Sie stattdessen eine Passage aus einem schönen Geschichtenbuch. Die anderen Erwachsenen hören sicher auch gerne beim Vorlesen zu.

SPIELE UND BASTELN

- ☐ Musik von Rolf Zuchowski, Detlef Jöcker oder anderen Kinderliedermachern

- ☐ **Fingerspiele** zum Mitmachen *(Kleine Schnecke – Meine Hände sind verschwunden – Was müssen das für Bäume sein – Alle meine Fingerlein – Krokodil aus Afrika – Steigt ein Büblein auf den Baum – Auf der Donau – Es tröpfelt – Die Fröschelein...)*

Für die ganz Kleinen

[5] Text und Musik: Detlev Jöcker, Menschenkinder-Verlag, 1996

[6] Text: Lore Kleikamp, Musik: Detlev Jöcker, ebd.

☐ **Kreisspiele** *(Ritzeratze – Töff, töff, töff, die Eisenbahn – Brüderchen, komm tanz mit mir – Bingo – 1,2,3 im Sauseschritt[5] – Zwerg Wackelmütze – Wir gehen jetzt im Kreise[6] – Hoch und tief)*

☐ **Kasperletheater** mit einfacher Geschichte (Die Prinzessin Tausendschön ist verschwunden, Kasperle erhält vom König den Auftrag sie zu suchen. Er findet im Wald aber erst einmal ein Krokodil, das er zurückbringt zum Zirkus. Dann findet er im Wald den Räuber, den er der Polizei bringt und zum Schluss findet er endlich die Prinzessin beim Pilze suchen!!!)

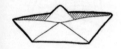

☐ Ein leeres Blatt wird in einen **Schuhkarton**-Deckel gelegt. Von flüssiger Farbe werden einige Tupfer auf dem Blatt verteilt. Das Kind darf mit einem Strohhalm die Farbe verpusten oder mit Hilfe einer Murmel durch Wiegebewegungen auf dem Blatt verteilen. Und schon ist das erste Bild fertig!

☐ Nehmen Sie die Rückseite einer alten **Tapetenrolle**: Jedes Kind soll sich darauf legen. Zeichnen Sie schnell die Umrisse nach. Die Kinder können sich dann selber mit dicken Buntstiften bunt anmalen.

☐ Die Kinder dürfen ihre Schuhe ausziehen und ihre nackten Füßchen werden mit **Fingerfarbe** eingestrichen. Dann dürfen sie über Papier laufen und hinterlassen tolle Fußabdrucke. (Achtung – alles auslegen)

□ ...und wenn dann schon einmal alle **Schuhe** ausgezogen sind: Wer findet am schnellsten aus dieser Menge seine eigenen Schuhe?

□ Sobald die Feinmotorik besser entwickelt ist, lieben die Kinder jede Art von **Auffädelarbeiten** (Garnrollen, Papprollen etc.). Lassen Sie sie doch eine Papprollen-Girlande basteln. Oder mit großen Knöpfen oder Glöckchen eine Kette. (Achtung: Verschluckgefahr!)

□ Schon kleine Kinder können buntes **Seidenpapier** wunderbar reißen. Die Kinder reißen und die Mamas kleben die Schnitzel auf ein leeres, sauberes Marmeladenglas. Das wird ein schönes Teelicht!

□ Schneiden Sie im Vorfeld einfache Figuren aus **Tonpapier** aus (Eier (Ostern), Pferdchen, Blumen, Herzchen etc.) und lassen diese von den Kindern mit Buntstiften anmalen.

□ Fische aus Tonpapier anmalen lassen. In eine **Papprolle** 2 Löcher stechen, einen Strick durchziehen und am Ende verknoten. Das andere Ende des Stricks am Fisch befestigen. Die Kinder können die Fische angeln, indem sie die Rolle drehen (oder Autos ausschneiden und in die Garage einrollen).

GASTGESCHENK

☐ Was Sie finden können. In der Summe sollte es aber nicht mehr als 1 - 2 Euro pro Person übersteigen. Ein kleines Päckchen Bunte Smarties, einen Lollie, ein Tütchen Gummibärchen reicht vollkommen. Als Gastgeschenk finden Sie sicher etwas, was die Kinder (und Eltern) noch länger an diesen Geburtstag erinnert. Was halten Sie von einem Waschlappen, einem Sandkastenutensil, einem schönen Stift, einer Ladung bunter Aufkleber oder Tattoos, Waschperlen in Tierform oder einer schönen Seife? Oder vielleicht auch einfach einmal eine neue Kinderzahnbürste?

☐ Als Tütchen nehmen Sie am besten fertige Pralinentüten, Frühstücksbeutel mit Schleife oder einfache Gefrierbeutel (Namen daraufschreiben nicht vergessen).

Eigene Notizen

4.2 Astronaut
(ab 5 Jahre)

IDEENSAMMLUNG

Rakete, Tunnel, Helm, Ufos, verschiedene Planeten, Milchstrasse, Sternschnuppen, Beamen, Moonwalk, Countdown

EINLADUNG

- ☐ Basteln Sie aus Tonpapier eine einfache **Rakete**, indem Sie die oberen Ecken abschrägen und das Blatt mit Streifen unterteilen, kleben Sie kleine rote und gelbe Kreppstreifen unten an das Blatt als Abschussfeuer. Text kommt auf die Rückseite.

- ☐ Nehmen Sie schwarzes Tonpapier als Klappkarte. Malen Sie mit **Gold- oder Silberstift** kleine verschiedene Planeten über das ganze Bild. In die Mitte malen Sie eine bunte Rakete, von der eine Sprechblase weggeht: „Kommst Du mit?"

- ☐ **Text:** Schreiben Sie, dass der jährliche Raketenstart mit den berühmten Astronauten heuer in der …strasse stattfindet. „Natürlich will ich Dich in der Crew haben." „Es müssen einige Aufgaben bewältigt werden, neue Planeten erkundet und ferne Galaxien besucht werden...."

148 Astronaut

DEKORATION

- Beschränken Sie sich auf typische mechanische **Farben:** Blau, Silber, Schwarz, Weiß

- Hängen Sie **Kometen** auf: Runde Bierdeckel einfarbig anmalen oder bekleben (z.B. mit Folie), Krepppapierstreifen hintackern und nach unten hängen lassen.

- **Luftballons** aufhängen und Pappkreise um die Luftballons stecken, so dass sie wie Planeten mit Umlaufbahn aussehen.

- Eine weiße oder blaue **Tischdecke** wählen, wenn vorhanden, ansonsten eine blaue Rolle Krepppapier. Kleine Sterne, Silber-Blättchen verstreuen, falls vorhanden. Sie können silberne Schrauben und **Muttern** aus der Werkzeugkiste wahllos auf dem Tisch verteilen.

- Bunte **Oblaten**, gefüllt mit Brause, erinnern an Ufos. Lose auf dem Tisch verteilen.

- Von einer **Rettungsdecke** aus der Apotheke (ca. 3 Euro) die silberne Seite als Tischdecke nehmen.

- Des weiteren können Sie natürlich alles verwerten, was sich in den **Kinderzimmern** angesammelt hat und an Aliens, Ufos etc. erinnert.

PROGRAMM

Wir fliegen ins Weltall – eine Reise zu fernen Planeten. Wir haben den Auftrag, möglichst viele verschiedene Gesteine von den fernen Planeten (in Alufolie gewickelte Kieselsteine oder Kastanien) mit nach Hause zu bringen. Die Reise beginnt in ... (Ihre Adresse).

Vor der Reise müssen wir uns erst einmal stärken.

- ☐ Es gibt zur Einstimmung schon mal Astronauten-Essen, Kuchen z.B. **Maulwurfskuchen** – sieht wie ein halber Planet aus - etc., die Getränke werden natürlich mit Strohhalmen serviert, da in der Schwerelosigkeit alles sonst davonfliegt.

Dann brauchen wir natürlich eine spezielle Astronautenausrüstung

- ☐ **Helme** basteln aus Alufolie, eventuell sogar mit einem kleinen Draht oben in der Mitte

- ☐ Aus Alufolie eine Wurst rollen und als **Reif** um den Oberarm wickeln. (Cool!)

- ☐ Jedes Kind bekommt blau-silberne **Streifen** ins Gesicht, das Erkennungszeichen, dass wir vom Planeten Erde kommen.

Anschließend muss getestet werden, ob die Astronauten auch alle fit genug sind.

- Alle Kinder sollen zeigen, dass sie 10 Kniebeugen machen können und dass sie mit geschlossenen Augen mit dem Finger ihre Nase treffen.

Dann endlich geht es los: Wir nehmen in unserer Rakete Platz (ein großes Tuch auf den Boden legen) und zählen den **Countdown**: 10, 9, 8, ... und Abbruch!!! Nochmal: 10, 9...Start (dabei werden die Kinder immer größer und springen bei Start in die Luft)

Wir fliegen durch das Weltall (Kinder sausen mit ausgestreckten Armen durch den Raum) und gelangen zu den verschiedenen Planeten:

- Der **Rückwärtsplanet**: Alles geht hier rückwärts. Legen Sie ein Springseil o.ä. auf den Boden, die Kinder müssen versuchen, rückwärts darauf zu balancieren und rückwärts über verschiedene Hindernisse (Kissen) zu steigen. Wer diese Aufgabe schafft, bekommt einen Stein, also alle. Und weiter geht es...

- Auf dem nächsten Planeten herrscht die totale **Schwerelosigkeit**. Sachen verschwinden einfach so. Legen Sie ein Tablett mit ca. 15 Gegenständen (Gabel, Würfelzucker, Schlüssel...) vor die Kinder. Geben Sie ihnen 1 Minute Zeit, sich die Gegenstände zu merken. Verdecken Sie das Tablett und nehmen Sie einen Gegenstand weg. Was fehlt? Wer es als erster merkt, bekommt einen Stein. Wiederholen Sie dieses Spiel so oft, bis jedes Kind einen Stein gewonnen hat.

- Auf dem nächsten Planeten treffen wir zum ersten Mal **Außerirdische**. Lassen Sie die Kinder so auf feste Pappe stehen, dass die Hacken aneinander stoßen. Ummalen Sie die Füße und schneiden Sie die Pappfüße aus. Ritzen Sie in die Mitte einen kleinen Schnitt und führen das Zipfelchen eines aufgeblasenen Luftballons hindurch. Der kann jetzt stehen. Die Kinder können den Luftballons nun Gesichter aufmalen.

- Wir landen auf dem Mond. Da liegen aber viele **Mondsteine** (zusammengeknüllte Zeitung) herum. Die Kinder sollen sie aus einiger Entfernung in ein Gefäß treffen. Zur Belohnung erhalten sie wieder einen Alu-Stein.

- Auf dem nächsten Planet ist es stockfinster. Wir spielen **Topfschlagen**. Zur Belohnung gibt es diesmal etwas Süßes!

152 Astronaut

- Auf unserer Reise durch das Weltall sehen wir von unserer Rakete aus viele Planeten, Sterne, Sternschnuppen etc. Wir wollen den Daheim Gebliebenen ein Bild davon mitbringen. Legen Sie schwarzes Tonpapier zurecht und lassen Sie die Kinder aus Goldfolie verschiedene Formen ausschneiden (Kreise, Monde, Sterne) und aufkleben. Anschließend können die Kinder mit Hilfe von alten Zahnbürsten, die sie vorsichtig in Wasserfarbe tauchen, noch Spritzer auf das Blatt geben.

- Der **Wasserplanet** ist fast überall mit Wasser bedeckt. Wir können nur laufen, indem wir auf dem Trockenen bleiben (ausgelegte Zeitungen – Achtung: Rutschgefahr). Doch dies wird immer schwieriger. Legen Sie Sphären-Musik auf und entfernen nach jeder Runde eine Zeitung. Wie lange schaffen es alle Kinder, nicht ins „Wasser" zu fallen?

- Auf dem nächsten Planeten werden wir plötzlich schrecklich **müde**. Alle legen sich auf den Boden und schlafen ein. Wer als erstes lacht bzw. aufwacht, hat verloren.

- Auf dem **Feuerplanet** darf nichts ins Feuer unter den Kindern fallen. Geben Sie den Kindern billige Fliegenklatschen und aufgeblasene Luftballons. Sie müssen versuchen, mit Hilfe der Fliegenklatschen die Luftballons immer oben zu halten. Wer hält es am längsten aus?

- So langsam bekommen wir Sehnsucht nach unserem Zuhause. Leider hat unsere **Rakete** ein kleines Problem und funktioniert nicht mehr richtig. Deswegen basteln wir uns nun neue Raketen. Bastelt aus Klopapierrollen, runden Tonpapierscheiben (an einem Radius einschneiden für die Spitze) und bunten Krepppapierstreifen neue Raketen, die die Kinder bekleben können. Wir fliegen dann wieder nach Hause.

- Dort müssen wir uns erstmal von der langen Reise erholen und etwas trinken und essen. Wir haben alle einen **Riesenhunger**, es gibt gutes deutsches Essen, das uns so lange gefehlt hat! (Kartoffelsalat mit Schnitzel...) oder kleine Pizzen, belegt mit je einem Spiegelei (sieht mit etwas Phantasie wie ein Ufo aus).

GASTGESCHENK

- Dann liefern alle Kinder ihre sämtlichen gesammelten Steinchen ab. Für jeden Stein, den sie abgeben, erhalten sie einen Hinweis, wo der „Schatz", das Erinnerungsgeschenk sein könnte (z.B. es piepst, es ist silbern, es hat Knöpfe ... etc.: In der Mikrowelle liegen futuristisch anmutende Matchbox-Autos, silbern eingewickelte Süßigkeiten o.ä.). Als **Geschenketüten** eignen sich festere silberne Alufolie, die Sie wie einen Beutel falten, d.h. das Geschenk in die Mitte legen und die Ecken nach oben mit einem weißen Kräuselband zusammenbinden.

4.3 Badespaß
(ab 5 Jahre)

An heißen Sommertagen bieten sich solche Feste natürlich für den eigenen Garten an. (Wenn Sie das Feiern an einen See oder in ein Bad verlegen, vergewissern Sie sich, dass alle Ihre Gäste schwimmen können. Sie tragen hier eine immense Verantwortung!) Beobachten Sie die Kinder, wenn eines zu sehr friert oder blaue Lippen bekommt, hat es Planschbecken-Pause!

IDEENSAMMLUNG

Strand, Insel, Muscheln, Seestern, Sandburgen, Sonne, Spaten, Wellen, Reggae-Musik

EINLADUNG

- ☐ Schneiden Sie einen Pappkreis so aus, dass es ein Ring wird. Malen Sie ihn abwechselnd rot und weiß an. Wenn Sie kleine Kordeln an den Seiten befestigen, sieht es tatsächlich aus wie ein kleiner **Rettungsring**. Auf die Rückseite schreiben Sie im Kreis den Einladungstext. Vergessen Sie nicht zu erwähnen, dass Badeutensilien mitgebracht werden sollen.

- Nehmen Sie eine **hellblaue** Klappkarte. Schneiden Sie am Kopf Brecherwellen-förmige Zacken aus. Bekleben Sie die Karte mit weißem, blauem und grünem Seidenpapier und malen die großzügigen Wellen mit z.B. weißer Deckfarbe an.

- Es gibt billige, gelbe Plastik-**Badeenten**. Hängen Sie einer eine rote Schleife um, mit der Sie den gerollten Einladungstext am Hals festbinden.

DEKORATION

- Übliche **Gartendekoration** mit Lampions, Luftballons, Krepppapierstreifen an den Bäumen. Viele kleine Liegeflächen zum **„chillen"** anbieten. Das Essen eventuell als Buffet servieren, mit Picknick im Rasen. Legen Sie genügend Handtücher und Sonnenmilch zurecht. Sonnenschirme aufstellen.

- Den (Buffet-)Tisch mit weißer **Tischdecke** bedecken. Haben Sie maritime Bad-Accessoires (Leuchttürme, Muscheln, Möwen etc.), die Sie kurz entbehren können? (Alles in blau/weiß)

VERKLEIDUNG

☐ Die Kinder laufen wahrscheinlich nur in Badehose und Badeanzug. Geben Sie ihnen bunte, luftige **Tücher**, die sie sich umbinden können.

☐ Legen Sie lustige **Caps/Sonnenhüte** zurecht.

☐ Ganz toll ist natürlich bunte oder phosphoreszierende **Sonnencreme**. Damit können sich die Kinder gegenseitig eincremen.

ESSEN UND TRINKEN

☐ Sandförmchem mit Klarsichtfolie auslegen und gekochten **Pudding** einfüllen. Gestürzt anbieten.

☐ **Picknick** im Schatten mit klein geschnittenen Äpfeln und Karotten und anderem Finger-Food (z.B. Fleischbällchen, Schnitzelchen, belegte Happen) - nach Möglichkeit wegen Bienen zudecken!

☐ **Muffins** lassen sich schnell in die Hand nehmen und sind für ein Badefest geeignet.

☐ **Eis** ist natürlich an heißen Sommertagen auch gerne gesehen! (siehe Spielideen).

☐ Getränke, eisgekühlt mit **Schirmchen** servieren.

- ☐ Frieren Sie im **Eiswürfelbehälter** alle Art von Säften ein und bieten Sie diese zu Mineralwasser an.
- ☐ Alkoholfreie Cocktails

MOTTO-GESCHICHTE

Jedes Jahr wird an der Coppa Hula die beste Strand-Crew gewählt. Es kommt auf Geschicklichkeit, Schnelligkeit und Teamgeist an. Die Crew, die am Schluss die meisten markierten Muscheln vorweisen kann, darf sich aus zwei Super-Eis-Bechern den größeren aussuchen...
Folgende Wettbewerbe werden durchgeführt:

SPIELE

Die Gewinnermannschaft bekommt jeweils eine mit blauem Punkt versehene Muschel.

- ☐ In eine kleine Zink- oder Plastikwanne viel Wasser und **Sand** geben. Kleine Murmeln liegen darin. Von jeder Crew bekommt ein Kind ein Sieb und eine Schaufel. Wer findet unter den Anfeuerrufen der Kameraden in 3 Minuten die meisten Murmeln?

☐ Jede Mannschaft soll aus je einem Kübel mit Hilfe eines **Schwamms** möglichst viel Wasser aufsaugen und in einen entfernten anderen Behälter auswringen. Wie beim Staffellauf wird der Schwamm weitergereicht. Welche Mannschaft hat am meisten Wasser im Behälter, wenn eine gewisse Zeit vorbei ist?

☐ Wenn ein Planschbecken vorhanden ist: Setzen Sie vorsichtig mehrere **Plastikschüsseln** ins Wasser, so dass sie nicht untergehen. Die Kinder sollen sich in einiger Entfernung aufstellen und versuchen, mit kleinen Steinchen oder z.B. Kastanien (vom letzten Herbst) in die Schüsseln zu treffen. Je kleiner die Schüssel, desto höher die jeweilige Punktzahl. Zusammenaddieren.

☐ **Wasserbomben!** Von allen Kindern heiß geliebt! Es gibt spezielle Ballons (50 Stck. ca. 1,00 Euro), die mit etwas Übung schnell mit Wasser gefüllt werden können. Hier gibt es die Möglichkeit, dass sich 2 Mannschaften bewerfen oder alle Kinder stellen sich in den Kreis und der Ballon wird von Kind zu Kind weiter geworfen! Natürlich muss jede Mannschaft versuchen, möglichst wenige Ballons fallen zu lassen. Bitte notieren.

☐ **Flossenlauf!** Raus mit den Flossen! Ein Parcours mit einigen Hindernissen (über Stuhl steigen, unter Tisch hindurch, in der Grätsche an zwei Getränkekisten vorbei...), soll von den Kindern in Flossen bewältigt werden, bitte Stoppuhr bereit legen und die Zeit messen. Die Zeiten zusammenaddieren. Welche Mannschaft war die schnellste? (Hier können Sie auch noch Taucherbrillen und Schnorchel bereitlegen.)

☐ Wer schafft es am schnellsten, Schwimmflügel oder Schwimmreif **aufzupumpen**? Es gibt einen Zusatzpunkt.

☐ **Schlittern!** Nehmen Sie eine stabile Plastikplane aus dem Baumarkt. Breiten Sie diese im Garten aus und schütten Wasser darauf. Die Kinder nehmen Anlauf und rutschen bäuchlings auf der Plane soweit sie können. Die Weite wird gemessen und addiert.

☐ Zwei Kinder legen sich nebeneinander, nur umgekehrt ins Gras. Dann fasst jeder die Füße das Anderen. Dann müssen die Kinder beginnen, sich bis zur Ziellinie **vorzurollen**. Wenn immer zwei Mannschaften gegeneinander antreten, kann hier so jedes Mal ein Gewinner ermittelt werden.

Welche Crew hat sich nun den Super-Spezial-Eisbecher verdient?

Wenn die Wettbewerbe vorbei sind, kommt der gemütliche Teil des Tages am "Strand":

- ☐ Besonders lustig, wenn die Kinder etwas in den Mund nehmen müssen (z.B. Salzstangen quer in den Mund, die nicht zerbrechen dürfen): **Ich gehe an den Strand** und nehme meinen Badeanzug mit... Das nächste Kind muss wiederholen und ein weiteres Utensil anfügen.

- ☐ Beachparty = Coole Musik und ausgelassene Laune. Lassen Sie die Kinder Limbo zum Rhythmus der Musik tanzen. Zwei Kinder halten einen großen Ast oder Besenstil. Die anderen müssen unter dem Ast durchtanzen. Der Ast wird immer tiefer gehalten. Wie gelenkig sind die Tänzer?

BASTELN

- ☐ **Sandbilder:** Eventuell mit farbigem Sand aus dem Bastelladen, ansonsten mit normalem trockenen. Auf buntes Papier flüssigen Kleber fließen lassen, Formen, Kringel, Kreise tupfen. Dann Sand auf das Blatt streuen. Kurz antrocknen lassen und dann den überschüssigen Sand herunter klopfen. Dort, wo der Klebstoff ist, haftet der Sand und zeigt jetzt Bilder. (Wenn der Kleber getrocknet ist, kann man das Bild noch mit Klarlack widerstandsfähiger machen.)

- Mit normalem Kleister lassen sich nicht nur Sachen wunderbar zusammenkleben, die Kinder können tolle Effekt-Bilder kreieren: **Kleister** auf dicke Pappe, Pressspanplatten oder in Käseschachteln geben, Farbpulver oder Fingerfarbe darunter **mischen** und wunderbare Reliefbilder kreieren, indem sie mit einer Gabel, einem Kamm oder Spachtel Linien einziehen. Wird der Kleister mit Sand oder mit Kreide-„Spänen" gemischt und mit Muscheln oder Schneckenhäuser beklebt, ergeben sich schöne Andenken (kleines Band als Aufhänger in die Schachtel oder unter den Kleister einlegen). Trocknen lassen.

- Wenn ein Planschbecken vorhanden ist, legen Sie Korken, Korkplatten, kleine Stöcke, Fäden, Stoffreste, Perlen zurecht und lassen die Kinder **Boote** bauen. Welches Boot schwimmt dann sogar?

GASTGESCHENK

- Ein kleiner Wasserball, eine Taucherbrille, ein Ball, der untergehen kann zum Tauchen, eine schicke Sonnenbrille, ein kleines Handtuch, das sich im Wasser ausbreitet, Eintrittskarten fürs hiesige Schwimmbad, eine Lippenpomade mit Lichtschutzfaktor...

Eigene Notizen

4.4 Bauernhof
(ab 3 Jahre)

IDEENSAMMLUNG

Kühe, Melken, Hahn kräht, Bauer auf dem Feld, Traktor fahren, Heuhaufen, Hofhund

EINLADUNG

- ☐ Es gibt Fotokarton in schwarz-weißem Kuhfelldesign. Daraus kann man leicht eine Klappkarte basteln.

- ☐ Auf die Vorderseite der Karte mit großzügigen Strichen ein **Hundegesicht** malen. Dort, wo die Schnauze ist, einen waagrechten Schlitz schneiden. Von hinten eine rosa Zunge durchstecken, die aber wegen Papieranker nicht durchrutschen kann. Auf diese schreiben: „Für Dich" o.ä.

- ☐ Auf grünem Karton braune Papier-Streifen als **Weidezaun** aufkleben und mit Strichen miteinander verbinden. Im Hintergrund Hügel und Weiden malen und vielleicht noch schwarz/weiße Tupfer (Kühe) oder rosa, runde (Schweine)... Der Text kommt auf die Rückseite.

DEKORATION

- ☐ Alle möglichen „Bauernhof"-**Stofftiere** im Zimmer und auf dem Tisch verteilen.

- ☐ Buntes, fröhliches Deko-Material verteilen, uni-Servietten, uni-Untersetzer etc. Malen Sie auf weiße Papiertischdecken große schwarze oder braune Kuhflecken.

- ☐ Holen Sie ruhig ein wenig **Heu** von befreundeten Hasen-Besitzern und verteilen dies auf dem Tisch. (Das Heu ist auch im Gartencenter erhältlich.)

VERKLEIDUNG

- ☐ Aus **Papptellern** lassen sich tolle Masken vorbereiten. Für die Augen Löcher ausschneiden, Schweinchen (rosa anmalen, Rüssel und spitze Ohren aufkleben) oder Kühe (großes Maul, spitze Ohren aufkleben, schwarz-weiße Flecken aufmalen) oder Katzen (Streifen, Schnurrhaare, kleine rosa Nase aufmalen, spitze Ohren aufkleben). Hutgummis durch zwei seitliche Löcher ziehen und fertig ist die Maske. Bietet sich allerdings weniger an, wenn noch viele Aktionen geplant sind. Besser:

- ☐ Jedes Kind darf sich als ein Tier verkleiden. Legen Sie rosa **Wäsche** (T-Shirts) parat für Schweinchen, braun- oder schwarz-weiße für Kühe, weiße für Schäfchen etc...

☐ Jedes Kind erhält einen ca. 7 cm breiten Papp-Streifen als **Stirnband** für den Kopf in der passenden Farbe (für Schweinchen, Katze, Hund, Kuh, Schaf). Dann werden einfach Ohren angeklebt, die Stirnbänder aufgesetzt, den Kindern noch Schnauze, Schnurrhaare und sonst Passendes ins Gesicht gemalt und schon ist das Tier fertig...

☐ In manchen Eierkartons ist die Trennerhebung wie ein kleines **Schweineschnäuzchen**. Einfach herausschneiden und rosa anmalen. Mit Hutgummi um den Kopf legen.

☐ Oder Sie verkleiden alle Mädchen mit großen Schürzen von der Oma und hinten im Nacken gebundenen Kopftüchern als **Bäuerin** und alle Jungen mit Jeans-Kleidungsstücken (Weste, Jacke...) und alten Sonnenhüten als **Bauer**.

ESSEN UND TRINKEN

☐ Natürlich Milch, Kakao

☐ Gekochte Eier, Käse-Brote, Schinken-Brote

☐ Alles aus dem Bauerngarten: Gemüsestifte, frische Beeren

☐ Fondor-Eier, Kleine Schweinchen-Gummis, Schokolade mit Kuhflecken, Marzipanschweinchen

☐ Bauernschmaus (Bratkartoffel mit Gemüse, Ei und Schinkenstückchen)

PROGRAMM

Was haltet Ihr denn von einem Tag auf dem Bauernhof?...
Schon früh am Morgen kräht der Hahn und weckt alle auf
dem Hof! Wie macht denn der Hahn? Kennt Ihr noch andere
Tierstimmen?

- ☐ Zeigen Sie einem Kind ein Bild eines Bauernhoftieres.
  Das Kind macht die **Tierstimme** vor und die
  anderen Kinder müssen raten. So lange wiederholen,
  bis alle Kinder einmal vorgemacht haben (Schaf,
  Katze, Hund, Huhn, Gans, Kuh, Schwein,...)

Euer erster Gang führt Euch in den Hühnerstall. Dort sitzen
die Hühner dicht an dicht auf ihren Nestern. Ob sie Euch
wohl ihre Eier geben? Scheucht sie doch einfach hoch...
Nehmt schnell die Eier und bringt sie ins Haus.

- ☐ **Eierlauf:** Die Kinder sollen versuchen, die Eier
  auf einem Löffel balancierend, einen abgesteckten
  Weg zu laufen. Wer ist als erstes im Ziel?

Dann müssen die Kühe gemolken werden.

☐ Würfelspiel. Spülen Sie dazu einen gebräuchlichen rosa Gummihandschuh sauber aus und füllen Milch (oder Wasser) hinein. Halten Sie ihn über das erste Kind, das den Mund weit aufmachen soll und pieksen Sie ein kleines Loch in einen der Gummifinger. Das nächste Kind versucht einen 6er zu würfeln und gibt den Würfel weiter. Wenn ein Kind einen 6er würfelt, bekommt es den **„Euter"**. Wird so lange gespielt wie Milch da ist. Bitte geben Sie den Handschuh nicht aus der Hand, außer Sie finden eine Möglichkeit, ihn oben zu schließen. Achtung: Wird sicher etwas nass, eventuell auf dem Boden spielen, aber die Kinder kringeln sich vor Lachen...

Alarm im Hühnerstall! Ein Marder hat sich eingeschlichen und will den Hühnern alle Eier klauen!

☐ Verteilen Sie im Zimmer ca. 20 Plastikeier von Ostern oder Schokoladeneier. Zwei Kinder spielen je **ein Huhn und einen Marder**. Den beiden werden die Augen verbunden. Nun müssen sie möglichst viele Eier finden. Wer gewinnt, das Huhn oder der Marder? Die anderen Kinder geben natürlich Tipps ab... Durchwechseln...

Nun ist es Zeit, das Heu zu wenden und für die Tiere vorzubereiten. Habt Ihr schon einmal das Sprichwort „Nadel im Heuhaufen" gehört? So ist es auch heute: Irgendjemand hat etwas im Heu versteckt, was man finden muss.

☐ Ein Waschzuber oder vielleicht auch die Badewanne (?!) wird mit **Kleintierstroh** gefüllt. Verstecken Sie z.B. kleine, einzeln verpackte Traubenzucker darin und lassen die Kinder wühlen...
(Sie können hier auch gleich die Gastgeschenke verstecken, jeder bekommt das, was er findet oder alle Geschenke sind gleich...)

In der Zwischenzeit hat der Bauer die Schafe geschoren. Habt Ihr schon einmal die frische Wolle gesehen? Da Ihr bis jetzt so fleißig wart, könnt Ihr jetzt eine Pause machen und Euch aus der Schafswolle kleine Bälle oder Würmer basteln.

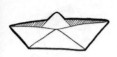

☐ Decken Sie bitte Böden ab und stellen Sie Schüsseln mit lauwarmen Seifenwasser bereit. Geben Sie den Kindern spezielle **Filz-Wolle**, Märchenwolle. (siehe Kapitel 3.5 Basteln)

Und es geht schon wieder weiter: Der Knochen von Hofhund Bello ist verschwunden!

- ☐ **Bello, Dein Knochen ist weg:** Alle Kinder sitzen im Kreis, Bello sitzt in der Mitte und hat das Gesicht verdeckt, hört aber aufmerksam zu. Vor ihm liegt ein Knochen (oder Stecken oder...). Ein Kind aus dem Kreis klaut den Knochen und hält ihn hinter seinem Rücken versteckt. Bello muss nun das Kind anbellen, von dem es glaubt, es habe den Knochen. Bello hat 3 Versuche. Findet Bello den „Dieb", muss dieser in den Kreis als nächster Bello.

Alle Kälbchen sind ausgebüxt und laufen nun alleine auf der Weide spazieren!

- ☐ Jedes Kind, bis auf eines (der Bauer/ die Bäuerin), bekommt ein Geschirrtuch hinten in die Hose gestopft. Nun muss der Bauer/die Bäuerin versuchen, die **Kälbchen** an ihrem Schwänzchen einzufangen. Das gefangene Kalb darf sich ausruhen und setzt sich schon einmal auf den Boden.

Natürlich muss der Bauer auch zusehen, dass auf seinen Feldern etwas wächst. Ihr wisst doch sicher wie das funktioniert:

☐ **Streichelspiel:** Die Kinder gehen paarweise zusammen. Sie wählen sich auch ein Kind, bei dem Sie alles vormachen können... Ein Kind liegt auf dem Bauch, das Andere macht die Bewegungen auf dem Rücken des Liegenden.:

- Der Bauer geht aufs Feld. (Mit 2 Fingern über den Po zum Rücken laufen)
- Er macht Furchen in die Erde. (Mit gespreizten Fingern den Rücken mehrmals hinunter fahren)
- Dann streut er den Samen in die Furchen. (Auf dem Rücken mit einem Finger herumtippen)
- Nach dieser Arbeit geht er wieder vom Feld. (Wieder mit 2 Fingern „laufen")
- Die Sonne scheint. (Mit geöffneten Handflächen über den Rücken streichen)
- Es regnet. (Mit allen Fingern auf den Rücken klopfen)
- Und alles wächst und wächst und wächst (Knetbewegungen auf den Rücken)
- Dann kommt der Bauer wieder (Mit 2 Fingern über den Po zum Rücken laufen)
- und schneidet alles wieder ab. (Fest von einer Seite zur anderen streichen)

Wenn alle Tiere versorgt sind und der Tag langsam zu Ende geht, haben wir Zeit, in der guten Stube noch etwas zu basteln:

- Aus Knetmasse oder **Salzteig Bauernhoftiere** kneten lassen. (Achtung Salzteig muss noch getrocknet werden, Kunstwerk wird am nächsten Tag nachgeliefert –siehe Kapitel 3.5 Basteln)

- Lustige **Hähne**: Der Körper ist aus einer Styropor-Kugel, ebenso der Kopf. Die beiden mit einem Zahnstocher fixieren und zusammenkleben. Augen aus Tonpapier oder Wackelaugen aufkleben, ebenso wie Schnabel (gelb), Kamm und Bart (rot) aus Tonpapier (dazu kleine Schlitze an den passenden Stellen in die Kopfkugel schneiden und zusätzlich festkleben). Filz-Flügel an die Körperkugel kleben. Echte, farbige Federn am Po festkleben oder in die Kugel stecken. Die Füße entweder aus Draht formen oder an Wollresten kleine gelbe Watschl-Füße aus Papier oder Moosgummi hinhängen. Mit einer Nylon-Schnur aufhängen.

GASTGESCHENK

☐ Waschlappen in Tierform, kleine Bauernhof-Gummitiere, kleine Spielzeug-Traktoren, Kuhflecken-Schokolade-Täfelchen, kleine Blöcke mit Tieren drauf

☐ Als Geschenkeverpackung bietet sich eine 6-er Eierschachtel an. Wenn Sie die Trennzacken abschneiden, ist viel Platz für Süßigkeiten etc.

☐ Leere Milchtüten oben aufschneiden und gut auswaschen. Dort lassen sich viele Sachen verstauen!

Eigene Notizen

4.5 Bienchen und Blumen

(ab 3 Jahre)

IDEENSAMMLUNG

Honig, Wabe, Imker, Bär, Biene Maya, gelb/schwarz, Stachel, Brummen, Blütenblätter, Duft, Farben, Insekten, Frühling, Sorten, Blumenformen, Blumenblätter

EINLADUNG

- ☐ Eine **Streichholzschachtel** bekleben: Entweder mit einer bunten Blume aus Tonpapier oder mit einem gelb/schwarzen Tonpapier-Körper mit kleinem schwarzen Köpfchen. 6 kleine, schwarze Pfeifenputzer-Beinchen daran befestigen. In die Schachtel die Einladung stecken.

- ☐ Basteln Sie mit Ihrem Kind eine nette Vorderseite einer Einladungskarte: Schneiden Sie aus gelbem Filz Kreise als Blumenstempel aus. Die Blütenblätter sind der **Finger** Ihres Kindes, den Sie in Fingerfarbe tauchen. Mehrmals auf dem Blatt verteilen.

☐ Aus einer **Trinkjoghurt**-Flasche eine Biene basteln. Dazu die Flasche in Ringen mit Acrylfarbe gelb und schwarz anmalen. Als Kopf eine gelbe Styroporkugel halbieren und aufkleben. Gesicht aufmalen und Fühler aus Pfeifenputzer einstecken. 6 Füßchen aus Pfeifenputzer an die Flasche kleben und überstehen lassen. Den Einladungstext auf Papier schreiben, zusammenrollen und der Biene in die Füßchen geben. Diese Idee können Sie auch als Bastelaktion während der Feier verwenden.

☐ Eine **Blume** aus Papier schneiden und die Blütenblätter einklappen. Auf jedes Blütenblatt Wissenswertes zur Einladung schreiben. Geschlossen übergeben. Die Eingeladenen öffnen Blatt für Blatt. (Reihenfolge beachten: Umgekehrt!)

☐ **Einladungstext:** z.B. Wir machen die Blumenwiese unsicher, summst Du mit? Oder: Kommst Du mit Honig sammeln?

DEKORATION

Grüne Tischdecke, Blumen auf dem Tisch, alles schön bunt. Verschiedene Blumenformen, 5-blättrig, zackig, sternförmig, wellig aus Ton oder aus Filz auf dem Tisch verteilen.

Sie können auch Blumen aus allen möglichen Materialien im Raum verteilen.

VERKLEIDUNG

- Bereiten Sie einfache, ausgeschnittene **Pappblumen** (für jedes Kind ca. 10 Stck.) in verschiedenen Farben oder Formen vor. Versehen Sie diese mit einem doppelseitigen Klebeband und kleben Sie die Blumen den Kindern dorthin, wo sie es haben wollen. Dann sind es plötzlich lauter Blumenkinder.

- Malen Sie den Kindern kleine **Blümchen** ins Gesicht.

- Zum **Bienchen** werden die Kinder mit kleinen schwarzen Flügeln aus Pappe, die Sie vorbereitet haben (Laschen aus Hosengummi für die Arme befestigen) und die die Kinder nun „anziehen" dürfen. Basteln Sie zusammen mit den Kindern noch die Stirnbänder aus schwarzem Ton (ca. 4 cm breit, 52 cm lang, an den Enden zusammengetackert) mit aufgetackerten Fühlern aus schwarzen Pfeifenputzern.

ESSEN UND TRINKEN

- **Pizza-Blumen:** Entweder den Teig selber herstellen oder fertig kaufen. Wie eine Blume formen und die einzelnen Blütenblätter von den Kindern nach Belieben belegen lassen. Den Stempel bekommt natürlich das Geburtstagskind.

- Kuchen mit **Zuckerblümchen** bestreuen.

☐ Süßen Tee mit viel **Honig** für die kleinen Bienen bereitstellen.

☐ Leckere süße Creme nach Ihrem Geschmack und Können (z.B. Bayerische Creme, Mousse au Chocolat etc.) herstellen und mit **essbaren Blüten** garnieren.

MOTTO-GESCHICHTE

Erzählen Sie eine Entspannungsgeschichte: Vom Samenkorn, das in der Erde liegt und durch die warmen Sonnenstrahlen geweckt wird. Es wächst und reckt sich langsam der Oberfläche entgegen. Es spitzelt durch die Erde und sieht die anderen Blumen auf der Wiese. Wenn es regnet, sammelt das Blümchen die Regentropfen auf und trinkt davon. Es merkt, wie es immer stärker wird. Die Blütenblätter fangen an zu wachsen und als die Sonne sie kitzelt, entfalten sie sich zu einer wunderschönen Blüte...

Oder

Erzählen Sie den Kindern von einem kleinen Bienchen, das zum ersten Mal den Bienenstock verlässt um Nektar zu sammeln und alle möglichen Abenteuer (andere Insekten, Menschen, etc.) erlebt...

SPIELE

- Malen Sie einfache **Blütenblätter** mit 6 Blättern oder 12 Blättern vor. Für jedes Kind eine Blume. Versehen Sie diese mit Bleistift mit den Zahlen von 1 bis 6. Der Würfel geht reihum. Jedes Kind darf nun das Blütenblatt farbig ausmalen, das die Ziffer trägt, die es gerade gewürfelt hat. Welche Blume ist als erstes angemalt?

- **Blumenrennen:** Jedes Kind malt eine Blume (ca. 2 Euro groß) auf Pappe und schneidet sie aus. 2 Spieler laufen nun gegeneinander mit der Blume auf dem Fuß (Schuhe und Strümpfe ausziehen) zum festgelegten Ziel. Wer ist erster, wenn die Blume nicht herunterfallen darf?

- Verteilen Sie Filz- oder **Moosgummiblumen** im Raum und lassen Sie die Kinder auf Kommando danach suchen. Alle Blumen werden auf ein grünes Blatt Papier geklebt. Wer hat die üppigste Blumenwiese?

- Bekanntlich haben die Bienen einen kleinen **Stachel**, mit dem sie auch zustechen können. Treffen die Kinder mit ihren Stacheln? An einen ca. 30 cm langen Strick einen Bleistift hängen. Den Strick an einem Gürtel befestigen und dem Kind umbinden, so dass er am Popo baumelt. Das Kind soll nun mit dem Bleistift in eine Dose treffen. Nehmen Sie die Zeit. Welches Kind hat es am schnellsten geschafft?

- **Bienenschwarm:** Die kleinen Bienen sollen zu Musik umherschwirren. Verteilen Sie gelbe Pollen (zusammengeknülltes Krepppapier) auf der Tanzfläche. Wenn die Musik ausgeht, müssen die Bienen versuchen, den Nektar bzw. die Pollen einzusammeln. Welches Kind hat diesmal Pech und scheidet aus? (Und welche Biene bleibt übrig, wenn Sie von Runde zu Runde immer weniger Nektar auslegen?)

- Die Kinder sitzen am Tisch. Vor jedem Kind liegt ein kleiner Schaumkuss. Jedes Bienchen muss nun auf ein Startzeichen hin versuchen, den süßen **Mohrenkopf** zu essen. Die Arme dürfen dabei nicht verwendet werden. Wer hat als erstes hinunter gegessen?

BASTELN

- Sammeln Sie **Konservendosen** (Achtung, Schnittfläche abfeilen) oder Joghurtbecher und lassen Sie diese von den Kindern mit Acrylfarbe bunt anmalen. Füllen Sie etwas Sand hinein und lassen Sie die Kinder günstige Plastikblumen hineinstecken.

- Kaufen Sie billige, einfache **Tontöpfchen**. Mit spezieller Farbe können die Töpfchen von den Kindern schön angemalt werden. Mit etwas Erde und Samen (Kresse, Sonnenblumen...) füllen.

□ **Papierblumen:** Sie können Seidenpapier (schön für Rosen), leichtes Tonpapier oder Krepppapier verwenden. Schneiden Sie zusammen mit den Kindern bunte Streifen, die Sie an einer Seite verschieden einschneiden und rollen diese Streifen auf. Die Unterseite der Blüte mit Tesa festkleben oder mit einem dünnen Draht umwickeln und die eingeschnittenen Fransen dekorativ auseinander ziehen. Auf einen mit grünem Krepp umwickelten Holz-Schaschlik-Spieß oder Zahnstocher stecken bzw. mit Draht umwickeln. Blätter aus grünem Tonpapier ausschneiden, einmal falzen und an den Stil kleben.

□ Runde **Bierdeckel** mit Seidenpapier bekleben lassen und Blütenblätter aus Tonpapier auf den Rand kleben lassen.

□ Wenn eine Wiese in der Nähe ist, auf der gerade Blumen blühen: Machen Sie doch einen kleinen Spaziergang. Lassen Sie ein paar Blumen pflücken und **pressen** Sie diese zuhause.

□ Ganz normale **Filtertüten** zum Kreis schneiden oder in Blütenform. Mit Wasserfarben bemalen lassen. Die Farbe verläuft herrlich ineinander! Die Blume an einen Schaschlikspieß kleben und als Blumenstecker verwenden.

184 Bienchen und Blumen

- Basteln Sie mit den Kindern kleine **Blumenkinder**. Dazu den kleinsten zu kaufenden Blumentopf als Kleid bunt anmalen lassen. Umdrehen. In den Boden eine kleine Holzkugel als Kopf stecken und festkleben. Wollreste als Haare und aus Filz ein kleines Blütenmützchen aufkleben. Nicht vergessen, ein nettes Gesicht aufzumalen!

- Die **Ausstecherformen** für Plätzchen haben oft Blumenform. Mit diesen Formen Steckmoos aus dem Blumenladen oder Schaumstoff ausstechen lassen. Diese kleinen Blumen kann die Mama zuhause sicher als Nadelkissen verwenden!

- Ein kleines **Styroporei** mit gelb/schwarzen Ringen und eine kleine runde Kugel mit gelber Farbe anmalen lassen. Zusammenkleben und mit Hilfe eines Zahnstochers fixieren. Kleine schwarze Flügel aus Tonpapier aufkleben, Augen, Lachmund und Nase aufmalen. Beim Gesicht noch eine schwarze Maske dazumalen. Fühler und Füßchen aus Pfeifenputzer ankleben. Mit einer Nadel einen Nylonfaden durch den Bienenkörper stechen (Knoten machen, damit der Faden hält) und aufhängen. Und fertig ist die kleine Biene!

GASTGESCHENK

In den selbstbemalten Blumentopf Samen oder einen kleinen Blumenstock stecken, Blumenaufkleber, kleine Gläser mit Honig, kleine Kerzen aus Bienenwachs.

Eigene Notizen

4.6 Detektiv
(ab 6 Jahre)

IDEENSAMMLUNG

Raub, Diebstahl, Sherlock Holmes, Pfeife, Schieber-Mütze, Stift, Block, Brille, Sack, Maske, Taschenlampe, die ???, Indizien sammeln

EINLADUNG

- ☐ Basteln Sie eine **Lupe:** Dazu ein doppelt gelegtes Tonpapier wie eine Lupe schneiden. Mit einem Cutter die Innenflächen entfernen. Mit Seidenpapier oder Folie die Glas-Fläche symbolisieren und zwischen die beiden „Fassungen" kleben. Auf die Vorder- und Rückseite der Fassung kann nun der Einladungstext geschrieben werden.

- ☐ Malen Sie einfache Strich-Häuschen auf ein schwarzes Tonpapier. Mit Fenstern. In ein Fenster eine Art **Taschenlampenstrahl** mit gelbem Stift malen, so dass es aussieht, als würde jemand einbrechen... Einladungstext: Hilfe, da stimmt was nicht! Spürnasen sind gefragt. Bist Du dabei?

- ☐ Der Einladungstext wird in einer **Geheimschrift/** Code geschrieben: Für jeden Buchstaben ein Symbol. Vergessen Sie nicht, die Anleitung (A=1, B=2, ...) auf einem separaten Blatt beizulegen.

- Wenn Sie Spaß am Kleben haben: Schneiden Sie die einzelnen Buchstaben aus **Zeitungen** aus und kleben Sie, zusammen mit Ihrem Kind, den Einladungstext auf. Es reicht schon, wenn nur der Text „Einladung" oder „Für Dich" auf der ersten Seite so gebastelt ist, den anderen Text können Sie normal schreiben.

- **Text:** Laden Sie zur Eröffnung eines Detektivbüros oder fordern Sie die Mithilfe zur Lösung eines Falles an, da die Polizei ratlos ist. Oder nennen Sie konkret das Verbrechen, das gelöst werden soll: z.B. Die Geburtstagstorte ist verschwunden!

DEKORATION

Keine besondere Dekoration notwendig. Verbrechen geschehen überall! Decken Sie den Tisch alltagstauglich.

VERKLEIDUNG

Krawatten, Schiebermützen, Hüte, Sonnenbrillen, Ferngläser, Lupen, Trenchcoats, Sakkos, Pfeifen, Blöcke und Stifte bereitlegen, damit sich die Kinder verkleiden können.

Malen Sie ihnen Zwirbelbärte à la Hercule Poirot oder Schnauzer ins Gesicht.

ESSEN UND TRINKEN

Da Detektive eigentlich gar keine Zeit haben, ein ausgiebiges Essen zu sich zu nehmen, bietet sich Fingerfood an: Kuchen in kleinen Förmchen, Pommes, Butterbrezen etc.

Sie können in Muffins z.B. natürlich auch Hinweise in Form von Butterbrotpapier-Buchstaben mitbacken oder später hineinstecken, die die Kinder dann zu einem Wort zusammensetzen müssen.
(z.B. SPÜRNASE)

MOTTO-GESCHICHTE

Die Geburtstagstorte ist verschwunden! Schicken Sie die Kinder mit Hilfe von Fragen, Aufgaben und Hinweisen von einem Ort zum Anderen, das kann in der Wohnung sein oder im Freien. Die Torte war ursprünglich auf dem Esstisch gestanden, nun ist sie weg! Werden alle Stationen gelöst, finden die Kinder die Torte im Kühlschrank (dort ist es kälter als draußen, manchen geht hier ein Licht auf...) wieder.

SPIELE

☐ **Mörder und Detektiv:** Es wird ein Detektiv bestimmt. Die anderen Kinder bekommen Zettel. Nur auf einem ist ein Kreuz, dies ist der Mörder. Der Detektiv verlässt das Zimmer. Der Mörder legt einem Kind heimlich die Hand auf die Schulter, damit es „stirbt". Mit einem lauten Schrei fällt der Getötete um. Der Detektiv stellt anschließend jedem Kind Fragen, alle müssen die Wahrheit sagen, nur der Mörder darf lügen. Wer gewinnt, wenn der Detektiv nur 7 Fragen stellen darf?

☐ Ein Kind ist in der Mitte und muss die **Nachricht** abfangen. Die anderen Kinder sitzen im Kreis und reichen sich die Hände. Ein Kind schickt nun eine Nachricht ab, indem es die Hand seines Nachbarn drückt. Der drückt weiter etc., 2x drücken bedeutet Richtungswechsel. Erspürt das Kind in der Mitte die Nachricht, bevor sie einmal im Kreis herumgeht und das erste Kind wieder ruft: Die Nachricht ist angekommen!?

☐ Ein **Buchstaben**-Detektiv: Wer findet in einem ausgegebenen Text alle Buchstaben einer Sorte, z.B. alle A's, J's etc.?

☐ Die Kinder sollen das Zimmer verlassen. Verstecken Sie einen **Wecker** als Bombe im Zimmer. Alle Kinder sollen sich nun auf den Boden legen, ruhig werden, lauschen und Ihnen sagen, wo die Bombe versteckt sein könnte.

- ☐ Zeigen Sie den Kindern verschiedene **Gegenstände** (mind. 15 St.) auf einem Tablett. Nehmen Sie verdeckt 3 Gegenstände weg. Erraten die Kinder die verschwundenen Dinge?

- ☐ Sie können auch Sachen im **Zimmer** verändern, die die Kinder erraten müssen (z.B. Sessel verrücken, Blumentöpfe umstellen etc.), wenn sie aus einem anderen Raum kommen.

- ☐ Sämtliche Arten der **Kim-Spiele**: Die Spürnasen sollen aufgenommene Geräusche (Schlagen einer Autotür, WC-Spülung...) oder Gerüche (eingefangen in kleinen Filmdöschen oder Überraschungseidosen, indem Sie Watte mit dem Duft versehen, z.B. Zitrone darauf träufeln, mit Essig besprühen...) erraten.

BASTELN

- ☐ Wir bastelt eine **Fingerabdruck**-Maschine: Bleistifte spitzen oder Graphit-Stab abschnitzen, so dass Graphit-Staub anfällt. Oder den Bleistift dick auf ein Papier malen. Den Finger hineindrücken und fest hin- und herbewegen. Dann den Finger auf ein breiteres Klebeband drücken. Der Graphitstaub bleibt am Kleber hängen und der Fingerabdruck ist fertig. Kein Mensch hat den gleichen Fingerabdruck und der Fingerabdruck bleibt das ganze Leben über gleich!

☐ **Spurensicherung**: Nehmen Sie eine große Plastikwanne (Fläche ca. 1x1 m) oder mehrere kleine. Füllen Sie lockere Erde ein. Die Kinder sollen nun je eine Hand in die Erde drücken, so dass alle Finger gut sichtbar sind. Gips aus dem Bastelgeschäft nach Anleitung anrühren und auf die Abdrücke gießen. Wartezeit beachten. Wenn der Gips getrocknet ist, kann jedes Kind seinen Handabdruck mit nach Hause nehmen.

☐ **Dosentelefon**: Konservendosen auswaschen und in die Mitte des Bodens ein Loch bohren. Durch dieses Loch einen Strick ziehen und so mit einer anderen Dose verbinden. Der Strick muss ganz gespannt werden und dann kann ein Kind in die Dose reden, das andere sich die Dose ans Ohr heben und alles verstehen. Funktioniert mit Schallwellen und nur, wenn der Strick auch wirklich gespannt ist.

☐ **Periskop**: Mit einem Periskop kann man um die Ecke sehen: 2 Spiegel werden in einem Papierquader so angebracht, dass sie dem Durchsehenden zeigen, was sich im 90° Winkel von ihm zuträgt. Genaue Anleitungen zum Basteln finden Sie im Internet oder in Bastelbüchern.

☐ **Lesezeichen:** Schneiden Sie aus festerem Material Lesezeichen und lassen Sie diese von den Kindern mit Buchstaben (aus der Zeitung) oder aus Moosgummi bekleben. An eine der Schmalseiten ein Loch stanzen und dort ein Band durchfädeln, an das der Anfangsbuchstaben des Kindes, auf festem Papier angebracht, hingehängt wird. Wenn Sie die Möglichkeit zur Laminierung haben, nutzen Sie diese hier.

GASTGESCHENK

Visitenkarten, Detektivausweis (Foto machen vom Kind) evtl. laminiert, Block, Stift, kleine Lupe, Kaleidoskop

4.7 **Dinosaurier/
Steinzeit**

(ab 5 Jahre)

IDEENSAMMLUNG

Fleischfresser, Laubfresser, langer Hals, groß, Knochen, Fell, Höhlenmalerei, Feuer, Keule, Triceratops, Tyrannosaurus, Stegosaurus

EINLADUNG

☐ Schneiden Sie die Umrisse eines **Dinokopfes** aus Karton aus und schreiben Sie den Einladungstext auf die Rückseite

☐ Basteln Sie aus weißem Karton einen **Knochen**. Auf die Rückseite schreiben Sie: Komm mit auf die Suche nach den Dinos!

☐ Holen Sie sich im Stoffladen ein Stück **Kunstfell** und schreiben Sie den Einladungstext auf die Rückseite.

☐ Nehmen Sie braunes Tonpapier und klappen es ein. Dann schneiden Sie buckelig die oberen Ecken ab, so dass die Karte die Form eines **Findlings** erhält. Zeichnen Sie graue und schwarze Linien auf das Blatt, damit es wie ein Stein aussieht (Höhle).

☐ Schneiden Sie aus Wellpappe ein großes **Ei** aus. Teilen Sie es mit Zacken, so dass es aussieht, als würde es gerade aufbrechen. Kleben Sie auf ein Stück Papier einen Dinokopf oder einen Dinokörper, auf den Sie den Text schreiben. Befestigen Sie die Eischalen nun mit Hilfe einer Briefklammer so, dass Sie das Ei aufmachen können und der Dino raussieht. Schneiden Sie überschüssiges Papier ab.

☐ **Text:** Wir reisen zu den letzten Dinosauriern. Kommst Du mit?

DEKORATION

Ein jeder Junge hat im Kinderzimmer einen Fundus an Dinosauriern. Diese Figuren, klein und groß, auf dem Tisch und im Raum dekorativ verteilen. Sie können auch kleine Zucker-Eier (gibt es fertig im Handel zu kaufen) auf den Tisch legen. Hängen Sie Poster mit Dinosauriern auf.

VERKLEIDUNG

☐ Malen Sie den Kindern grüne oder gelbe Punkte ins Gesicht.

☐ Bereiten Sie lange Streifen aus Tonpapier vor und kleine aufklappbare Dreiecke. Tackern Sie diese Dreiecke an den Tonpapierstreifen, indem Sie bei beiden Längsseiten eine kleine Klappe nach oben klappen. Die Kinder können ein Stirnband aus grünem Tonpapier basteln (ca. 50 cm Kopfumfang, am Ende zusammentackern). Kleben oder tackern Sie die langen Streifen dann an das Stirnband und der furchterregende Dino ist fertig.

ESSEN UND TRINKEN

☐ Marmorierte hartgekochte Dinosaurier-Eier – Achtung: Heben Sie die Schalen zum Basteln auf!

☐ Putenschnitzel in Dinoform aus der TK-Theke

☐ Dino-Burger: Hamburger in Dinoburger umbenennen

☐ Zu Trinken gibt es roten Dinosaft: Kirsch- oder Traubensaft

☐ Wenn möglich, Stockbrot und Würstchen am Lagerfeuer

MOTTO-GESCHICHTE

Erzählen Sie den Kindern Wissenswertes über Dinosaurier, wann sie lebten, welche verschiedenen Arten es gab, was sie aßen und tranken. Wissenswertes finden Sie in Fachbüchern oder im Internet.

Wenn Sie das Thema Steinzeit (zeitlich zwar nicht ganz richtig) einbinden wollen, können Sie den Kindern auch etwas über das Leben in der Steinzeit erzählen: Dass es dort Jäger gab, dass die Frauen für das Sammeln von Beeren und Holz etc. zuständig waren, dass die Steinzeitmenschen in Höhlen lebten und dass sie das Feuer erfanden...

Sie können auch einen Steinzeit-Jungen oder ein Steinzeit-Mädchen erfinden und deren (fiktiven) Tagesablauf erzählen.

SPIELE

☐ Heben Sie beim nächsten Hühnchenessen einen Knochen auf. Statt Bello, Dein Knochen ist weg: **T-Rex, Dein Knochen ist weg...** Alle Kinder sitzen im Kreis. Ein Kind mit verbundenen Augen in der Mitte muss erraten, wo sich der Knochen im Stuhlkreis befindet, wenn alle Kinder leise den Knochen weitergeben. Wird der Knochen gefunden, kommt das Kind, das ihn hatte, als nächstes in die Mitte.

☐ In der Steinzeit war die Sprache noch nicht gut entwickelt. Die Steinzeitmenschen verständigten sich hauptsächlich mit Zeichensprache. **Stille Post:** Ein Kind ist in der Mitte und muss die Nachricht abfangen. Die anderen Kinder sitzen im Kreis und reichen sich die Hände. Ein Kind schickt nun eine Nachricht ab, indem es die Hand seines Nachbarn drückt. Der drückt weiter etc., 2x drücken bedeutet Richtungswechsel. Erspürt das Kind in der Mitte die Nachricht, bevor sie einmal im Kreis herumgeht und das erste Kind wieder ruft: Die Nachricht ist angekommen!?

☐ Suchen Sie sich einen langen **Dinosauriernamen**. Die Kinder sollen aus den Buchstaben dieses Namens möglichst vielen neue Wörter bilden. Schaffen sie in Gemeinschaftsarbeit mehr als 10?

☐ Tyrannosaurus **Rex geht um**: Die Kinder sitzen im Kreis. Ein Kind ist der Tyrannosaurus. Er schleicht um die Kinder herum. Irgendwann lässt er ein Tuch hinter einem Kind fallen und rennt los. Das Kind auf diesem Platz versucht nun, den Dinosaurier zu fangen. Ist dieser schneller und setzt sich auf den leeren Platz? Wenn nicht, ist er noch eine weitere Runde das Tier, ansonsten das andere Kind.

☐ **Knobeln:** Die Steinzeitmenschen verständigten sich also mit den Händen. Wir können uns auch mit unseren Händen unterhalten. Wir spielen Stein (Faust), Schere (Zeige- und Mittelfinger spreizen), Papier (flache Handfläche), Brunnen (Kreis mit Zeigefinger und Daumen), Feuer (mit den Fingern nach oben wackeln).

☐ Immer 2 Kinder spielen gegeneinander, jeweils
3 Spiele, jeder gegen jeden. Die Kinder zählen
laut bis 3. Bei 3 entscheidet sich jedes Kind
für eine Handhaltung. Die Ergebnisse werden
aufgeschrieben. Wer ist der Gesamtsieger?

- **Stein:**
  + schleift Schere, + löscht das Feuer
  - geht im Brunnen unter, - wird von Papier umwickelt
- **Schere:**
  + schneidet Papier
  - wird von Stein geschliffen, - verglüht im Feuer
  - geht im Brunnen unter
- **Brunnen:**
  + Schere und Stein gehen unter
  + löscht das Feuer
  - Papier deckt den Brunnen ab
- **Papier:**
  + umwickelt den Stein, + kann in Wasser schwimmen
  - wird von der Schere geschnitten,
  - verbrennt im Feuer
- **Feuer:**
  + Verbrennt das Papier, + verglüht die Schere
  - wird von Stein und Wasser gelöscht

☐ In der Steinzeit waren die Menschen gute **Fährtenleser**. Alle Kinder sollen ihre Füße ausziehen. Streichen Sie jeweils den rechten Fuß mit Fingerfarbe an und drücken ihn auf ein Papier. Alle Papiere sollten gleich aussehen. Wer findet seinen eigenen Fuß heraus?

☐ Basteln Sie 4 große **Dinosaurierfüße** aus festem Karton. Befestigen Sie diese mit Hilfe eines Hosengummis an den Füßen von jeweils 2 Kindern, die dann einen vorgegebenen Parcours ablaufen sollen. (Sie können hier natürlich auch Flossen verwenden). Welches Kind ist das jeweils Erste?

BASTELN

☐ Steinzeit: Wir basteln lustige **Steinzeitfiguren** aus schönen Steinen. Sammeln Sie im Vorfeld schöne kleine, große, runde, längliche etc. Steine. Jeder Steinzeitler hat einen Körper, einen Kopf, 2 flache Augen und eine lange Nase. Eventuell noch Ohren, Mund und Füße… Helfen Sie den Kindern hier beim Kleben und verwenden Sie einen Heißkleber. Die Kinder können die Figuren nach ihren Wünschen noch anmalen und lackieren.

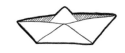

☐ Die Steinzeitmenschen erfanden das Feuer: Also bauen wir eine **Laterne**. Rühren Sie Kleister an und lassen Sie große Einweggläser von den Kindern mit Transparentpapier-Schnipsel bekleben. Auf die letzte Lage kommt noch eine Dinokontur aus dunklerem Papier. Mit einem Teelicht gibt dies ein wunderschönes Dino-Windlicht.

☐ Schneiden Sie verschiedene Dino-Formen aus stabiler Pappe aus. Die Kinder können diese anmalen und mit den **Eierschalen** der Dino-Eier bekleben.

☐ **Höhlenmalerei:** Wie Montagsmaler: Ein Kind malt etwas nach Ihren Vorgaben auf ein Blatt Papier und die anderen Kindern müssen das Gemalte erkennen und den gesuchten Gegenstand erraten.

GASTGESCHENK

Alles, was mit Dinosauriern zu tun hat: Aufkleber, Tattoos, Blöcke, Büchlein, Radiergummi, Rubbelbilder, Gummifiguren etc.

Eigene Notizen

4.8 Disco/Flower-Power/Karaoke

(ab 8 Jahre)

IDEENSAMMLUNG

Tanzschritte, Studio 54, New York, Lichtkugel, Tanzturnier, verschiedene Arten: Paartanz, Solotanz, typischer Mädchengeburtstag

EINLADUNG

- ☐ Sicher haben Sie eine nicht mehr verwendete CD zu Hause oder billige CD-Rohlinge. Beschreiben Sie diese mit dem Einladungstext.

- ☐ Die Farbgebung der 60er/70er Jahre aufgreifen und z.B. mit Braun, Orange und **Ornamenten** und Blumen eine flippige Einladungskarte gestalten.

- ☐ Schneiden Sie einen schwarzen Kreis aus und kleben Sie verschiedenfarbige, kreisrunde Stücke Seidenpapier auf. Das ist die **Disco-Lichtorgel**. Schreiben Sie den Text mit silberner Farbe auf die Rückseite.

DEKORATION

- Nicht mehr benötigte **CDs** an Nylonfäden von der Decke baumeln lassen

- Bunte **Lichterketten** und falls vorhanden eine Lichtorgel. Ansonsten können Sie auch die vorhandenen Lichtquellen mit bunten Tüchern abdecken (Aufpassen, dass kein Hitzestau entsteht).

- Stellen Sie, wenn vorhanden, große **Spiegel** auf, in denen sich die Kinder beobachten können.

- Decken Sie den Tisch bunt, flippig und mit **Glitzermaterialien**. Je mehr, desto besser.

- Haben Sie die Möglichkeit, **Karaoke**-Maschinen oder Playstation-Singstar auszuleihen?

- **Luftballons, Girlanden** etc. dürfen zu diesem Anlass nicht fehlen.

VERKLEIDUNG

☐ Jede Art von **Tüchern** bereitlegen, die sich die Kinder um den Kopf oder um die Hüfte binden können.

☐ **Schminken** Sie die Kinder wie Erwachsene, also mit Lidschatten, Kajal, Rouge etc. oder im flower-power-Stil mit Herzen, Blumen und Glitzer.

☐ Legen Sie Sonnenbrillen, coole Haarspangen und Modeschmuck zurecht.

ESSEN UND TRINKEN

☐ Pizza

☐ Kindersekt

☐ Diverse Cocktails mixen

☐ Servieren Sie **Platten** voller Wurstbrote, Quarkbrote, Käsebrote, Käsespieße mit Trauben etc.

MOTTO-GESCHICHTE

In der Stadt findet ein Tanzwettbewerb statt. Es werden x Mädchen gesucht, die zur Musik von ... einen Tanz aufführen können...

Studieren Sie zusammen mit den Kindern einfache Tanzschritte zu einer ausgewählten Musik ein. Dabei Elemente wie Arme hoch, Hüftschwung etc. mit einbauen. Lassen Sie die Kinder bei der Choreografie bestimmen. Wahrscheinlich kennen diese sowieso mehr moderne Tanzstile und -schritte als Sie.

Wird im Lied gesungen, macht es den Kindern sicher Spaß, dazu synchron den Mund zu bewegen (Playback). Wenn Sie eine gewisse Zeit mit den Kindern üben, können Sie die Kinder zum Schluss noch per Video aufnehmen und als Andenken den Film nachreichen.

SPIELE

- Im Vorfeld passende **Musik** zusammenstellen oder CD's von den Kindern ausleihen. Verschiedene Mikrophone (Haarbürsten, Bananen, etc.) parat legen. Wer will nun auf die „Bühne" und seine Lieblingshits mitsingen?

- Die Disco wird immer voller: Die Kinder tanzen paarweise auf engem Raum. **Zeitungstanz:** Die Kinder tanzen auf einer Zeitung und dürfen den Boden nicht berühren. Wenn ein Kind außerhalb der Zeitung kommt, scheidet dieses Paar aus. Nach jedem Durchgang wird die Zeitung einmal gefaltet. Wer bleibt bis zuletzt auf der Tanzfläche?

- **Stopptanz:** Jedes Kind tanzt alleine. Wenn die Musik ausgeht, bleiben alle Kinder abrupt stehen. Wer macht die lustigste Gestalt?

☐ Die Kinder tanzen paarweise mit einer **Orange** zwischen den Stirnen oder Luftballons zwischen den Bäuchen. Wem das Utensil auf den Boden fällt, der scheidet aus.

☐ **Tanzpause:** Die Kinder sitzen im Kreis. Jedes Kind bekommt eine Zahl, z.B. von 1 bis 9. Ein Kind fängt an: Wir hören als nächstes Lied Nr. x (es nennt die Zahl eines anderen Kindes, z.B. Nr. 5). Die Nr. 5 sagt, Lied Nr. 5 hören wir jetzt nicht, wir hören Lied Nr.... So geht es immer weiter. Wer seinen Einsatz verpasst oder eine falsche Zahl sagt, scheidet aus.

☐ In der Disco ist es so laut, dass man einander nicht verstehen kann. Die Kinder müssen sich **pantomimisch** verständigen. Bereiten Sie Begriffe (z.B. Schulnote, Inliner fahren, Kino gehen...) vor, die ein Kind den anderen Kindern ohne zu sprechen vormachen muss, damit sie diese erraten können. Wird der Begriff erraten, ist das nächste Kind an der Reihe.

BASTELN

☐ Die Kinder können **Freundschaftsbänder** basteln. Mit einer einfachen Schablone und verschiedenen Wollresten oder kleinen Silikonringen (Looms) ist dies schnell passiert. Es gibt im Handel dazu Spezial-Bastelbücher, in denen Sie die schönsten Anregungen finden.

☐ Das Gleiche gilt für **Perlen** etc.. Sie können mit den Kindern Ketten, Bauchketten, Ringe, Gürtelschnallen, Stirnbänder und mehr basteln. Viele Arten von Perlen, Pailletten, Strasssteinen, Rocailles, Schliffperlen finden Sie im Bastelgeschäft. Bücher mit konkreten Anleitungen sind in öffentlichen Büchereien, im Buchhandel oder im Internet erhältlich.

☐ Besorgen Sie sich ein, zwei Meter **Glitzerstoff** und nähen mit den Kindern schnelle, einfache Disco-Beutel. Legen Sie dazu 2 Rechtecke aufeinander. Die Kinder können mit groben Stichen und Glitzergarn die beiden Stoffstücke aneinander nähen. Nähen Sie einen Pfeifenputzer in Gold oder Silber als Tragegriff fest. Diese Tasche kann auch gleich als Geschenktüte verwendet werden.

GASTGESCHENK

Wenn Sie die Möglichkeit haben, **Buttons** herzustellen, erhält jedes Kind zum Abschied ein Tanzabzeichen mit seinem Namen (bereits vorbereite) auf goldenem Hintergrund. Bunte Disco-Armringe aus Leuchtstäben, Leuchtstäbe, kleine Discokugeln (Christbaumschmuck!), peppige Blöcke etc. sind weitere Ideen.

Eigene Notizen

4.9 **Dschungel**
(ab 5 Jahre)

IDEENSAMMLUNG

Schlangen, Urwald, Geräusche, Machete, Wilde Tiere, Proviant, Kompass, Fallen, Eingeborene, Grün, Schlangengrube, Forscher, Tarzan, Affenbande

EINLADUNG

☐ Basteln Sie eine **Lupe**: Aus einem grauen Tonpapier eine Klappkarte falzen. Dann den Rahmen der Lupe auf der ersten Seite so ausschneiden, dass die Innenseite noch an der Lupe haftet. Als „Glas" können Sie Pergamentpapier, Frischhaltefolie oder ein Stück einer Klarsichthülle einlegen. Auf die Innenseite der Karte schreiben Sie so klein wie möglich den Einladungstext.

☐ Malen Sie verschiedene **Fußabdrücke** (von Menschen und Tieren) auf die erste Seite einer Klappkarte. Text: Folge den Spuren...

☐ Schreiben Sie auf eine Postkarte, die irgendein Dschungeltier zeigt, den Einladungstext in **Spiegelschrift**.

- ☐ Schneiden Sie aus grünem Tonpapier einen Kreis. Malen Sie schneckenförmig die Konturen einer eingerollten **Schlange** darauf. Der Kopf wird noch mit einer roten Zunge abgeschlossen. Sie können den Text dann auf die Vorderseite oder auf die Rückseite schreiben und zwar so, dass der Empfänger der Karte diese fortlaufend drehen muss, um ihn zu lesen.

- ☐ **Text:** Ein Forschungstrupp wird zusammengestellt, um im Dschungel nach unentdeckten Tierarten zu suchen. Du bist ausgewählt, an der Expedition teilzunehmen...

DEKORATION

- ☐ Hängen Sie ein paar **Schlangen** auf: Aus grünem oder braunem Tonpapier einen Kreis schneiden. Diesen schneckenförmig einschneiden, so dass es wie eine Ringelschlange aussieht. Nylonfaden durch die Mitte ziehen und aufhängen. Unten noch eine rote (gespaltene) Zunge anbringen und Augen aufmalen.

- ☐ Grüne Krepppapierstreifen als **Lianen** an die Vorhangstangen hängen.

- ☐ Gelbe **Bananen** aus Pappe aufhängen

- ☐ Dekorieren Sie den Tisch mit einfachen Gräsern und Dekosand, die Tischdecke sollte grün sein. Stellen Sie einfache Wasserflaschen auf, die die Kinder als Trinkflaschen nehmen können.

VERKLEIDUNG

Die Kinder sollen als Forscher verkleidet werden. Legen Sie Ferngläser, Lupen, Schweißbänder, Sonnenhüte, Käscher bereit. Haben Sie alte Kleidungsstücke in der typischen Farbe Khaki oder grün? Westen sind besonders geeignet. Malen Sie den Kindern Bartstoppeln ins Gesicht, wenn es zu ihrer Rolle passt.

ESSEN UND TRINKEN

☐ Tierkekse

☐ Bereiten Sie ein Gulasch vor. Mit Reis schmeckt den Kindern dieses Schlangenragout besonders gut.

☐ Bananenmilch

☐ Benennen Sie Erdnussflips um in geröstete Riesenspinnen-Füße.

☐ Wenn sie im Angebot zu kaufen sind, können Sie Kokosnüsse besorgen und mit den Kindern mit Hilfe von Hammer und Schraubenzieher öffnen. Die Kokosmilch schmeckt zwar nicht besonders, soll aber sehr gesund sein. Das Fleisch der Kokosnuss knabbern die Kinder gerne.

☐ Stockbrot am Lagerfeuer oder Picknick im Grünen passt ideal.

PROGRAMM

☐ Der **Suchtrupp** lernt sich erst einmal kennen. Teilen Sie den Kindern verschiedene Rollen zu: Da gibt es den Anführer der Truppe, den Expeditionsleiter Prof. Dr. Schlau, den Biologen Dr. Blume, den Fährtenleser Blick, die Journalistin Ahori, etc... Ein jedes Kind zieht eine Karte, auf der seine Figur steht und überlegt sich eine Charaktereigenschaft, die es besonders auszeichnet. Diese muss es den anderen Kindern **umschreiben** ohne das Wort direkt zu sagen. Kommen die Kinder darauf?

☐ Dann wird die **Ausrüstung zusammengestellt**. Jedes Kind nennt etwas, was es mitnehmen will, aber es muss sich an die Reihenfolge des ABC's halten. Das erste Kind nimmt z.B. einen Atlas mit, das zweite einen Atlas und eine Bettdecke etc. Können sich die Kinder alles merken? (Dieses Spiel muss nicht bis zum Z gespielt werden!)

Und los geht der Weg. Die Kinder laufen mit Ihnen durch die Zimmer. Plötzlich gelangen sie an ein großes Moor (z.B. Teppich), aus dem nur ein paar Steine ragen. Schaffen es die Kinder, das Moor trockenen Fußes zu durchqueren?

- ☐ Jedes Kind bekommt 3 **Bierdeckel**, die es x-beliebig oft werfen darf. Es muss aber immer auf 2 Bierdeckeln stehen und kann den dritten werfen. Der letzte Bierdeckel wird also zum ersten usw.

- ☐ Wir treffen auf ganz seltene **Schildkröten** (bitte bereits eine oder mehrere vorbasteln). Für jede Schildkröte braucht man 6 Steine: 1 großen als Panzer, 4 kleine als Füße und einen etwas länglichen als Kopf. Mit 2-Komponenten-Kleber oder Heißkleber zusammenbringen. Den Panzer anmalen lassen und lackieren. Eventuell bekommen die Schildkröten noch Wackelaugen.

Der Weg ist wirklich nicht sehr einfach: Lianen und Schlingpflanzen versperren den Kindern den Weg, so dass sie nur noch kriechen können:

- ☐ Haben Sie einen **Kriechtunnel**? Wenn nicht, schneiden Sie von großen Müllsäcken den Boden auf, kleben mehrere aneinander und lassen die Kinder hindurch kriechen.

Dann plötzlich greifen die Schlingpflanzen die Kinder an und wickeln sich um deren Füße. Die Kinder können nur noch hüpfen.

☐ Die Kinder sollen einen vorgegebenen Weg **hüpfend** zurücklegen. Und zwar ist der Zielpunkt des einen Kindes immer der Ausgangspunkt des nächsten Kindes. Wie viele Hüpfe brauchen die Kinder?

Giftige Schlangen hängen von den Bäumen herab.

☐ Wer schafft es, aus einer Lage **Zeitung** in 2 Min. die längste Schlange zu reißen?

Endlich sehen die Kinder wieder ein seltenes Tier:

☐ Seltsame **Vögel: Papprollen** bunt anmalen lassen. Auf der Unterseite zwei gegenüberliegende Schlitze ca. 1 cm tief einschneiden. Einen Haushaltsgummi durch die Schlitze nach oben führen. Wackelaugen und einen Schnabel aus den Spitzen im Eierkarton aufkleben. Flügel aus Karton ausschneiden und bunt bekleben. Ebenfalls auf der Papprolle befestigen. Wenn man nun oben am Gummi zupft, vibriert der ganze Vogel.

Da, schon wieder eine unbekannte Vogelart:

☐ Jedes Kind bekommt 5 **Wäscheklammern**, die es sich an das T-Shirt kneift. Solange die Musik (Trommelmusik z.B.) läuft, dürfen sich die Kinder innerhalb einer vorgegebenen Fläche gegenseitig die Federn rupfen und am eigenen T-Shirt befestigen. Wer hat am meisten, wenn die Musik ausgeht?

Und weiter geht es. Achtung, da ist eine Falle der Eingeborenen! Um nicht hineinzugeraten, müssen sich die Expeditionsmitglieder gegenseitig helfen und weiterhangeln.

☐ Schaffen es die Kinder, innerhalb einer vorgegebenen Zeit einen **Bügel**, den sie zwischen den Beinen haben, ohne die Hände zu benutzen weiterzugeben und wieder zurück?

Da sind wieder seltsame Tiere, eine Art Wurm mit einem Häuschen:

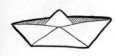

- Aus **Moosgummi** einen Körper ausschneiden und einen kleinen Blumentopf als Panzer drauf kleben. Mit Wackelaugen versehen.

Abends am Lagerfeuer gibt es Alarm. Ein wilder Panther schleicht um die Gruppe herum:

- Der **Panther geht um!** Alle Kinder sitzen im Kreis auf dem Boden. Der Panther schleicht um die Kinder herum und hat ein Tuch in der Hand. Nach einer Weile lässt er das Tuch hinter einem beliebigen Kind fallen. Das muss nun den Panther fangen. Ist dieser schneller, kann er sich auf den freien Platz zwischen die Kinder setzen, und das andere Kind wird nun zum Panther.

Am nächsten Tag geht es wieder zurück nach Hause.

GASTGESCHENK

Vergrößerungsglas aus Plastik, Becherlupe, Aufkleber mit Tiermotiven, kleine Tierfiguren

Eigene Notizen

Farben
(ab 4 Jahre)

IDEENSAMMLUNG

Bunt, Farbenkreis, Fingerfarben, Malerhut, Farben mischen, Kunstwerke, Luftballons, Konfetti

Sie können natürlich das Fest auch in der Lieblingsfarbe Ihres Kindes ausrichten und alles in einer Farbe dekorieren. Wenn die Gäste dann auch noch in der selben Farbe gekleidet kommen, ist das besonders lustig. Sie können auch die Mahlzeiten mit Lebensmittelfarbe färben und ebenfalls in einer Farbe anrichten (z.B. rot: Tomaten, Wackelpudding, Rote Säfte, Pommes mit Ketchup, rote Gummibärchen)

EINLADUNG

- ☐ Auf jedes einzelne Blatt eines kleinen **Blockes** verteilt den Einladungstext mit bunten Farben schreiben.
- ☐ Auf die Vorderseite einer Einladung ganz viele bunte **Konfettis** mit flächig aufgetragenem Kleber aufkleben.

DEKORATION

- **Bierfilze** in buntes Papier einschlagen und bunte Kreppstreifen hintackern. Auf Nylonfäden aufgehängt überall im Zimmer verteilen.

- Ca. 10 cm lange und 2 cm breite **Papierstreifen** in verschiedenen Farben zum Kreis zusammentackern und ineinander schlingen. Als Girlande aufhängen.

- Den **Tisch** so bunt wie möglich dekorieren. Buntes Geschirr mit bunten Servietten. Bunte Smarties und Gummibärchen locker auf dem Tisch verteilen.

VERKLEIDUNG

Die Kinder können schon als Maler verkleidet kommen oder Sie geben ihnen alte, ausrangierte Hemden oder T-Shirts, die schmutzig werden dürfen.

ESSEN UND TRINKEN

- Machen Sie **Götterspeise** in verschiedenen Farben! Die unterste Schicht (gelb) muss erst erkalten, bevor Sie die 2. Schicht (grün) draufgeben können und dann die Dritte (rot).

- Wenn Sie Muffins oder einen Kuchen backen, können Sie den Teig mit Rote-Grütze-Pulver rot einfärben. Das **Dekor** sollte auch möglichst bunt sein.

MOTTO-GESCHICHTE

Kennt Ihr das Land unter dem Regenbogen? Dort scheint immer die Sonne und dort, wo der Regenbogen die Erde trifft, hat alles die Farben des Regenbogens. So kann es sein, dass das Wasser plötzlich gelb wird, das Gras plötzlich blau und die Tiere alle ganz rot, je nachdem, wo der Regenbogen steht. Das ist ziemlich lustig, denn mit der Farbe verändert sich auch der Geruch und der Geschmack der Dinge. So können gelbe Kirschen z.B. wie Zitronen schmecken und am nächsten Tag in grün nach Kiwis. Die kleinen Wesen, die im Regenbogenland leben, lieben diese Abwechslung und genießen jeden Tag! Wäre das auch etwas für Euch, liebe Kinder?...

SPIELE

- ☐ Ein Kind sucht einen Gegenstand im Raum und sagt: **Ich sehe was, was du nicht siehst**, und die Farbe ist... Die anderen Kinder müssen nun diesen Gegenstand erraten.

- ☐ Es wird reihum mit einem **Farbwürfel** gewürfelt. Jeder Spieler muss im Zimmer Dinge suchen, die die Farbe haben, die er gewürfelt hat. Alles, was schon genannt wurde, gilt nicht mehr. Wer nichts mehr findet, scheidet aus.

- ☐ Verstecken Sie **Legosteine** in verschiedenen Farben im Zimmer. Einen Farbwürfeln mit den gleichen Farben verwenden. Die Kinder würfeln reihum und müssen dann im Raum nach einem Stein in der Farbe suchen.

226 Farben

☐ Mit Farbwürfel: Je nachdem, welche Farbe gewürfelt wird, darf sich das Kind ein Gummibärchen in dieser Farbe nehmen, bekommt aber einen gleichfarbigen Punkt (**Aufkleber**) ins Gesicht geklebt. Die Kinder werden ganz bunt...

☐ Die Kinder stehen in 2 Mannschaften hintereinander. Ein bunter Luftballon wird über Kopf von vorn nach hinten gegeben, wenn er beim letzten Kind angekommen ist, rennt dieses wieder nach vorn und gibt den **Luftballon** wieder nach hinten. Das geht solange, bis das ursprüngliche Kind wieder vorne ist. Im nächsten Durchgang (Revanche) reichen die Kinder den Luftballon durch die gegrätschten Beine hindurch nach hinten. Welche Mannschaft gewinnt?

☐ Alle Kinder tanzen oder laufen herum. Die Musik läuft. Plötzlich stoppt die Musik und Sie rufen eine Farbe und ein **Körperteil**. Die Kinder müssen nun sofort etwas in dieser Farbe mit dem genannten Körperteil berühren.

☐ Werfen Sie **Konfetti** in die Luft: Welches Kind fängt mit einem kleinen Becher am meisten auf?

☐ **Singen** Sie mit den Kindern: *"Grün, Grün, Grün, sind alle meine Kleider, grün, grün, grün ist alles, was ich hab. Darum lieb ich alles, was so grün ist, weil mein Schatz ein Jäger ist..."* (Weiß, Bäcker - Blau, Seemann - Schwarz, Schornsteinfeger - Rot, Feuerwehrmann - Bunt, Maler) Fallen den Kindern noch weitere Strophen ein?

BASTELN

☐ Die Kinder basteln eine bunte **Kette** aus geschnittenen Strohhalmen, die sie auf einen Strick auffädeln. Aber sie dürfen nur die Farben verwenden, die sie mit einem Farbwürfel würfeln.

☐ Alle Kinder malen mit ihrer Lieblingstechnik (Wachsmalkreide, Wasserfarben, Buntstifte, etc.) ein möglichst **buntes Bild**. Hängen Sie alle Bilder auf. Alle Bilder werden von einer Jury (die eintreffenden Eltern?) bewertet. Achten Sie darauf, dass es keine Verlierer gibt, sondern nur Gewinner! Machen Sie Fotos von allen Bildern, bevor die Kinder diese mit nach Hause nehmen.

☐ Alternativ: Lassen Sie die Kinder ein großes **Gemeinschaftswerk** malen. Verwenden Sie dazu die Rückseite einer alten Tapetenrolle. Das Bild kommt dann in das Zimmer des Geburtstagskindes!

☐ Geben Sie den Kindern **Mandalas** zum anmalen.

GASTGESCHENK

Malkasten, verschiedene Farbstifte, schöne Pinsel und Pinselbecher, eine Zeichenmappe

4.11 Feuerwehr
(ab 4 Jahre)

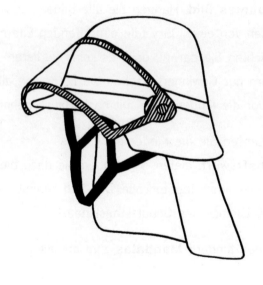

IDEENSAMMLUNG

Notruf, Stange, Feuerwehrauto, Schlauch, Katze vom Baum, Feuer, Feuerwehrhelm, Unfall auf der Autobahn, Wasserspritzpistole, Kommandant, Leiter, Kopflampe, Megafon

EINLADUNG

- ☐ Schneiden Sie aus rotem Tonpapier die Konturen eines **Feuerwehrautos** aus. Kleben Sie diese auf eine Klappkarte und versehen Sie sie mit einer großen Sprechblase aus dem Führerhaus. Text: Achtung, Achtung!!! Geburtstagseinsatz!!!

- ☐ Zeichnen Sie auf eine Klappkarte ein **Blaulicht** in der typischen Form so mit Strahlen, dass es aussieht, als würde es leuchten.

- ☐ Auch die Feuerwehr hat **Kellen**: Basteln Sie eine aus Tonpapier, indem Sie weißes Papier für den Rahmen nehmen. Schneiden Sie mit Hilfe eines Cutters einen inneren Kreis aus und kleben von hinten dann rotes Seiden- oder Tonpapier darauf. Abschließend von hinten noch einmal weißes Papier in der Kellenform aufkleben. Die Ränder können Sie mit Klebefilm fixieren. Text: Halt, Stop! Jetzt wird gefeiert!

☐ **Text:** Der Feuerwehrkommandant ... lädt Dich, lieber Feuerwehrhauptmann ..., zum großen Feuerwehrfest mit Tanz und Gesang am ...

☐ Gibt es in Ihrem Haushalt noch ein rotes **Bobbycar**? Fotografieren Sie Ihr Kind auf diesem und verschicken Sie das Foto als Einladung. „Hier kommt die Feuerwehr"

DEKORATION

☐ Rote **Kreppstreifen** von der Decke hängen lassen

☐ Weiße Tischdecke mit roten **Tischsets** oder rotem Krepp

☐ Am Tisch möglichst viele rote **Utensilien** aufstellen und rote Süßigkeiten verteilen

☐ **Roten Sand** auf dem Tisch drapieren

☐ Playmobil **Feuerwehrmänner, Spielzeugfeuerwehrautos** und alles, was mit dem Thema Feuerwehr zu finden ist, auf dem Tisch verteilen

☐ Kleine rote **Kerzen** aufstellen

VERKLEIDUNG

☐ Haben Sie alte übrige rote **T-Shirts** oder Hemden?

☐ Malen Sie den Kindern **Bärte** oder **Russspuren** ins Gesicht.

☐ Leihen Sie sich im Bekanntenkreis **Warnwesten** und lassen Sie diese die Kinder anziehen.

☐ **Feuerwehrhelme**. Wenn Sie nicht genügend haben bzw. ausleihen können, basteln Sie einfach aus rotem Papier Hüte.

ESSEN UND TRINKEN

☐ Scharfe **Hühnerschenkel**, die brennen auf der Zunge.

☐ Alles in **rot, rot-weiß und weiß**: Nudeln mit Tomatensoße, Erdbeerkuchen, Spaghettieis, Currywurst mit Mayonnaise und Ketchup etc.

☐ Mit **roten Strohhalmen** trinken die Kinder ihr Wasser oder ihre Milch.

MOTTO-GESCHICHTE

Erzählen Sie den Kindern einiges über die Feuerwehr. Wissenswertes finden Sie in Büchern aus der Bücherei oder im Internet. Erkundigen Sie sich vor Ort, ob vielleicht sogar eine Besichtigung der hiesigen Feuerwache möglich wäre. In Deutschland gibt es über 1 Million Feuerwehrmänner! Sie löschen Brände, helfen Mensch in Notlagen und bei Unfällen, und sind auch für Hochwassereinsätze etc. zuständig. Ihr Spruch lautet: Einer für alle, alle für einen! Denn sie müssen sich immer aufeinander verlassen können und in Notsituationen für den Anderen da sein!

SPIELE

☐ Es brennt! Aber leider wurde der Anrufer nicht richtig verstanden, deshalb muss die Feuerwehr erst herausfinden, wo es brennt: Jedes Kind erhält ein Stirnband. In das **Stirnband** wird ein Bild von einem Bauwerk oder Ort gesteckt, das alle Kinder kennen. Das Kind mit dem Stirnband weiß selber nicht, um was es sich handelt, aber alle anderen Kinder, die seine Fragen mit Ja und Nein beantworten dürfen. In einer gewissen Zeit muss es nun herausfinden, wo es brennt (Kirche, Krankenhaus, Schule, Wald, Garage, See, Büro, Brunnen). Alle Kinder kommen gleichzeitig dran, denn wenn alle durcheinander fragen ist es umso lustiger... Welches Kind errät als Erstes, wo es bei ihm brennt?

☐ Aus dem **Wort Feuerwehrhauptmann** sollen die Kinder so viele Worte machen wie möglich, z.B. Reh, Raupe etc... Wer schafft in 2 Minuten die meisten?

☐ Die Feuerwehr erreicht man unter der Telefonnummer 112. Diese Nummer gilt auch für die Polizei oder wenn jemand krank ist, z.B. die Oma! Die Kinder spielen **„Meine Oma ist krank"**, bei dem ein Kind dies sagt und das nächste fragt: Was hat sie denn? Das erste Kind antwortet mit einer Krankheit. Nun sagt das zweite Kind, meine Oma ist krank, das dritte Kind fragt usw. Jedes Kind wiederholt die bereits genannten Krankheiten und fügt noch eine weitere hinzu. Erschwert und viel lustiger wird dies, wenn die Kinder Salzbrezeln im Mund haben, die nicht zerbrechen sollen.

☐ Alle Kinder sind jetzt **Feuerwehrautos**. Sie sind im 4-Füßlerstand und haben ein Kissen auf dem Rücken, das nicht herunterfallen darf. Sie laufen eine markierte Strecke. Wer ist als erstes am Brandort?

☐ Und wieder ein Einsatz (diesmal im Garten): Die Feuerwehrmänner müssen **Wasser** vom Wasserturm **holen**, weil es brennt! Bilden Sie zwei Mannschaften. Die Kinder sollen eine markierte Strecke laufen, am Ende einen Joghurtbecher mit dort bereitgestelltem Wasser füllen und zum Ausgangspunkt zurücktragen. Das Wasser wird gesammelt und der Joghurtbecher an den nächsten Feuerwehrmann weitergegeben. Welche Mannschaft sammelt am meisten Wasser?

234 Feuerwehr

☐ Feuerwehrmänner müssen oft auch in Höhlen kriechen o.ä.. Dort dürfen sie nicht stecken bleiben oder die Wände berühren, weil sonst Einsturzgefahr besteht! In einen senkrecht stehenden **Hula-Hoop-Reifen** ein Glöckchen hängen. Schafft es jemand, durch den Reifen zu kriechen, ohne dass das Glöckchen klingelt?

☐ Oft müssen Feuerwehrmänner auch **Menschen retten**, indem sie sie wegtragen: Die Kinder stehen sich paarweise gegenüber und halten sich an den Händen. Ein Kind legt sich nun auf die Hände und wird durch kleine Bewegungen der Retter von hinten nach vorne transportiert. (Bitte helfen Sie mit.)

☐ Bilden Sie zwei Mannschaften: Die Kinder sitzen in zwei Reihen hintereinander. Die Ersten der Reihen haben je einen **Feuerwehrhelm** auf. Auf Kommando stehen diese Kinder auf, laufen einmal um alle anderen Kinder herum, setzen sich wieder hin und geben den Feuerwehrhelm an das nächste Kind weiter. Welche Mannschaft gewinnt im Durchgang?

BASTELN

☐ Wir basteln einen **Feuerwehrschlauch** wie eine Hexentreppe: Schneiden Sie mindestens 60 cm lange Streifen in rotem oder schwarzem Papier zurecht, ca. 2,5 cm breit. Legen Sie zwei Enden im 90° Winkel aufeinander und kleben Sie diese fest. Dann abwechselnd die Streifen übereinander legen und knicken. Von einer Eierschachtel die Spitze abschneiden und ans Ende des „Schlauches" als Tülle kleben.

☐ Basteln Sie mit den Kindern **Warndreiecke**. Haben Sie Meterstäbe, die Sie nicht mehr benötigen? Wählen Sie für jedes Kind drei Schenkel und malen Sie diese mit den Kindern rot an. Nehmen Sie ein weißes Leintuch, schneiden Sie es in der passenden Dreieck-Größe zu und kleben es an zwei Seiten des Warndreiecks fest. Der unterste Schenkel wird nicht beklebt, das Tuch hängt offen nach unten. So kann das Warndreieck jederzeit geöffnet und geschlossen werden.

GASTGESCHENK

Joghurtbecher auswaschen und mit roter selbstklebender Folie bekleben und die Süßigkeiten darin sammeln. Verschenken Sie kleine Model-Feuerwehrautos, Figuren aus dem Spielwarenhandel, Aufkleber etc.. Ein großes Angebot an Feuerwehr-Artikeln finden Sie im Internet.

Fußball

(ab 5 Jahre)

IDEENSAMMLUNG

Pokal, Match, Turnier, Wilde Kerle, Schiedsrichterpfeife, Trikots, Handschuhe, Bälle, Stollenschuh, Torwart, Tor, Stürmer, Verteidiger, Flaggen, Rasen, Ballspiele, Eckfahne, gelbe und rote Karte, Trainingslager, Regeln, das Aufwärmen, Passen und Dribbeln, Tunnel, Quiz, Urkunden, Pokal, Torwand, Dosen treffen, Pylonen

Bei schönem Wetter: Draußen auf dem Bolzplatz, im Garten.
Bei schlechtem Wetter: Kicker, Tippkick, Tischfußball.

EINLADUNG

☐ Die obligatorische runde Pappeinladungskarte in schwarz/weiß (**Fußball**)

☐ Sie schneiden einen **Schuh** (Stollen nicht vergessen) doppelt aus. Bohren Sie oben Löcher für die „Schuhbändel". Fädeln Sie echte Schuhbändel durch.

☐ Ein **Trikot** aus Pappe ausschneiden. Vorder- und Rückseite. Hinten dann die Rückennummer darauf schreiben mit Namen und vorn klein: Einladung. Den Einladungstext schreiben Sie in die Karte.

- Schneiden Sie aus Zeitschriften Fotos von verschiedenen **Fußballstadien** aus (für jedes Kind eins). Kleben Sie dieses auf eine Klappkarte. Schreiben Sie darüber: Das Spiel des Jahres! Und fügen Sie Sprechblasen aus den Stadion-Rängen ein: „Super" „Geburtstag" „Juhu"...

- Vergessen Sie im **Text** nicht zu erwähnen, dass die Kinder Fußballschuhe mitbringen sollen.

DEKORATION

- **Lichterketten** mit Fußbällen

- Tischdecke muss auf jeden Fall **grün** sein, es gibt sogar eine Rasen-Papier-Tischdecke.

- Haben Sie von der letzten WM noch **Fan-Utensilien**? Schals, Flaggen, Caps? Bitte alles aufhängen, aufstellen etc. Haben Sie noch andere Flaggen? Haben Sie Rasseln, Tröten?

- **Tornetz** aufhängen

- **Fußballlollis** auf dem Tisch verteilen oder in Muffins stecken.

VERKLEIDUNG

☐ Weiße, billige **T-Shirts** (oder alte vom Papa) als Trikot gestalten. Rückennummern vergeben. Eventuell Zahlen vormalen.

☐ Coole **Caps** oder Kopftücher bereitlegen

☐ Schwarze, wilde **Striche** ins Gesicht

ESSEN UND TRINKEN

☐ **Amerikaner** mit Schokoguss in Fußbälle verwandeln.

☐ Auf einem **Maulwurfkuchen** mit weißer Glasur 8-Ecke markieren

☐ **Hackfleischbällchen** als braune Fußbälle deklarieren

☐ Schneiden Sie aus **Melonen** und anderen Früchten kleine runde Stücke (Spezialwerkzeug) und garnieren Sie damit das Eis.

MOTTO-GESCHICHTE

- Es gibt eine **Laola** für das Geburtstagskind!!!
- Lesen Sie den Kindern eine **Fußballgeschichte** vor.
- Überlegen Sie sich eine **Fußballreportage** über ein fiktives Spiel, bei dem alle Kinder mitmachen. Erwähnen Sie die Kinder, binden Sie sie in den Spielverlauf mit ein. Schreiben Sie sich ruhig die Geschichte vorher auf, denn eine Reportage frei zu sprechen ist eine Kunst für sich.
- Ein großes **Fußballturnier** findet statt. Dort werden die besten ... Kinder aus vielen Orten ausgewählt, um für die Nationalmannschaft zu spielen. Die Kinder müssen nicht nur im herkömmlichen Fußball fit sein, sondern alles beherrschen, was mit Bällen zu tun hat.

SPIELE

- Den Ball mit dem Fuß **in der Luft** halten: Wer schafft es am längsten, ohne dass der Ball den Boden berührt?
- **Tretzball:** Alle Kinder stehen im Kreis und spielen sich den Ball zu (durcheinander). Ein Kind in der Mitte versucht, den Ball abzuluchsen. Wenn das gelingt, kommt dann der Werfer in die Mitte.
- Stellen Sie einen **Parcours** mit verschiedenen Gegenständen (Pylonen) auf, wer schafft es am schnellsten, den Ball dribbelnd ins Ziel zu bringen?

☐ Stellen Sie den Kindern **Fragen** über Technik, Geschichte, Spieler, Mannschaften etc. Anregungen dazu können Sie sich aus Büchern in der Bücherei oder aus speziellen Fußballquiz-Spielen holen.

☐ **Torwand-** und Elfmeter-Schießen

☐ Jedes Kind erhält ein Bild eines **berühmten Fußballers** auf den Rücken geklebt, weiß aber nicht von wem. Durch Fragen an die anderen Kinder soll es erraten, wen es darstellt. (Ronaldo, Messi, Robben, Ribery, Müller, Neymar, ...). Welches Kind errät es als erstes?

☐ Lassen Sie die Kinder **Boccia** spielen. Wer trifft mit seiner Kugel das „Schweinchen" am nahesten?

☐ Die Kinder sollen mit den Fußbällen aufgestellte **Kegel** treffen (mit Sand gefüllte Plastikflaschen). Sie müssen natürlich mit dem Fuß spielen.

☐ Stellen Sie **Eimer** auf. Gelingt es einem Kind, durch einen Hochschuss in einen der Eimer zu treffen?

BASTELN

☐ Die Kinder sollen wie in den 50er Jahren einen **Fußball aus alten Zeitungen** und dickem Paket-Klebeband herstellen. Alle müssen zusammen helfen, sich abwechseln und abstimmen.

- Lassen Sie die Kinder kleine **Fangtüten** basteln: Sie brauchen ein weißes Gemüsenetz (z.B. von Knoblauch) und grünen, festeren Karton. Die Kinder sollen nun den Karton so knicken, dass von einer Seite drei größere Laschen abgehen. Das Netz an die Laschen tackern. Einen Strick von unten in den Boden des Bechers bohren und mit einem Knoten fixieren. Daran eine Holzkugel befestigen. Wer schafft es, die Kugel in das Tor zu bekommen?

- Basteln Sie mit den Kindern **Wimpel** in den Farben derer Lieblingsmannschaft: Legen Sie viele bunte Papiere zurecht, für jeden Wimpel einen Schaschlikspieß und eine kleine Kette vom Baumarkt oder einen Strick. Fertigen Sie eine Schablone für die Wimpel an und lassen Sie die Kinder werkeln.

GASTGESCHENK

- **Urkunde** (Teilnahme am Turnier aller Turniere), **Pokale** (golden angemalte und mit Sand gefüllte Becher), Medaille aus Bierdeckel, die mit Goldfolie überzogen ist.

- Es gibt unzählig viele Möglichkeiten des Gastgeschenkes, Anhänger, Süßigkeiten, Playmobilfiguren, Aufkleber, gelbe und rote Karten, Trillerpfeifen etc.

Eigene Notizen

4.13 Geister, Gespenster, Halloween
(ab 7 Jahre)

IDEENSAMMLUNG

Fledermaus, Gespenst, Kürbis, Trick or Treat, Skelett, Knochen, Burg, Vampirzähne, Geisterbahn, eventuell Laternen basteln, Poltergeister, weiße Frauen, Kobolde, Monster

EINLADUNG

☐ Schneiden Sie aus schwarzem Moosgummi oder Tonpapier eine **Vampirfledermaus** aus. Schreiben Sie ihr den Einladungstext auf den Bauch. Klappen Sie die beiden Flügel nach innen und heften Sie sie mit einer Briefklammer zusammen. Hängen Sie die Fledermaus verkehrt herum an einem kleinen Faden auf und überreichen Sie die Einladung so.

☐ Schneiden Sie eine schwarze **Spinne** oder ein kleines weißes **Gespenst** aus Tonpapier aus, versehen Sie es mit lustigen Wackelaugen und schreiben die Einladung auf die Rückseite.

- ☐ Basteln Sie aus einem Bogen orangefarbenem Tonpapier eine Einladung: Knicken Sie das Papier in der Mitte und schneiden Sie es wie einen **Kürbis**. Mit den typischen Längsstreifen versehen und einen kleinen grünen Stil von hinten ankleben. Den Text schreiben Sie in die Innenseite.

- ☐ Reißen Sie ein altes T-Shirt in Stücke (ausgefranst) und schreiben Sie den Einladungstext auf den **Stofffetzen**. In einem Kuvert übergeben.

DEKORATION

- ☐ Zimmer **abdunkeln** – ist schauriger

- ☐ Kleine **Zierkürbisse** aufstellen

- ☐ Hängen Sie weiße **Krepppapierstreifen** auf.

- ☐ Besorgen Sie sich weiße **Spinnweben** aus dem Dekohandel.

- ☐ Decken Sie den Tisch in **weiß** mit Tischdecke und Marshmallows.

- ☐ Verteilen Sie **Plastikspinnen** auf dem Tisch und lassen Sie diese von Vorhangstange und Lampe baumeln.

- ☐ Schneiden Sie kleine schreiende **Gespenster** aus Pappe aus (mit rundem Mund) und fädeln Sie diese auf eine Leine, die Sie im Zimmer aufhängen.

- ☐ Blasen Sie einen Luftballon auf. Stechen Sie mit Nadel und Faden durch den Zipfel und durch ein altes Laken. Dann den Faden an der Decke befestigen. Sieht aus wie ein **Gespenst**, wenn Sie dem Laken noch aufgerissene Augen und einen Schreimund aufmalen.

- ☐ Kleine **Mohrenköpfe** mit je 6 Beinchen aus Lakritze auf die Teller setzen. (Spinnen)

- ☐ Hängen Sie, wenn vorhanden, Plastik-**Skelette** auf.

VERKLEIDUNG

- ☐ Die Kinder sollen entweder **verkleidet** kommen oder sich erst vor Ort verkleiden. Mit Hexengewändern, schwarzen Umhängen als Vampire oder weißen Gewändern als Geist, mit Bandagen um die Füße als Mumie, als Skelett, aufgemalt auf schwarzen Anzügen.

- ☐ **Schminken** Sie die Kinder blass mit schwarzen Augen, Latten-Mund und Spinnennetzen auf den Backen oder als Vampire mit Blut an den Mundwinkeln.

- ☐ **Haare** mit Mehl oder Trockenspray weiß bestäuben.

- ☐ Manche Kinder wollen auch **Kürbisse** sein: Orange T-Shirts anziehen und die Gesichter in oranger Farbe anmalen. Ein kleiner Wurm kann aus der Backe kriechen.

Geister, Gespenster, Halloween

ESSEN UND TRINKEN

Alles, was rot wie Blut ist und ...

- [ ] Grüne Gespensterbowle aus Pfefferminztee und Zitronenmelisse und grüner Speisefarbe. Zitronenmelisse ca. ½ Stunde in heissem Wasser ziehen lassen. Eventuell süßen. Lassen Sie grüne Fruchtgummifäden aus dem Krug hängen.

- [ ] Spinnenamerikaner: Spinnennetz aus Zuckerschrift auftragen.

- [ ] Trauben enthäuten und als Augen auf einen Teller legen.

- [ ] Kürbiscremesuppe, Kürbismuffins, Spagetti mit Blutsoße

- [ ] Monsterschleim: Wackelpudding in rot

- [ ] Maulwurfskuchen mit einem Kreuz versehen und als Grabhügel servieren

- [ ] Von einem Krapfen Füße weghängen lassen (Gummibärschlangen)

- [ ] Vanillepudding mit Himbeersauce (Blutsoße)

- [ ] Gruselfinger: Kleine Blätterteigstangen backen und als Fingernagel eine Mandel einstecken.

MOTTO-GESCHICHTE

Erzählen Sie den Kindern eine kleine Gruselgeschichte. Gut wäre es, wenn Sie vorher schon verschiedene Krachinstrumente mit den Kindern gebastelt hätten (z.B. Rasseln). Denn immer, wenn sie das Wort „Geist" im Text hören, sollen die Kinder mit ihren „Ketten" rasseln und „huhu" rufen:

Auf Burg Schlotterstein ist der Teufel los!

Die **Geister**, die dort in den Gemäuern hausen, erwarten Besuch aus Rumänien! Sie sind ganz aufgeregt, ihre Vampir-Freunde, die sie vor 112 Jahren zum letzten Mal gesehen haben, endlich wieder zu treffen. Die kleinen **Geister** planen schon seit Wochen, was sie den Vampiren alles zeigen werden: Die frischen Gräber und die neuen Grüfte auf dem Friedhof, die vielen Geheimgänge auf der Burg und natürlich die Besucher, die jeden Tag die Burg besichtigen und von den **Geistern** erschreckt werden. Doch bevor die Gäste kommen, müssen die **Geister** erst einmal alles für die Vampire herrichten. Klammheimlich schleichen sie sich zum Schreiner und schleppen Särge als Betten für die Vampire in die Burg. Ganz schön schwer für die kleinen **Geister**! Im Krankenhaus verschwinden plötzlich Blutkonserven und eisiger Wind weht durch die Zimmer. Ob hier auch die kleinen **Geister** dahinter stecken? Und dann endlich kommt der Besuch der **Geister** an...

SPIELE

- **Spinnennetz:** Ein schwarzes Wollknäuel wird von Kind zu Kind geworfen. Ein jedes sagt, was ihm zum Thema Grusel einfällt. Es entsteht ein schönes Spinnennetz, das dann einfach auf dem Boden liegengelassen werden kann.

- Das kleine Gespenst sitzt auf einem Stuhl. Unter dem Stuhl liegt eine **Rassel**. Das kleine Gespenst hat die Augen verschlossen. Welchem Kind gelingt es, die Rassel zu nehmen ohne dass das Gespenst es bemerkt?

- Verteilen Sie kleine **Fledermäuse** (mind. 30) aus Tonpapier im Raum und lassen Sie die Kinder suchen. Wer findet am meisten?

- Die Kinder tanzen zu Gespenstermusik paarweise und haben einen weißen **Geisterkopf** (Luftballon) zwischen den Bäuchen. Welches Paar kann den Kopf am längsten oben halten?

- Hängen Sie kleine Weingummi-Spinnen (Halloween-Artikel) an Fäden an eine Leine. Befestigen Sie ein Ende an der Vorhangstange, steigen Sie mit dem anderen Ende auf einen Stuhl und spielen mit den Kindern **Spinnen schnappen** (Leine mal hoch, mal runter halten, während die Kinder versuchen, möglichst viele Spinnen zu schnappen, ohne die Hände zur Hilfe zu nehmen).

☐ Alle Kinder gehen aus dem Zimmer. Holen Sie ein Kind nach dem Anderen wieder herein, die Augen werden verbunden. Dann wird das **Gruselmahl** eröffnet: Füllen Sie verschiedene Sachen in Schüsseln und lassen das jeweilige Kind einen **Löffel** kosten: Kann es sagen, um was es sich handelt?

- Wackelpudding (Monstergehirn)
- Flips (Skelettstücke)
- Senf (Fledermausgalle)
- Ketchup (Geisterschleim)
- Sahne (Koboldrotz)
- Saure Schlangen (Mumienadern)
- Lauwarmes Wasser (Vampirblut)

BASTELN

☐ Als kleine Andenken basteln die Kinder lustige **Gespenster**: Geben Sie ihnen weißen Stoff oder alte weiße Stoffwindeln. In die Mitte legen die Kinder eine Wattekugel (Kopf). Der Stoff wird über die Watte gelegt und mit einem Bindfaden darunter abgebunden. Die Kinder können mit Filzstiften Gesichter aufmalen, gruselig mit Hakenzähnen oder freundlich mit lachendem Mund. An zwei Enden des Stofftuches wird eine Nylonschnur befestigt, ebenso wie am Kopf. Diese drei Schnüre werden an einen kleinen Ast oder Schaschlikspieß gebunden. Von unten wird ein kleiner Stock (Bambus aus dem Garten?) in den Kopf gestoßen. Die Kinder können jetzt

252 Geister, Gespenster, Halloween

mit dem Gespenst spielen, indem sie den Stecken in die eine Hand und den Spieß in die andere nehmen.

☐ Die selbe Idee: Mit einem Finger in eine Wattekugel (einfach Watte zusammenknüllen) ein Loch bohren. Die Kugel in die Mitte eines weißen Seidenpapier-Quadrates legen und unter dem Kopf zusammenfassen, als Platzhalter einen Stift in das Loch stecken und zuknoten. Aus weißer Wolle Haare aufkleben, Gesicht aufmalen. Und fertig ist die **Fingerpuppe**.

☐ Kleine **Kürbisse** aushöhlen und z.B. mit einem Apfelstecher Muster in die Schale drücken.

☐ Kürbisse, Gespenster und Fledermäuse als Schablone vorbereiten und die Kinder aus **Moosgummi** ausschneiden lassen.

☐ Basteln Sie **Rasselinstrumente** mit den Kindern:

- In ca. 10 **Kronenkorken** mit einem Nagel ein Loch schlagen und einen Draht durchführen, der zu einem Ring gebogen wird.
- **Schüttelbecher:** Ein verschließbares Gefäß (Filmdose, Medizindose, Kaugummidose etc.) mit Sand, Reis, Erbsen, Steinen füllen.
- **Regenstab:** Nehmen Sie eine Haushaltsrolle. Schließen Sie die 1. Öffnung mit einem Tuch, das sie fest um die Rolle binden. Füllen Sie kleine Kieselsteinchen ein. Schließen Sie die 2. Öffnung. Nun die Haushaltsrolle nach Belieben verzieren! Zum Krachmachen die Rolle langsam hin- und herbewegen.

GASTGESCHENK

Vampirzähne, Tattoos, Zahnbürsten, sämtliche Halloween-Artikel, die im November reduziert zu kaufen sind.

4.14 **Hasen und Igel**

(ab 5 Jahre)

IDEENSAMMLUNG

Ostern, Eier, lange Ohren (Löffel), Hören, Leben in Höhlen, Achtung Fuchs, Hoppeln, Schokohasen, Stacheln, Zusammenrollen, Zahnstocher, Blätterbild, Herbst

(Besorgen Sie ein Stück Hasenfell beim Kürschner.- Der Hase war natürlich schon sehr, sehr alt!)

EINLADUNG

- ☐ Schneiden Sie aus Tonpapier eine **Hasenform** aus. Malen Sie Schnurrhaare und eine süße Schnauze auf. Auf die Rückseite kommt der Einladungstext.

- ☐ Malen Sie nur eine kleine Schnauze, von der Schnurrhaare weggehen und einen Mund mit **Hasenzähnen**. Vom Mund geht eine Sprechblase weg: „Hattu Zeit?" Weitere Erklärungen schreiben Sie auf die Rückseite.

- ☐ Überreichen Sie eine schöne, echte (!) **Karotte** mit einer eingerollten Einladung dran.

- ☐ Kleben Sie einen **Zahnstocher** auf ein Blatt Papier und schreiben folgenden Text dazu: Wir kleinen Igel treffen uns heimlich zur Geburtstagsfeier am ... um ... in ... (Erkennungszeichen ist der Stachel, deswegen bitte mitbringen.)

DEKORATION

Hauptsächlich erdige Farben: Grün, braun, beige, weiß etc. Gestalten Sie in diesen Farben auch die Tischdekoration, indem Sie Krepppapier in diesen Farben verwenden. Legen Sie Decken und Kissen zurecht, damit sich die Kinder Höhlen bauen können.

VERKLEIDUNG

- **Stirnband:** An einem braunen Pappband in Kopfumfanglänge (ca. 52 cm) 2 große braune, schwarze oder weiße Ohren aus Tonpapier befestigen.

- **Stummelschwänzchen** aus rosa Plüsch (Stoffladen) ausschneiden und mit doppelseitigem Klebeband am Po befestigen.

- Natürlich als Hase **schminken** mit Schnurrhaaren und dreieckigem Schnäuzchen.

ESSEN UND TRINKEN

- **Karottenkuchen**

- **Karottenstifte** mit verschiedenen Dips

☐ Eine normale **Biskuit**-Torte fertigen. Füllung nach Belieben. Als Dekoration (Hasenkopf) schwarze Lakritzstreifen nehmen (für die Schnurrhaare). Schnauze und Augen aus bunten Smarties. Ohren aus Pappe aufstecken.

☐ **Igelkuchen:** Aus einem normalen Kastenkuchen Ihrer Wahl schneiden Sie nach dem Erkalten die Ecken so ab, dass eine längliche Igelform entsteht. Alles dick mit Schokolade glasieren. Dann viele, viele Mandelstifte in den angetrockneten Guß stecken, Kleine Kugelaugen, Ohren und Schnauze aus Marzipan aufkleben. Barthaare einritzen.

☐ **Maulwurfskuchen:** Stecken Sie lauter runde Eiswaffeln als Stacheln hinein.

☐ **Obstigel:** Halbieren Sie eine Melone und stecken lauter Obstspieße hinein. Sieht super aus, ist aber nicht ganz „Kein Stress", sondern viel Arbeit!

MOTTO-GESCHICHTE

Erzählen Sie die Geschichte der Gebr. Grimm „**Der Hase und der Igel**". Mildern Sie den Schluss (Hase stirbt und Igel trinkt seinen Branntwein) bitte ab. Lassen Sie den Hasen nur erschöpft sitzen und den Igel feiern, schließlich befinden sich kleine Hasen unter den Zuhörern!

Sie können den Kindern aber auch Wissenswertes über Igel und/oder Hasen erzählen. Sie finden Informationen in der Bücherei und im Internet. Während Sie erzählen, können sich die Kinder gegenseitig mit einem kleinen **Igel-Ball** massieren. Erst liegt ein Kind auf dem Bauch, das andere fährt mit leichtem Druck vom linken Bein hinauf über die Nieren bis zu den Schulterblättern und dann auf der rechten Seite wieder hinunter. Dann ist das andere Kind an der Reihe.

SPIELE

☐ Die Igel können alles Mögliche mit ihren Stacheln aufspießen, wie wir mit unseren Zähnen. Probieren Sie das mit den Kindern aus: Stellen Sie eine Schüssel mit Wasser auf und lassen Sie kleine **Äpfel** darin schwimmen. Die Kinder sollen nun versuchen, nacheinander einen Apfel mit dem Mund herauszuholen.

☐ Ein Kind ist ein **schlafender Fuchs**. Mit geschlossenen Augen liegt es am Boden innerhalb eines markierten Feldes (Teppich?!). Alle anderen sind Hasen und schleichen sich an. Die Hasen müssen versuchen, den Fuchs zu berühren. Plötzlich springt dieser auf - aber nur bis zur Grenze. Wenn er sich einen Hasen schnappen kann, ist dieser dann der Fuchs.

☐ Legen Sie mit Wollfäden Kreise, so groß, dass sich Kinder hineinsetzen können. Die Kinder-Hasen hüpfen bei Musik durch den Raum. Aber wenn die Musik ausgeht, muss sich jeder Hase ein Versteck vor dem Fuchs suchen. Welches Kind scheidet aus, weil alle **Verstecke** besetzt sind? Nach jeder Runde ein Versteck entfernen.

☐ Wenn sich Igel durchs Laub bewegen, **raschelt** das immer. Können die Igel hier laufen, ohne dass man sie hört? Legen Sie verschiedene Materialien (Alufolie, Plastiktüten, Zeitungspapier, Laub) als Weg. Welches Kind schafft den Weg, ohne dass es Ihnen auffällt bzw. Sie etwas hören?

☐ Alle Kinder sitzen im Kreis. Eine Platte mit **Mohrenköpfen** sowie Löffel und Gabel steht weiter weg. Die Kinder würfeln. Wenn ein Kind eine 1 oder eine 6 würfelt, setzt es ein Stirnband auf, steckt sich 2 Kochlöffel als Ohren hinein, läuft einmal um die Kinder und dann zu den Mohrenköpfen. Dort greift es sich Löffel und Gabel und darf vom Mohrenkopf nehmen. Aber leider wird in der Zwischenzeit gewürfelt und wenn in der Zwischenzeit ein Kind einen 1er oder 6er würfelt, ist dieses Kind am Zug...

☐ Die Hasenbande ist auf **Futtersuche**! Schneiden Sie ca. 40 orangefarbige Papier-Karotten aus und verstecken diese im Raum. Lassen Sie die Kinder danach suchen. Wer findet die meisten?

BASTELN

☐ Hase und Igel haben noch andere **Freunde** auf der Wiese. Da gibt es die Würmer, Maulwürfe und Schnecken. Basteln Sie mit den Kindern Schnecken, indem die Kinder auf einen flachen, länglichen Stein ein echtes Schneckenhaus kleben. Den Schnecken noch kleine lustige Augen aufmalen (oder Kulleraugen aufkleben) und lackieren.

☐ **Notizzettelhalter:** Aus einem großen stabilem Karton einen typischen Igel von der Seite ausschneiden, mit einer süßen spitzen Schnauze. Anstatt Stacheln bekommt er lauter Holzklammern hingesteckt.

☐ Lassen Sie die Kinder aus **Modelliermasse** oder Salzteig einen kleinen Igel formen. Als Stacheln können sie Zahnstocher in den noch weichen Teig stecken.

☐ Die Kinder basteln eine **„Blume"**, den kleinen Stummelschwanz der Hasen: Schneiden Sie aus Pappe 2 Kreise aus. Durchmesser ca. 5 cm. Schneiden Sie mit Hilfe eines Cutters den inneren Kern aus, so dass es in etwa einen Reifen ergibt. Wickeln Sie nun mit den Kindern konstant immer wieder Wolle von innen nach außen. Ist der ganze Rahmen abgedeckt, schneiden Sie die Wolle zwischen den Scheiben durch. Binden Sie mit einem Faden den entstandenen Zipfel fest.

GASTGESCHENK

Gerade was Hasen-Artikel angeht: Nach Ostern sind viele schöne Sachen preislich heruntergesetzt, so dass es sich lohnt, wenn Sie diese Motto-Sachen ein wenig horten: Hasenkerzen, Hasenhaarspangen, Plüschhäschen...

Igelbälle gibt es im Sanitärladen in verschiedenen Größen und Gewichten.

Eigene Notizen

4.15 Hexenfest/ Walpurgis

(ab 6 Jahre)

IDEENSAMMLUNG

Hexen, Besen, Zaubertrank, Zaubersprüche, schwarze Katze, gute und böse Hexen, Rituale, Blocksberg, Hexentanz, Umhänge, Hexenhüte, Zauberstab, Kristallkugel

EINLADUNG

- ☐ Hexe im **Profil** mit großer eckiger Nase mit Warze drauf aus Tonpapier ausschneiden. Auf die Rückseite kommt der Text.

- ☐ **Hexenhut** aus Pappe ausschneiden. Über dem Rand ist meistens so eine Art Lederriemen. In diesen Riemen ganz groß „EINLADUNG" schreiben. Text auf die Rückseite.

- ☐ Malen Sie einen **Buchumschlag**, mit Schwarz/Gold und wuchtig und schreiben die Zahl 1000 darauf. Text: Unsere große Hexen-Bibliothek ist um ein Buch reicher! Es gibt ein neues Exemplar: Das Buch der 1000 Hexsprüche! Wir Hexen treffen uns am ..., um ..., im..., um die neuen Hexsprüche auszuprobieren und Geburtstag zu feiern. Hast Du Lust und Zeit zu kommen?

264 Hexenfest/Walpurgis

☐ Basteln Sie aus einem kleinen Stück Rundholz, kleinen Reisigzweigen und einem Strick einen kleinen **Hexenbesen**. Binden Sie die Einladung zusammengerollt an den Besen.

☐ **Text:** Laden Sie zum Hexenfest und weisen Sie darauf hin, dass die Hexen schon verkleidet kommen dürfen, wenn sie Hexen-Kleidung haben.

DEKORATION

☐ Dimmen Sie das **Licht,** denn Hexen sind eher nachtaktiv und tanzen bei Nacht auf ihrem Berg.

☐ Hexen tanzen um das **Feuer** herum (Holz mit rotem und gelbem Krepp belegen).

☐ **Waldsachen** sammeln, Äste, Steine... und auf dem Tisch arrangieren.

☐ Eulen, Raben und Katzen nach eigener Vorstellung aus **Tonpapier** ausschneiden und an Äste hängen.

☐ Auf den Tisch gehören **grüne Frösche**. Wie schön, dass es diese als Fruchtgummi in den Süßwarenabteilungen unserer Supermärkte zu kaufen gibt.

☐ **Hexenhäuser** aus 6 Butterkeksen mit Zuckerguss zusammenkleben und verzieren.

☐ Sie können mit Ihrem Kind kleine **Besen** aus Bambusstecken und Reisig basteln und aufhängen!

☐ Tropfkerzen, Plastikspinnen, orange
Tischdecke für den Tisch auswählen.

☐ **Kräuter** von der Decke hängen lassen und
einen großen Hexentopf aufstellen.

☐ Schwarze Katzen ausschneiden und eine Girlande basteln.

VERKLEIDUNG

☐ Für jedes Kind einen **Gürtel** bereitlegen. An diesen
verschiedene Tücher und Stoffe hängen (z.B.
Geschirrtücher, Halstücher etc.). Wird ein lustiger
Hexenrock! Eventuell in der Einladung die Kinder darum
bitten, Tücher mitzubringen oder Schürzen und Röcke.

☐ Die Kinder können sich **Tücher** um den
Kopf binden oder Spitzhüte aufsetzen.

☐ Alte **Kartoffelsäcke** auf dem Markt besorgen,
Löcher für Arme und Kopf einschneiden
und als Hexengewand verwenden.

☐ **Schminken:** Spinnweben mit Spinne oder
Zaubersterne mit viel Glitzer ins Gesicht malen,
Warzen, krumme Nasen (Faschingsartikel).

266 Hexenfest/Walpurgis

ESSEN UND TRINKEN

- Vor Weihnachten gibt es im Supermarkt fertige „Bausätze" für **Hexenhäuser**.

- Hexenmahl: Lauter **"eklige" Sachen** servieren: Krötenschleim (Schokopudding), Spinnenfüße (Pommes), Mäuseohren (klein geschnittene Gurken), Warzen-Kuchen (Kastenkuchen mit Schokokleksen drauf), Fledermausflügel (Hühnchen), Riesenwürmer (Hackfleischrollen) etc.

- Stellen Sie einen großen Topf mit **Kinderbowle** nach Ihrem Lieblingsrezept auf und lassen Sie grüne Weingummi-Schlangen dekorativ aus dem Topf hängen.

MOTTO-GESCHICHTE

Erzählen Sie den Kindern eine Hexengeschichte. Wenn Sie keine parat haben, können Sie diese hier ausschmücken:

Die alte Hexe Hudara lebte in ihrem kleinen Häuschen, hinten rechts im großen Finster-Wald, schon viele, viele Jahre. Selten verließ sie ihr Heim für längere Zeit, die meisten Sachen, die sie zum Leben brauchte, fand sie im Wald und auf den Wiesen, die nicht weit von ihrem Zuhause begannen. Sie liebte das Kräuter- und Beerensammeln, konnte sie doch dann immer wieder neue Hexenrezepte ausprobieren. Alles, was sie zusammenbraute, prüfte sie natürlich auf seine Wirksamkeit. Meistens probierte sie die neuen Zaubersäfte an ihrem Kater Koradin aus. Der sah schon immer mit besorgtem Blick seiner

Herrin zu, wenn sie wieder in der Küche zugange war, wusste er doch nicht, ob sie ihn nicht gleich wieder in eine Ziege oder in ein geflügeltes Etwas verwandeln würde.

Eines Tages, Hudara stand leise vor sich hinsummend wieder in ihrer mit blubbernden Reagenzgläsern voll gestellten Hexenküche, pochte es plötzlich an die Türe …

SPIELE

- **Zaubertrank herstellen.** Man muss flink sein, denn die besten Kräuter sind heiß begehrt. Nicht, dass die anderen Hexen einem die Zutaten vor der Nase wegschnappen: Legen Sie Papierknäuel (eins weniger als die Anzahl der Kinder) als Kräuter auf den Boden. Alle Kinder tanzen, wenn die Musik ausgeht, müssen sie sich schnell nach den Papierknäuel bücken und diese aufheben. Die Hexe, die keine Kräuter mehr bekommt, scheidet aus. Nehmen Sie in der nächsten Runde wieder ein Knäuel weg usw. Wer braut den besten Zaubertrank?

- Die **Hexenzahl** ist die 7. Ein Zaubertrank wird meistens aus 7 Zutaten gemixt, die meisten Hexen haben 7 Besen und tanzen 7 Tage am Blocksberg… Deswegen: Alle Kinder sitzen am Tisch. Ein Kind fängt an durchzuzählen, aber bei allen Zahlen mit 7 müssen die Kinder HEX sagen… (bei 7, 17, 27, …70, 71,…) Wer einen Fehler macht, muss ein Pfand abgeben oder scheidet aus. (Anm.: Für dieses Spiel sollten die Kinder mind. 7 Jahre alt sein!)

268 Hexenfest/Walpurgis

☐ Die Kinder stehen bereit für einen **Hexentanz**. Bei Musik tanzt immer ein Kind mit dem Besen. Schnell muss es den Besen weitergeben. Die Kinder müssen den Besen annehmen, ob sie wollen oder nicht. Wenn die Musik ausgeht, scheidet das Kind mit dem Besen aus.

☐ Markieren Sie einen Weg und ein Ziel (Papierkorb). Immer 2 Kinder treten gegeneinander an: Jedes Kind soll versuchen einen Luftballon in das Ziel zu bringen, indem es ihn mit dem **Hexenbesen** schupst. Welcher Luftballon ist als erstes im Ziel?

☐ Hexen können ja so allerlei: Mit ihrer **Hexkraft** schaffen sie es, viele Dinge gleichzeitig zu erledigen. Schaffen es die Kinder auch, etwas mit beiden Händen gleichzeitig zu malen? Geben Sie jedem Kind ein Blatt Papier und 2 Stifte für die linke und für die rechte Hand. Nun sollen sie gleichzeitig mit beiden Händen Figuren malen, die Sie vorgeben (Mond, Sonne, Besen, Hut, Blume...). Ähneln sich die beiden Zeichnungen?

☐ Alle Kinder sollen sich **Hexsprüche** ausdenken, die sich reimen und die ein von Ihnen vorgegebenes Wort beinhalten müssen, z.B. „Ene mene, Katzenschwanz…" (alle Hexen geh'n zum Tanz oder so ähnlich) oder „Ene mene, Krötenschleim …" (alle Hexen geh'n jetzt heim). Die Kinder erfinden sicher fantastische Reime!

☐ Erfinden Sie einen lustigen **Hexenkreistanz!** Die Kinder und Sie stellen sich im Kreis (um die Feuerstelle – siehe Deko.), fassen sich an den Händen und tanzen einen selbst erfundenen Tanz, z.B. alle gehen 7 Schritte nach links, dann wieder 6 nach rechts, 2 Schritte nach vorn, klatschen, 180° drehen etc.

BASTELN

☐ Basteln Sie mit den Kindern einen **Hexenbesen**. Sie brauchen dazu eine Rolle Krepppapier (ca. 1,- €) pro Kind und einen Rundstab von ca. 1 m Länge. Stülpen Sie mit den Kindern eine Seite der Krepppapierrolle ca. 10 cm über den Stab und umwickeln Sie beides fest mit Bast oder Paketschnur. Das andere Ende des Krepppapiers nun in große Streifen einschneiden. Jedes Blatt sollte ungefähr gleich breit geschnitten werden. Das gibt dann einen schönen, buschigen Besen.

☐ **Hexensäfte** sehen manchmal sehr eigenartig aus: Tunken Sie Pinsel in verschiedene Wasserfarben und spülen Sie sie in verschiedenen Gläsern aus. Die farblich unterschiedlichen Gläser können Sie den Kindern als Hexensäfte servieren. Wissen die Kinder, welche Farben entstehen, wenn Sie die Säfte zusammenmischen? (Das können Sie auch mit Farbtabletten von Ostern demonstrieren.) Hexensäfte natürlich nicht trinken!!!

☐ Die Kinder basteln eine kleine **Hexe.** Geben Sie ihnen dunklen Stoff oder eine alte Stoffwindel. In die Mitte legen die Kinder eine Wattekugel als Kopf. Der Stoff wird über die Watte gelegt und am Hals mit Hilfe eines Bindfadens festgebunden. Die Kinder können mit Filzstiften Gesichter aufmalen und aus anderen Stoffen mit Hilfe einer Zackenschere Flicken ausschneiden und aufkleben. Dann bekommt die kleine Hexe noch ein Kopftuch aufgesetzt. An zwei Enden des Stofftuches wird eine Nylonschnur befestigt, ebenso wie am Kopf. Diese drei Schnüre werden an einen kleinen Ast oder Schaschlikspieß gebunden. Von unten wird ein kleiner Stock (Bambus aus dem Garten?) in den Kopf gestoßen. Die Kinder können jetzt mit der Hexe spielen, indem sie den Stecken in die eine Hand und den Spieß in die andere nehmen.

☐ Die Hexen haben auch **Zauberstäbe**. Meistens sehen sie ganz eigenartig aus: Basteln Sie mit den Kindern Zauberstäbe, indem sie alte Zeitungen rollen und mit Kleister zusammenkleben und in Form drücken. Trocknen lassen. Der getrocknete Stab kann geheimnisvoll angemalt und mit Pailletten, Sternen oder Glitzer beklebt werden.

GASTGESCHENK

Kleine Porzellanhexen (von Halloween), Teelichter, Kassetten von Bibi & Co., Malbücher etc.

4.16 Indianer (Pow Wow)
– siehe auch Wilder Westen
(ab 5 Jahre)

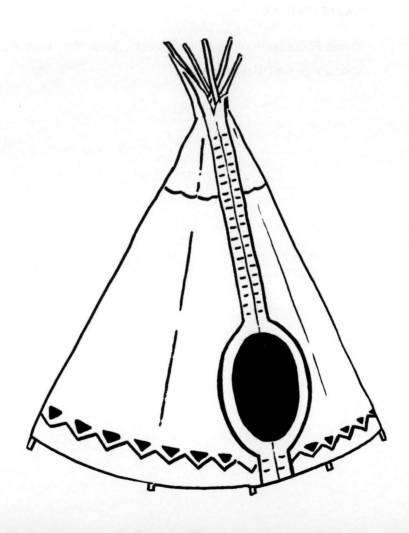

IDEENSAMMLUNG

Feder, Witzige Namen, Häuptling, Medizinmann, Indianertanz, Rauchzeichen, Friedenspfeife, Pfeil und Bogen, Wigwam, Wilde Pferde, Feuerwasser, Skalp, Tomahawks, Kopfschmuck, Trommel, Tipi, Zielscheibe, Bleichgesichter, Rothäute, Geheimzeichen (Stöckchen, Pfeile, Schatzsuche, verschiedene Botschaften auslegen, Rätsel lösen), Maiskolben, Büffeljagd, Spuren lesen, Geist, Späher, Jäger, Mustang, Totempfahl, Köcher, Krallenkette, Beil, Kajak, Geier, Mokassins, Medizinbeutel mit Federn, Perlen, Wachsresten, Haaren, Stoffresten etc.

EINLADUNG

☐ Schreiben Sie die Einladung auf **Butterbrotpapier**, das Sie am Rand leicht ankokeln. Zusammenrollen, mit einem Lederband mit Perlen daran verschnüren und verteilen.

☐ Nehmen Sie drei Schaschlikspieße. Legen sie die drei so, dass sie wie bei einem **Zelt** aneinander liegen. Binden Sie die Spieße dort, wo sie sich treffen, mit einem kleinen Strick gut zusammen. Nehmen Sie Papier und legen sie es einmal um das Zelt. Passt es? Wenn ja, bitte zuschneiden und festkleben. Dann auf die jeweiligen Seitenteile den Einladungstext verteilen. Indianersymbole aufmalen.

☐ Schreiben Sie den Einladungstext oder einen Teil davon auf die Vorderseite einer Karte, aber in einem **Bilderrätsel**: Zeichnen Sie kleine Bildchen und markieren

Sie die Buchstaben, die wegfallen oder dazugefügt werden müssen. Beispiel Sonntag = Malen Sie eine Sonne und streichen ein Großes E durch, Malen Sie einen dunkle Fläche mit Sternen und Mond, streichen Sie dieses Bild durch (d.h. Gegenteil von Nacht = Tag) usw.

☐ Die Indianer hatten **Namen**, die noch einen zweite Bedeutung hatten, z.B. Schlafender Bär, Heulender Kojote, Fleißiger Stern... Suchen Sie für die eingeladenen Kinder den besten Namen aus, schreiben Sie diesen bereits in die Karte und laden zum großen Pow Wow-Fest.

DEKORATION

☐ Ist es Ihnen möglich, einen **Sonnenschirm** in der Wohnung auf zu stellen? Mit einigen Decken behängt, wird daraus schnell ein Wigwam.

☐ Bunte **Federn** auf dem Tisch verteilen.

☐ Auf den Tisch: Kleine **Papierkegel** aufstellen (aus ¾ Kreis zusammendrehen und festkleben. Oben aufschneiden und Salzstangen hineinstellen. Sehen aus wie Tipis und die Kinder können die Salzstangen essen.

☐ **Luftballons** mit einem Federstirnband versehen und aufhängen, Gesichter aufmalen

☐ Lederbänder, **Federn**, (Kunst-) Fellstücke etc. aufhängen

☐ **Wigwams** (Höhlen) aus 4 Stäben und Decken bauen

VERKLEIDUNG

- **Stirnbänder** zusammen tackern (2 Pappringe oder Wellpappe in Kopfumfang, dazwischen Federn kleben).

- Bei alten **T-Shirts**: Fransen unten einschneiden. Lange Haare flechten. Gürtel, Ketten

- **Kriegsbemalung**: Farbige Striche ins Gesicht schminken

- Besorgen Sie sich billiges Fensterleder und nähen Sie dieses mit groben Stichen zu großen **(Leder-) Umhängetaschen**. Als Band verwenden Sie günstige braune Kordeln oder Lederriemen, die Sie an die Tasche nähen.

ESSEN UND TRINKEN

Bevor sich die Kinder auf das Essen stürzen, können sie ihr Kampfgeheule ausprobieren (Hand vor dem Mund: Uah-Uah!).

- Auf ganz normalen Kuchen Eistüten umgedreht aufstellen, Spitze abbrechen und einige Salzstangen durchführen. Sehen aus wie **Indianerzelte**.

- **Würstchen** (Büffelstückchen) vom Grill, Stockbrot, Kartoffel (Knollen)

- Schlangenstücke (Pommes) mit knusprigen **Adler-Füßen** (Hühnchen)

- **Feuerwasser** (Limo)

☐ **Bärentatzen**

☐ **Mais**

MOTTO-GESCHICHTE

Am Ende eines jeden Tages sitzen die Indianerkinder am Lagerfeuer und lauschen gespannt den Geschichten der Stammesälteren. Diese erzählen von Büffeljagden, von ihren spannendsten Fährtensuchen, von den heilenden Kräften der Medizinmänner, von den komischen, dampfenden Fahrzeugen, die durchs Land rollen und von den Bleichgesichtern Eisenbahn genannt werden. Sie erzählen von den Indianerfesten, die sie feierten als sie noch jung waren und von den wilden Tänzen, die sie ums Feuer tanzten. ...

Schmücken Sie die einzelnen Punkte nach Ihrer Phantasie noch aus und erfinden neue Themen dazu.

SPIELE

Sie können den Kindern bei jedem Spiel eine kleine Feder als Gewinn überreichen.

☐ **Anschleichen:** Alle Kinder sitzen im Kreis. Ein Kind in der Mitte hat die Augen verbunden. Eines nach dem Anderen schleicht sich an und berührt das Kind in der Mitte ganz leicht. Das muss natürlich, sobald es eine Bewegung spürt, dies sagen... Merkt das Kind alle Berührungen? Nach einiger Zeit wird gewechselt.

☐ **Indianertanz:** Alle Kinder stellen sich im Kreis auf. Eines macht eine Bewegung (kitzelt seinen Bauch, fasst sich an die Nase, steht auf einem Bein...). Der linke Nachbar macht diese Bewegung nach und fügt noch eine zweite hinzu etc. Es geht im Kreis weiter. Derjenige, der eine Bewegung auslässt, bekommt einen Indianerstreifen ins Gesicht gemalt oder scheidet aus.

☐ **Rätsel:** Wo leben die Indianer? Was ist ein Wigwam? Wer ist Winnetou? Was ist ein Tomahawks? Wer kennt verschiedene Indianerstämme? usw. (Fragen bitte aus speziellen Büchern aus der Bücherei oder Handel entnehmen)

☐ **Indianer tanzen um das Feuer:** Binden Sie jedem Kind einen Luftballon an den Fuß. Die Kinder sollen nun versuchen, sich gegenseitig beim **Tanzen** nach Musik auf Ihr Kommando hin die Luftballons zu zertreten. Wer keinen mehr hat, setzt sich hin.

□ **Indianerschmuck.** Kleben Sie im Vorfeld einfache Bastelfedern auf Waschklammern. Jedes Kind bekommt 5 Stück an das T-Shirt gezwickt. Während Musik läuft, sollen sie sich diese gegenseitig abrupfen und am eigenen Shirt befestigen. Wer hat die meisten, wenn die Musik ausgeht?

□ **Fährtensuche:** Malen Sie Bilder mit verschiedenen Tier-Fußspuren (Anregungen im Internet). Wer kennt die Tiere?

□ **Büffel fangen:** Geben Sie einen Tennisball in eine alte Strumpfhose. Nehmen Sie den Strumpf und drehen ihn um Ihre eigene Achse, indem Sie immer die Hände wechseln. Der Ball sollte den Boden berühren. Die Kinder (in diesem Fall kleine Büffel) stehen um Sie herum und müssen immer, wenn der Ball in ihre Nähe kommt, hochspringen. Wenn sie den Ball berühren, scheiden sie aus.

□ Es gilt, schöne **Perlenketten** anzufertigen. Wer hat nach einer gewissen Zeit die längste Kette?

□ „Späher" haben einen **Büffel** gesichtet (Wäschekorb). Stellen Sie dazu den Korb so weit weg wie möglich. Die Jäger sollen nun den Büffel erlegen. Geben Sie jedem Kind 5 kleinere Stöcke, die sie in den Korb werfen sollen. Das Kind, das am häufigsten trifft, hat den Büffel erlegt.

□ **Stopptanz** am Lagerfeuer: Die Indianer tanzen wie wild, aber leise, herum. Plötzlich hören sie Geräusche und ver-harren in der Position. Sind es vielleicht schon wieder Indi-aner von fremden Stämmen? (Klatschen Sie einfach einmal in die Hände, wenn die Kinder zu tanzen aufhören sollen.)

BASTELN

☐ Sammeln Sie im Vorfeld schöne kindgroße **Äste** im Wald. Zuerst muss die Rinde entfernt werden, dann dürfen die Kinder die Äste mit bunten Streifen anmalen, mit Bastschnüren oder Wolle umwickeln oder bekleben. Sie können auch Federn und Krepppapier mit einwickeln. Mit den fertig bemalten Ästen können die Kinder dann ums Feuer tanzen.

☐ **Waffen:** *Tomahawks* aus bunt beklebten Küchenrollen und Moosgummi (in Keilform) schneiden, *Äxte* aus Stöcken, Keile aus Moosgummiplatten mit Bast daran befestigen. *Messer:* Eine Klopapierrolle mit Papierstreifen bekleben. Die Klinge aus Moosgummi innen an die Rolle kleben. *Speer:* Festeres Papp-Innenteil von Geschenkpapierrollen bunt anmalen und bekleben.

☐ **Schmuck:** *Kopfschmuck:* Aus einem weißen Karton einen 30 cm langen und 5 cm breiten Streifen schneiden. Dann aus buntem Papier verschiedene Dreiecke ausschneiden und mit Perlen aufkleben. Ein Loch in die Enden des Streifens stechen, einen Gummi durchziehen und um den Kopf legen. Knoten machen, damit das Band perfekt passt. *Ketten* und *Armreife* aus bunten Perlen, Lederstreifen und Korkenstückchen basteln.

280 Indianer (Pow Wow)

☐ **Musikinstrumente:** *Rasseln* aus zusammengeklebten Joghurtbechern oder Frühstücksdrinks (mit Leder und Gummi verschlossen) basteln. Sie können Reis, Nudeln und Ähnliches hineingeben. *Regenstab:* Nehmen Sie eine Haushaltsrolle. Schließen Sie die 1. Öffnung mit einem Tuch, das Sie fest um die Rolle binden. Füllen Sie kleine Kieselsteinchen ein. Schließen Sie die 2. Öffnung. Nun die Haushaltsrolle nach Belieben verzieren! Zur Regenimitation Rolle langsam hin- und herbewegen.

☐ **Trommeln:** Dazu sollen die Kinder Tonblumentöpfe (mittelgroß, ca. 15 cm Durchmesser) mit Acrylfarben oder speziellen Terracotta-Farben nach ihren Ideen anmalen. Dann wird zugeschnittenes dickes Pergamentpapier oder Nylon Futterstoff über den Rand gelegt. Dicke Gummis über den Rand ziehen und das Papier richtig fest spannen.

☐ **Pfeile:** Lassen Sie die Kinder verschiedene Federn in große Korken bohren. Malen Sie eine Zielscheibe auf großem Papier auf und befestigen Sie dies an einer stabilen Pappplatte, die Sie anlehnen können. Die Korken können die Kinder nun in Farbe tunken und auf die Zielscheibe werfen (Achtung – größerer Wirkungskreis – eventuell nach draußen verlegen).

☐ **Traumfänger:** Biegen Sie Draht zu einem Kreis und umwickeln Sie ihn fest mit Bastelkrepp oder farbigen Klebebändern. Nehmen Sie einen stabileren Faden und binden ihn spinnennetzmäßig am Draht fest. Wickeln Sie den Faden dabei immer einmal um den Faden, der seinen Weg kreuzt. Es entsteht so mit der Zeit ein schönes Geflecht. Hängen Sie dieses an einem Band auf. An der gegenüberliegenden Seite befestigen Sie Lederbänder so, dass sie nach unten baumeln. Sie können dort Perlen, Federn, Moosgummidreiecke etc. befestigen.

GASTGESCHENK

Playmobil-Indianer, kleine Plastikspielfiguren, Plastik-Büffel und –Mustang.

4.17 Jahreszeiten
(ab 3 Jahre)

Gerade zu den saisonalen Höhepunkten im Jahr gibt es im Handel eine Menge an Spiel- und Bastelbüchern, so dass Sie dieses Thema noch gezielter vertiefen können.

Ein wunderschöner Basteltipp ist die **Jahresuhr**: Unterteilen Sie eine runde Scheibe festen Kartons in 4 Segmente. Frühling, Sommer, Herbst und Winter. Einen Zeiger aus Karton mit einer Briefklammer in der Mitte befestigen, so dass man den Zeiger bewegen kann. Die Kinder können nun malen, was ihnen zu den jeweiligen Jahreszeiten einfällt, während Sie dieses Sprüchlein sagen: "Es war eine Mutter, die hatte 4 Kinder, den Frühling, den Sommer, den Herbst und den Winter. Der Frühling bringt Blumen, der Sommer den Klee, der Herbst bringt uns Trauben, der Winter den Schnee!"

Frühling (Ostern)
– siehe auch Blumen, Käfer, Schmetterlinge

IDEENSAMMLUNG

Blumen erwachen, es wird wärmer, Tiere werden geboren, Ostern, Hasen, Schneeglöckchen, Vögel füttern, Garten

EINLADUNG

☐ Auf Klappkarten Bilder von jungen **Tieren** kleben!

☐ Lassen Sie Ihr Kind verschiedene **Blumen** aufmalen!

☐ **Text:** Einladung zum Frühlingsfest

DEKORATION

☐ Stellen Sie **Plüschhasen** und Plüschlämmer auf.

☐ Arrangieren Sie **Blumen** und Blütenblätter auf dem Tisch

☐ Dekorieren Sie so **bunt** und fröhlich wie möglich. Alles, was zum Thema Ostern bzw. Frühling gehört.

VERKLEIDUNG

Haben Sie übrige Stoffe? Binden Sie den Kindern diese als Umhänge um und setzen ihnen in der gleichen Farbe kleine Blumenhütchen aus Filz auf (mit Haarklammern befestigen). Die Blütenformen sollten dabei unterschiedlich sein. (z.B. lilafarbener Umhang: lila Filz in Zacken schneiden ergibt einen kleinen Krokus).

ESSEN UND TRINKEN

☐ Saisonale Obst- und Gemüsesorten kleinschneiden

☐ Schnittlauchbrote, Eier

☐ Osterlämmer, Osterzopf etc.

MOTTO-GESCHICHTE:

Erzählen Sie den Kindern eine kleine Traumreise: (Einleitung und Ausklang wie unter Pkt. 3.7 beschrieben):

„Stell Dir vor, Du gehst spazieren. Endlich kannst Du wieder Deine Schuhe ausziehen und barfuss durchs Gras laufen. Spürst Du, wie es Deine Zehen kitzelt?... Die Frühlingssonne scheint auf Deinen Rücken und wärmt Deinen Körper...

Da – hörst Du die kleinen, neugeborenen Lämmer? Mit ganz sanften Stimmen rufen sie nach ihren Müttern... Riechst Du den starken Duft der ersten Frühlingsblumen? Hmm, wie das duftet... Krokusse, Schneeglöckchen, Tulpen und Narzissen recken ihre Köpfchen aus der Erde... Du hörst die Vögel singen. Sie begrüßen mit ihrem Lied den Frühling...

SPIELE

☐ **Mitmachgeschichte Frühlingsgewitter:** Lesen Sie eine Geschichte vor. Immer wenn Schlüsselbegriffe vorkommen (Sonne, Wind, Regen, Donner, Blitz), müssen die Kinder verschiedene Positionen im Raum einnehmen: Bei Sonne legen sie sich auf den Boden, bei Wind stellen sie sich in die Ecke, bei Donner gehen sie in die Hocke und halten sich die Ohren zu, bei Regen müssen sie auf die Couch und bei Blitz unter den Tisch).:

Frühlingsgewitter: Die **Sonne** scheint. Plötzlich kommt ein leichter **Wind** auf. Die ersten **Regen**tropfen fallen. Der **Wind** bläst stärker und stärker. Da - ein **Blitz** und ein lauter **Donner** gleich hinterher. Das Gewitter ist in vollem Gange. **Blitz**, **Donner**, **Wind** und **Regen** machen ein lautes Getöse... Langsam zieht das Gewitter ab, ein großer **Regen**schauer beendet es. Nun fallen nur noch ein paar **Regen**tropfen, aus der Ferne hört man den **Donner** und schon scheint die **Sonne** wieder durch die Wolken...

- **Eierlauf** mit Überraschungseiern: Je zwei Kinder treten gegeneinander an: Mit einem Schokoei auf einem Löffel sollen sie einen vorgegebenen Weg ablaufen. Wer gewinnt?

- Besorgen Sie sich Blumenköpfe (können natürlich auch aus Plastik sein), immer zwei von der gleichen Sorte und spielen mit den Kindern **Memory**. Dazu decken Sie die Blüten mit lauter gleichen Plastikbechern (ca. 30 Stck.) ab. Die Kinder müssen die Pärchen finden und dürfen dann die Blüten als Andenken behalten. Wer hat am Ende den schönsten Strauß? Erschweren Sie das Spiel, indem Sie die Becher immer wieder hin- und herschieben.

BASTELN

- **Fensterbild:** Eine Henne aus Tonpapier ausschneiden. Als Schwanz und Kamm Luftschlangen aufkleben, an einen Nylon-Faden bunte Eier aus Pappe unten hinhängen.

- Küchenrolle in Ringe schneiden und mit Ostergras bekleben lassen. Und schon sind schöne **Eierbecher** entstanden.

- **Frühlingsgruß:** Die Fingerchen in rote Farbe tauchen und auf ein grünes Papier drücken. Kleine schwarze Köpfe und je 6 Füße dazumalen und fertig ist das Frühlingsbild.

- Schneiden Sie aus weißem Tonpapier eine einfache **Eiform** aus und lassen sie von den Kindern nach deren Geschmack bemalen.

☐ Im Frühling hört man auch endlich wieder die **Vögelchen**. Wir basteln uns ganz einfache: Aus Papierstreifen (ca. 2 cm breit) Körper formen. An den Enden links auf links zusammenkleben und in Form drücken. Die Klebefläche sollte dabei das Schwänzchen bilden. Den Kopf aus einem anderen Papierstreifen in runder Form (links auf rechts) kleben und am Körper befestigen. Federn aus Luftschlangen oder aus bunten Bastelfedern am Körper festkleben. Einen kleinen gelben Schnabel und Punkte für die Augen nicht vergessen!

☐ Kleine **Hasen** basteln: Aus Pappe die Konturen ausschneiden. Schnurrhaare aus Wolle aufkleben und Wattebällchen als Schwänzchen.

☐ **Ostereier** in allen Variationen: Sie können hartgekochte, ausgeblasene oder Holz- und Styroporeier bemalen oder bekleben lassen. Stecken Sie dazu die Eier auf Schaschlikspießen (Gummi rum und das Ei rutscht nicht) in Styroporkissen, so dass die Kinder beide Hände zum Basteln frei haben. Sie können, was sehr hübsch ist, die Eier mit Steinchen, Aufklebern, oder gestanzten Formen (es gibt dafür spezielle Locher) bekleben oder im Farbbad marmorieren lassen.

☐ Basteln Sie kleine **Vogelnester**: Ausgeblasene Eier vorsichtig entzweibrechen, so dass eine größere Eischale übrig bleibt. Ziehen Sie einen kleinen Faden (am Ende verknotet, damit er nicht durch die Schale rutschen kann) von unten nach oben zum Aufhängen durch die Schale, legen oder kleben Sie Ostergras hinein und legen ein kleines gelbes Plüsch-Küken dazu. Die Küken sind zur Osterzeit im Handel ganz billig erhältlich.

GASTGESCHENK

Zuckereier, Zuckerküken, Tierkinder auf Blöcken

Eigene Notizen

Sommer
– siehe auch Badespaß

IDEENSAMMLUNG

Baden, Pool, Sonne, Strand, Sandburg, Blumen, Schwimmen, Eis

EINLADUNG

- ☐ Basteln Sie aus Tonpapier einen kleinen **Sonnenschirm** (ausgeschnittenen Kreis drei mal falten, Schaschlikspieß durch die Mitte stecken und mit Gummis oben und unten fixieren). Wenn man den Sonnenschirm aufklappt, steht der Text auf der Innenseite.

- ☐ **Text:** Einladung zum Sommerfest!

- ☐ Besorgen Sie sich kleine **Schirmchen**, die man normalerweise ins Eis steckt. Hängen Sie die eingerollte Einladung so hin, dass man sie erst nehmen kann, wenn man den Schirm aufklappt.

- ☐ Laden Sie zum Eisessen: Malen Sie ein Eis auf die Karte und kleben einen kleinen **Plastikeislöffel** dazu.

DEKORATION

☐ Aus gelben Papptellern am Rand Zacken ausschneiden. Eventuell Gesichter aufmalen. Die **Sonnen** können Sie über den Tisch oder im Zimmer aufhängen.

☐ Decken Sie den Tisch in **gelben** Farben, wie die Sonne!

VERKLEIDUNG

Basteln Sie mit den Kindern Sonnen-Stirnbänder: Dazu gelbe Pappbänder (ca. 3 cm breit, 50 cm lang) zusammentackern. Aus stabilem Karton Kreise ausschneiden und an das Stirnband am Hinterkopf festtackern. Daran dann gelbe Strahlen aus Strohhalmen so befestigen, dass sie über den Kinderkopf herausragen.

ESSEN UND TRINKEN

Saisonale Obst- und Gemüsesorten kleinschneiden und Erdbeerkuchen oder Erdbeertiramisu servieren.

MOTTO-GESCHICHTE

Erzählen Sie den Kindern von der Reise eines Sonnenstrahls: Er erlebt viel auf seiner Reise. Schließlich wird er etliche Kilometer von der Erde geboren. Er verlässt die heiße Sonne und scheint auf die Erde. Dort spitzelt er in jede dunkle Ecke und macht diese hell und strahlend. Er zaubert Lächeln auf die mürrischen Gesichter der Menschen und zarten Glanz auf blasse Backen. Er wärmt die Kinder beim Spielen, so dass sie ruhig nur in Badeanzug oder in Badehose herum laufen können...

SPIELE

- Legen Sie eine gelbe **Tischdecke** oder ein gelbes Tuch auf den Boden. Lassen Sie Strahlen aus gelbem Stoff, Krepppapier oder Wolle davon ausgehen. (ca. 10 Stck.). Schaffen es die Kinder, dort darüber zu laufen ohne die Strahlen zu berühren? Auch rückwärts oder auf einem Bein?

- **Flaschenkegeln:** Füllen Sie Plastikflaschen mit Wasser oder Sand, damit sie gut stehen können. Die Kinder sollen einen Ball so rollen, dass möglichst viele Flaschen umfallen.

- **Frisbeescheibe:** Lassen Sie weiße Pappteller von den Kindern bemalen. Wer wirft sie am weitesten? Und wem gelingt es, die Frisbeescheibe aufzufangen?

- Ein **Sommergewitter**: Die Kinde sitzen auf dem Boden im Kreis und befolgen mit ihren Händen Ihre Anweisungen, die Sie bitte laut sagen: „Es tröpfelt" (einzelne Finger klopfen auf den Boden), „Es regnet" (stärker klopfen), „Es hagelt" (mit den Knöcheln klopfen), „Es donnert" (mit den flachen Händen auf den Boden klopfen) „und es blitzt" (in die Hände klatschen), „da bin ich schnell nach Haus geflitzt"

BASTELN

- Basteln Sie mit den Kindern kleine **Sonnen**: Bierdeckel gelb anmalen und gelbe Strohhalme aufkleben.

- **Insekten-Trinkschutz** aus Moosgummi: Ein Muster schon vorfertigen und Größe als Schablone verwenden. Sollte ein wenig größer sein als gängige Trinkgläser. Schneiden Sie dazu einen Kreis aus Moosgummi und stechen oder bohren Sie mit einer Lochzange ein Loch in die Mitte. Durch das Loch wird ein Strohhalm gesteckt. Dann die Platte mit andersfarbigen Moosgummi-Figuren, -Buchstaben etc. oder auch als ganze Gesichter mit aufgeklebten Kulleraugen, ganz nach Belieben verzieren.

GASTGESCHENK

Kleine Wasserbälle, Taucherbrillen, Caps, Sonnencreme

Eigene Notizen

Herbst

IDEENSAMMLUNG

Drachen, Wind, Laub, Windlicht, Laternen, Kastanien, Eicheln, Tiere im Wald fressen Laub und Kastanien, Pilz, Lampions, Eichhörnchen, Vorräte, Igel, Kürbis, Regenschirm, Äpfel

Haben Sie die Möglichkeit, mit den Kindern Drachen steigen zu lassen?

EINLADUNG

- [ ] Der Klassiker: Ein kleiner Drachen aus Wellpappe: Verzieren Sie ihn an den Seiten mit Luftschlangen und unten mit einem Band, an dem Schleifen hängen. Schreiben Sie auf jede Schleife Wissenswertes zur Einladung (wann, wo etc.)

- [ ] **Text:** Wenn es nach draußen gehen sollte, dürfen die Kinder Gummistiefel und Wechselsocken nicht vergessen.

- [ ] Laden Sie zum **Herbstfest**!

DEKORATION

- [ ] Legen Sie Waldfrüchte auf den Tisch: Bucheckern, Kastanien, Nüsse, Blätter in verschiedenen Farben.

- [ ] Beeren (Achtung – teilweise giftig!)

VERKLEIDUNG

Heften Sie den Kindern Blätter an die Kleidung und machen Sie aus ihnen kleine Laubmännchen. Schminken Sie sie in erdigen Farben, braun, orange, beige, indem Sie einfache Laubmotive auf die Backen malen.

ESSEN UND TRINKEN

☐ Kürbissuppe

☐ Zwiebelkuchen

☐ Traubensaft

☐ Pilze in allen Variationen

☐ Saisonale Obst- und Gemüsesorten kleinschneiden

MOTTO-GESCHICHTE

Gehen Sie mit den Kindern wenn möglich in den nächsten Wald, in den Stadtpark oder auch nur in den eigenen Garten und erzählen Sie ihnen die Geschichte vom Baum:

Der stand da schon seit Jahren. Irgendwann hatte er aufgehört, seine Ringe zu zählen. Auf jeden Fall war er sehr, sehr alt. Er hatte schon viel gesehen... Der Wald um ihn herum hatte sich mit der Zeit sehr verändert: Da waren Bäume gefällt worden, an deren Stelle nun Häuser standen und sogar ein Spielplatz. Und das war das Schöne daran: Er konnte jeden Tag die Kinder beim Spielen beobachten, was er sehr genoss. Doch leider kam kein einziges Kind zu ihm um bei ihm zu spielen. Eines Tages plötzlich kamen Arbeiter und besahen ihn von oben bis unten. Er hatte Angst, dass er nun auch einem Haus oder ähnlichem weichen musste. Aber plötzlich fingen die Arbeiter an, Bretter aus ihrem Lastwagen zu holen und Nägel und Hammer. Was sie wohl vorhatten? Da begannen sie, an ihm hochzuklettern und Bretter an ihm zu befestigen. Was soll ich Euch sagen, sie bauten ein Baumhaus! Ein richtiges Baumhaus mit 2 Fenstern, einer Türe, einem richtigen Dach und einer schönen stabilen Leiter. Oh, was freute sich der alte Baum als das Häuschen fertig war und die ersten Kinder zum Spielen kamen! Zu ihm, dem alten Baum, der so lange einsam war, kamen nun jeden Tag Kinder und wohnten bei ihm. Das gefiel ihm sehr und er wusste, dass er so schnell noch nicht gefällt werden würde!

SPIELE

- ☐ Dieses Spiel kann man im Garten oder mit gesammelten Blättern auch in der Wohnung spielen. Jedes Kind muss versuchen, mit einem Strohhalm möglichst viele **Blätter** auf zusaugen und in einer Schale zu sammeln. Wer schafft in einem vorgegebenen Zeitraum am meisten?

Herbst

☐ **Rätsel:**

Der arme Tropf: hat einen Hut, doch keinen Kopf und hat dazu nur einen Fuß und keinen Schuh. (Pilz)
Hinauf fliegt er bei gutem Wind, an einem Faden hält das Kind ihn fest, sonst ist er fort an einem weiten andren Ort. (Drachen)
Hoch wie ein Haus, klein wie ne Maus, stachlig wie ein Igel, glänzend wie ein Spiegel. (Kastanie)

☐ Sammeln Sie im Vorfeld Blätter und Waldfrüchte. Immer ein Pärchen von einer Sorte. Spielen Sie mit den Kindern **Memory**. Dazu decken Sie die Früchte mit lauter gleichen Plastikbechern (ca. 30 Stck.) ab. Die Kinder müssen die Pärchen finden und dürfen dann die Sachen als Andenken behalten. Wer hat am Ende die meisten Herbst-Früchte? Erschweren Sie das Spiel, indem Sie die Becher immer wieder hin- und herschieben.

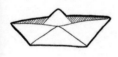

☐ Schneiden Sie **Tonpapier-Pilze** (ca. 20) aus und verteilen sie im Raum. Lassen Sie die Kinder danach suchen. Welches Kind findet die Meisten? Die Kinder können die Pilze dann auf Papier aufkleben und mit getrockneten Blättern und Waldfrüchten eine **Collage** basteln.

BASTELN

- **Kastanienraupe:** Kastanien und kleine Perlen abwechselnd auf einen Pfeifenputzer auffädeln. Eine große Kastanie als Kopf. Fühler aus Streichhölzern. Gesicht aufmalen und Mund einritzen.

- Jetzt kommen wieder die **Schnecken**. Sammeln Sie leere Schneckenhäuser, auswaschen. Aus Knete oder Salzteig (trocknen lassen) sollen die Kinder Körper formen. Streichhölzer sind die Fühler. Einen Schuhkartondeckel grün anmalen, mit Heu, Blättern oder Moos füllen. Die Schnecken in die Wiese setzen.

- Schöne **Blätter** einsammeln (entweder ganz frische oder schön gepresste verwenden). Diese ausbreiten. Ein weißes Blatt Papier darauf legen. Dann mit Wachsmalkreide in verschiedenen Farben über die verschiedenen Konturen rubbeln. Ergibt ein wunderschönes Herbstbild!

- Die Kinder können aus getrockneten **Blättern lustige Gestalten** kleben und lustige Namen vergeben.

☐ Bald ist St. Martinstag! Sie können mit den Kindern **Laternen** aus Käseschachteln und Transparentpapier basteln. Oder Sie umkleben Luftballons halb mit Pappmaché oder Seidenpapier, lassen dieses antrocknen und bemalen. Wird der Luftballon zerstochen, können die Kinder einen Draht an zwei Löchern in der Laterne befestigen und die Laterne an ihren Leuchtstab hängen. Besondere Anleitungen und Ideen finden Sie in speziellen Laternen-Bastelbüchern im Handel oder in der Bücherei.

☐ Schneiden Sie eine Drachenform aus beliebigen stabilen Materialien aus (Rupfen, Wellpappe, Moosgummi etc.). Lassen Sie den **Drachen** mit einem Gesicht aus Tonpapier, Krepppapierschleifen, Schleifenbänder etc. verschönern

☐ Lassen Sie Kastanien (die Löcher bitte schon vorbohren) auf Draht aufziehen und zur **Kette** zusammenbiegen.

GASTGESCHENK

Auch hier finden Sie im Deko- und Spielwarenhandel viele Artikel, die das Thema Herbst aufgreifen. (Tonfiguren, Aufkleber, Blöcke etc.)

Eigene Notizen

Winter
(Weihnachten, Fasching, Schnee)

IDEENSAMMLUNG

Weihnachten, Schneeburg, Schlitten, Schneeballschlacht, Kristalle, Eiszapfen, Arktis, Pinguine, Eisbären, Vogelhäuschen, Kranz, Weihnachtsmarkt, Schlittenausflug, Kalender, Fasching, Christbaumschmuck

Haben Sie die Möglichkeit, mit den Kindern nach draußen in den Schnee zu gehen? Dann bieten sich natürlich Schneeballschlachten, Schlittenfahren, Schneemannbauen, Iglubauen, Schneeturmbauen etc. an. Sie können auch bunte Luftballons oder Dosen mit den Schneebällen abschießen lassen. Sorgen Sie in diesem Fall für warme Getränke! Billige Handwärmer sind gekochte Kartoffeln (die können auch noch aufgegessen werden...).

EINLADUNG

- ☐ Kleine **Tannenzweige**, Strohsterne auf die Einladung kleben.

- ☐ Eine Karte mit Lebkuchen- und **Plätzchenformen** (Schablone verwenden) verzieren.

- Nehmen Sie braunes Tonpapier als Einladung und machen einen großen **Lebkuchen** daraus, indem Sie die Ecken abschrägen und mit aufgemalten Mandeln, Krokant und Schokostücken die typische Lebkuchenverzierung aufmalen.

- Schneiden Sie aus weißem Tonpapier einen lustigen **Schneemann** aus. Mit Zylinder, Karottennase und schwarzen Knöpfen. Auf die Rückseite kommt der Einladungstext.

- **Text:** Einladung zum Winterfest oder zur Schneeparty!

DEKORATION

Ihre Wohnung ist sicher dem Anlass Weihnachten entsprechend sowieso schon mit Sternen, Kugeln etc. geschmückt. Findet der Geburtstag nach Weihnachten statt, bieten sich Konfettis, Luftschlangen und bunte Utensilien an.

VERKLEIDUNG

- Alle Kinder kommen als **Schneeflocke** verkleidet! Sie können noch Wattebällchen an den Kindern befestigen.

- Sicherlich hat jedes Kind eine **Nikolausmütze** zuhause. Erklären Sie diese schon im Einladungstext zum Erkennungszeichen. Nur Nikoläuse werden eingelassen!

☐ Bald ist ja schon wieder **Fasching**! Stellen Sie einen Korb mit vielen verschiedenen Kleidungsstücken auf. Innerhalb einer gewissen Zeit (solange die Musik läuft), soll jedes Kind möglichst viele Kleidungsstücke anziehen. Man muss aber jedes dieser Kleidungsstücke noch sehen können! Wer hat am meisten geschafft? Sind das nicht die besten Kostüme?

ESSEN UND TRINKEN

☐ **Schokofondue:** 100 g. Zartbitterschokolade reiben. Mit 100 ml Sahne erwärmen. (Menge an Gruppenstärke anpassen). In einen Fonduetopf umfüllen. Obst (Trauben, Bananen, Äpfel, Birnen) eintauchen.

☐ **Bratapfel:** Von den Äpfeln Kerngehäuse entfernen. Mischung aus Rosinen und Konfitüre einfüllen. Dann solange bei ca. 200° backen bis die Haut aufplatzt (ca. 40 Min.). Vanillesauce oder Vanilleeis dazu reichen.

☐ **Kinderpunsch:** 1 l Apfelsaft natur, 1 l Wasser, Früchtetee für 2 Liter. 1 Beutel Glühweingewürz: Das Wasser kochen. Tee und Gewürz nach Anleitung. Apfelsaft dazugeben und kurz aufkochen lassen oder

☐ **Warmer Tee** mit Fruchtsaft, Nelken, Zimt und Zucker. Bitte in Henkeltassen servieren!

☐ **Heiße Maronen:** Esskastanien an der Spitze kreuzförmig einschneiden und für ca. 30 Min. in den Ofen geben.

MOTTO-GESCHICHTE

Singen Sie mit den Kindern Winter- oder Weihnachtslieder. Lassen Sie die Kinder Vorschläge machen, halten aber zur Textsicherheit Ihr Liederbuch parat.

Erzählen Sie eine Geschichte von der kleinen Schneeflocke, die erst nicht aus ihrer Wolke will, dann aber das Segeln auf die Erde genießt, wo sie ihre Freunde, die anderen Schneeflocken wieder trifft. Kinder bauen dann aus ihr einen Schneemann, der bis zum Frühling im Garten stehen bleiben darf. Lassen Sie Ihren Gedanken freien Lauf.

SPIELE

- **Rätsel:**

  Vom Himmel fällts, tut sich nicht weh, ist weiß und kalt, es ist der ...
  Ich kenne ein Haus, da fliegts ein und aus, es ist nur sehr klein, 's kommen Körner rein.

- Die Kinder sitzen im Kreis. Jedes Kind nimmt am Anfang bis zu drei Nüsse in die Hand. Der linke Nachbar muss nun raten, wie viele das Kind in der Hand hat. Hat er Recht, kriegt er eine Nuss, liegt er falsch, muss er selber eine Nuss abgeben. Können sich die Kinder merken, wie viele Nüsse ihre Nachbarn noch haben? Wer keine Nuss mehr hat, scheidet aus.

☐ Füllen Sie kleine Filmdosen oder andere kleine
Behälter mit Weihnachts-**Gewürzen**. Erraten
die Kinder die Gewürze am Geruch?

☐ Spielen Sie **Schokoladenwettessen**, bei dem sich die
Kinder, wenn sie einen 6er würfeln, Handschuhe und
Schal umbinden und mit Messer und Gabel an einer
Tafel Schokolade herumschneiden dürfen. Aber nur
solange, bis das nächste Kind einen 6er würfelt.

☐ Machen Sie in der Wohnung eine **Schneeballschlacht**
mit zusammengeknüllten Zeitungen.

☐ Die Eisbären gehen spazieren! Und sie müssen immer
auf den **Eisschollen** bleiben! Bilden Sie mit den Kindern
2 Mannschaften und geben jeder 3 Styroporplatten. Die
Kinder müssen die Platten immer so legen, dass sie
die Hinterste wieder als Vorderste verwenden können.
Am Ziel eines vorgegebenen Weges erfolgt Übergabe
an das nächste Mannschaftsmitglied und der Weg
geht wieder zurück. Welche Gruppe ist die Erste?

BASTELN

☐ Auch in der Wohnung gibt es ein **Schneegestöber**: Geben Sie den Kindern Gläser mit Schraubverschluss. In den Deckel kleben die Kinder mit wasserunlöslichem Kleber eine kleine Spielzeugfigur. In das Glas Konfetti oder künstlichen Schnee geben und mit Wasser auffüllen. Zuschrauben und schütteln... (Bitte Trockenzeit des Klebers beachten.)

☐ **Winterlandschaft:** Weißes Seidenpapier reißen und in Lagen auf ein Blatt Papier kleben.

☐ **Orangen** mit Nelken bespicken

☐ Einen **Schneemann** basteln: Ein dunkles Tonpapier als Untergrund verwenden, weiße Papierschnipsel oder zerrupfte Papiertaschentücher von den Kindern herstellen lassen. Dann sollen die Kinder aus den Schnipseln einen Schneemann bauen. (Malen Sie die Konturen bei kleineren Kindern bitte auf.)

☐ Lassen Sie **Schneekristalle** ausschneiden: Ein rundes, weißes Papier 3x zur Mitte falten. Aus dem entstandenen Segment vom Rand her ein Stück (muss nicht symmetrisch sein) herausschneiden. Aufklappen und evtl. bügeln. Mit Glitzer einsprühen.

☐ Schneiden Sie aus festerem Karton **Sterne** vor. Die Kinder dürfen sie mit trockenen Erbsen, Bohnen, Linsen, Pailletten, Perlen etc. bekleben.

☐ Fasching: Aus einem **Pappteller** Augen, Nase und Mund ausstechen und anmalen lassen. Luftschlangen oder Wolle als Haare oder Bart aufkleben. Rechts und links Löcher einstechen und ein Gummiband durchziehen lassen. Und fertig ist die Maske!

GASTGESCHENK

Taschenwärmer in Schneemannform, Leuchtanhänger für den Schulranzen

Käfer
(ab 3 Jahre)

IDEENSAMMLUNG

Marienkäfer, Punkte, Umhänge, Käfermasken, Blumen suchen

EINLADUNG

☐ Schneiden Sie die **Umrisse** eines Käfers aus schwarzem Tonpapier oder Moosgummi aus. Mit weißer Farbe den Einladungstext darauf schreiben. Dann rote Flügel in der Größe des halben Körpers aus dem gleichen Material ausschneiden und mit Hilfe einer Briefklammer am Körper befestigen. Noch schwarze Punkte aufmalen und fertig ist der Käfer. Es ist nett, wenn der Käfer mit geschlossenen Flügeln überreicht wird und erst später sein Geheimnis lüftet.

☐ Nehmen Sie ein Stück grünes Papier. Tunken Sie den Zeigefinger Ihres Kindes in Fingerfarbe und machen Sie kleine rote **Fingerabdrücke** auf die Karte. Versehen Sie die kleinen Käfer mit je 6 schwarzen Füßchen und schreiben den Einladungstext auf die Rückseite des Papiers.

☐ Es gibt **Schoko**-Marienkäfer oder kleine Holz-Marienkäfer zu kaufen. Kleben Sie einen davon auf eine Einladungskarte.

☐ **Text:** Ab sofort habe ich einen Punkt mehr! Ich werde ... Jahre alt! Kommst Du bei mir vorbei geflogen und feierst mit?

DEKORATION

☐ **Glückskäfer** aus Schokolade oder aus Holz auf dem Tisch verteilen.

☐ Ziehen Sie Fäden durch die Zipfel roter **Luftballons**. Hängen Sie diese im Raum auf. Kleben Sie rote Papp-Flügel mit schwarzen Punkten darauf und malen dem Käfer noch Augen und Mund.

☐ Den Tisch in den **Farben rot/schwarz und weiß** dekorieren. Mit Krepppapierstreifen oder großen Tischdecken.

VERKLEIDUNG

☐ Nähen Sie gerne? Das wäre jetzt die Gelegenheit: Schneiden Sie **Flügelformen** aus rotem Stoff aus, sparen Sie sich aber das Einfassen. Nähen Sie in Akkordarbeit schwarze Punkte auf. Die Flügel an zwei roten Bändern befestigen, die man nach vorn und dann unter den Armen wieder nach hinten durchzieht und am Rücken zusammenbindet.

☐ Basteln Sie **Stirnbänder** aus rotem Tonkarton (Breite ca. 5 cm, Länge ca. 50 cm). Tackern Sie an jedes Stirnband 2 schwarze Pfeifenputzer als Fühler.

☐ **Schminken** Sie die Kinder rot mit schwarzem Rand am Haaransatz und schwarzen Punkten im Gesicht.

ESSEN UND TRINKEN

☐ Aus **Erdbeerpudding** oder Götterspeise – mit roter Speisefarbe etwas aufgepeppt – für jedes Kind einen Käfer in eine Schale füllen. Mit Sahne und Schokopunkten verzieren (in Form eines Käfers).

☐ **Krapfen** mit Pfeifenputzerbeinen oder Salzstangenbeinen in kleine Käfer umwandeln. Mit roter Lebensmittelfarbe und Schokoladenguss verzieren.

- **Amerikaner** mit roter oder Schoko-Farbe und roten Smarties verzieren
- Servieren Sie **Hackfleischbällchen** mit Ketchuppunkten darauf

MOTTO-GESCHICHTE

Die Kinder sind kleine Käferchen! Alle flattern im Zimmer herum. Wenn sie genug geflattert haben, setzen sie sich hin. Plötzlich kommt ein starker Windstoß und bläst die kleinen Käfer um! (Die Kinder umfassen ihre Beine und lassen sich auf den Rücken kullern.) Alle Käferchen strampeln wie wild mit ihren Beinen. Wenn Käfer auf dem Rücken liegen, kommen sie nur sehr schwer wieder auf die Füße! (Die Kinder sollen solange strampeln und sich hin- und herrollen, bis sie wieder, ohne die Hände zu benutzen, auf dem Bauch landen!)

SPIELE

- **Käferwürfeln:** Jedes Kind erhält Papier und Stift. Ein Würfel wird im Kreis gereicht. Immer wenn ein Kind einen 6-er würfelt, darf es einen Strich bzw. Punkt malen. Wer ist als Erstes mit seinem Käfer fertig? (Der fertige Käfer hat einen runden Körper, 6 Punkte auf dem Rücken, 6 Beine, einen Kopf und 2 Fühler)

☐ Der lustige Käfertanz: Die kleinen Käfer tanzen paarweise Rücken an Rücken, mit einem **Luftballon** zwischen den Pos. Welches Paar kann den Ballon am längsten halten?

☐ Marschieren Sie mit den Kindern via Polonaise durch die Zimmer. Als Lied können Sie z.B. „Alle Vöglein sind schon da" umdichten in „**Alle Käfer sind schon da**, alle Käfer, alle. Papa, Mama, Kinderlein, alle wollen Käfer sein. Alle Käfer sind schon da, alle Käfer, alle." Vielleicht fallen Ihnen ja noch weitere Strophen ein.

☐ Malen Sie auf ein großes Stück Papier einen Käfer mit Punkten und legen Sie dieses Papier (kann auch ein Stofflaken sein) auf den Boden. Stellen Sie kleine Schüsseln auf die Punkte. Die Kinder sollen nun versuchen, aus einer Entfernung kleine Papierkugeln oder Kastanien in die **Schüsseln** zu werfen. Jedes Kind hat 10 „Bälle". Welches Kind hat als erstes mit allen Bällen getroffen?

☐ **Käfer-Domino:** Schneiden Sie aus rotem Tonpapier oder –karton rote Ovale aus (mind. 30 Stück). Ziehen Sie in der Mitte einen schwarzen Strich und malen Sie auf jede Seite (das sind dann die Käferflügel) verschieden viele Punkte. Die maximale Punktzahl ist 5. Alle Zahlen sollten gleichmäßig oft verwendet werden. Spielen Sie dann mit den Kindern Domino nach den bekannten Regeln.

BASTELN

- Im Vorfeld flache, runde **Steine** sammeln. Diese dann wie einen Käfer anmalen lassen. Eventuell mit Sprühlack versiegeln. Fühler und Beinchen aus Pappe aufkleben.

- Käfer-**Drucke**: Kartoffeln halbieren und die Schneidefläche rot anmalen. Auf Stoff (Tasche, Tücher, Turnbeutel, T-Shirt...) drucken lassen. Mit Textilmalfarbe noch schwarze Punkte, Füße und Fühler dazumalen lassen.

- Aus schwarzem Moosgummi oder Karton den Körper ausschneiden (Schablone vorbereiten). Eine **Walnusshälfte** oder einen Mini-Blumentopf rot mit schwarzen Punkten anmalen lassen und auf die schwarze Unterlage kleben.

- Die Kinder dürfen runde **Bierdeckel** rot anmalen und 6 Füßchen aus schwarzen Strohhalmen aufkleben.

GASTGESCHENK

Schokoladenkäfer, Glückskäfer aus Holz, Blöcke und Stifte mit Glückskäfermotiven, Käferaufkleber, Haarspangen in rot und weiß

Eigene Notizen

4.19 Kochparty/Backparty

(ab 7 Jahre)

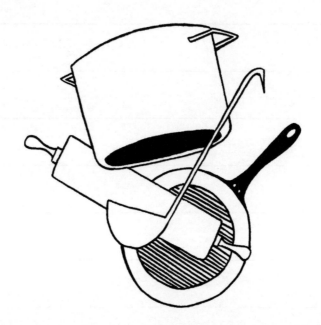

IDEENSAMMLUNG

Menüzusammenstellung, Schürzen, Kochmützen, Krönung: Essen, Vorspeise, Hauptspeise, Kuchen oder Plätzchen backen zu Ostern oder Weihnachten.

Sie haben je nach Jahreszeit die Möglichkeit, mit den Kindern zu kochen oder zu backen. Wichtig sind vorab folgende Dinge:

Hygiene: Händewaschen ist Pflicht!

Stellen Sie alle Zutaten bereit und lassen Sie die Kinder nicht unbeaufsichtigt. Mit Rühren auf dem Herd etc. ist das so eine Sache. Halten Sie vorsorglich doch auch einfach den Topf, damit mit Sicherheit nichts passieren kann. Erklären Sie den Kindern die Handhabung von Elektrogeräten und die Funktion von Strom in der Küche.

Bieten Sie den Kindern Topflappen oder Topfhandschuhe an.

Sie können mit den Kindern ein Menü zusammenstellen oder nur einen Gang, den dafür ausführlicher, kochen. Denken Sie daran: die Kinder wollen beschäftigt sein. Überlegen Sie sich Aufgaben für jedes Kind, denn wenn nur einer schneidet und die anderen sehen zu, ist dies für diese Kinder doch keine Koch-Party!

Und nach dem Essen muss natürlich auch wieder aufgeräumt werden. Das gehört in jeder Küche dazu! Spülen und Aufräumen muss sein!

Bei Plätzchen: verschiedene Sorten backen: Etwas zum Schneiden z.B. Lebkuchen, Häufchen (Makronen), Vanillekipferl, Ausstechen und Verzieren

EINLADUNG

- Großer **Lebkuchen** aus Papier, belegt mit aufgezeichneten Mandeln, Körnern etc.
- **Kinderbesteck** aus Plastik mit einer Schleife zusammenbinden. An dieser die gerollte Einladung befestigen.
- Schreiben Sie die Einladung doch einfach auf einen **Pappteller**
- **Text:** ... Bitte Schürze nicht vergessen!

DEKORATION

Utensilien aus der Puppenküche (Schöpflöffel und Co.), Kochmützen-Girlande, weiße Tischdecke und weiße Servietten

VERKLEIDUNG

Haben Sie Kochmützen oder Backmützen? Schürzen etc.?

ESSEN UND TRINKEN

- [ ] Jedes Kind will etwas arbeiten oder schneiden, deswegen gibt es einen leckeren **Eintopf** (nach Ihrem Rezept) o.ä. z.B. Kartoffel, Zucchini, Karotten, Zwiebel, Paprika... mit Wiener Würstchen.

- [ ] Als Nachspeise bietet sich **Obstsalat** an.

- [ ] Bieten Sie nachmittags Waffeln an. Den Teig können Sie mit den Kindern zusammen zubereiten und die Kinder können beim Backen zusehen. Stellen Sie viele mögliche Beläge auf, die Kinder sollen sich selber bedienen: Zuckerdeko, Zimt-Zucker, Marmelade, Sahne, Puderzucker, Nutella...

- [ ] Wenn Sie **Plätzchen** backen, bieten Sie den Kindern etwas Deftiges zu essen an (z.B. Schinkenbrote)

MOTTO-GESCHICHTE

Befragen Sie die Kinder zu ihren Lieblingsgerichten. Vielleicht kennen die Kinder schon einzelne Rezepte, ansonsten dürfen sie ruhig einmal in Ihren Kochbüchern blättern.

SPIELE

Bevor wir uns ans Schnipseln der Nachspeise machen, spielen wir ihn erst einmal: Den Obstsalat:

☐ Alle Kinder sitzen im Kreis. Ein Kind (oder Sie) steht in der Mitte. Jedes Kind stellt eine Obstsorte dar: Kirschen, Bananen, Äpfel, Birnen, Zwetschgen. Das Kind in der Mitte ruft 2 beliebige Sorten. Die passenden Kinder müssen schnell die Plätze tauschen (eventuell schafft es das Kind in der Mitte einen Stuhl zu ergattern und ein anderes Kind steht jetzt in der Mitte). Wenn das Kind in der Mitte: „**Obstsalat**" ruft, müssen alle Kinder ihre Plätze tauschen.

☐ Früher hat man auch noch den Käse selber gemacht und die Butter. Das wollen wir jetzt auch probieren. Das Spiel heißt Butterstampfen: Ein Kind macht eine Faust und streckt den Daumen in die Luft. Das nächste macht das selbe und umfasst dabei den Daumen vom Vorgänger usw. Hängen alle Kinder zusammen, sprechen alle: **But-ter-stam-pfen-But-ter-stam-pfen, ei-ne Hand muss weg!** Bei Weg muss die unterste Hand nach oben usw. Das geht immer schneller und zum Schluss gibt es ein mittelschweres Chaos.

☐ In Streichholzschachteln verschiedene **Zutaten** und Gewürze füllen. Zeigen Sie diese den Kindern. Wer erkennt die einzelnen Sachen?

- ☐ Oje, jetzt ist der kleine **Ball** auf die Herdplatte gefallen und wahnsinnig heiß! Die Kinder stehen im Kreis und werfen sich ganz schnell einen Ball zu. Kein Kind darf den Ball länger als zwei Sekunden in den Händen halten. Wer länger braucht, verbrennt sich die Finger und scheidet aus.

- ☐ **Mehlschneiden:** Auf Teller Mehl oder Sand anhäufen. Ein Zahnstocher wird in die Mitte gestellt. Jeder Spieler muss Mehl oder Sand auf einer Seite wegschneiden. Bei wem fällt der Zahnstocher um? Dieses Kind scheidet aus oder muss ein Pfand abgeben.

BASTELN

- ☐ Kaufen Sie billige einfarbige **Schürzen** und lassen Sie diese mit Textilfarbe bemalen. Haben Sie Vorlagen, die Sie verwenden können?

- ☐ Basteln Sie mit den Kindern lustige Gesellen aus **Kochlöffeln**. Dazu sind im Handel und im Internet etliche Vorlagen vorhanden!

- ☐ **Holzwäscheklammern** bunt anmalen. Kleine Kulleraugen aufkleben und Münder aufmalen. Kleben Sie eine kleine Kochmütze aus weißem Filz auf die Klammer. An die Rückseite doppelseitiges Klebeband kleben. Das Klammermännchen an die Wand kleben und dann daran den Einkaufszettel aufhängen.

GASTGESCHENK

- ☐ Kleine **Backförmchen** oder Plätzchenausstecher

- ☐ Auszeichnung, Kochdiplom

- ☐ Einen Goldenen **Kochlöffel** (mit Goldlack angesprüht)

- ☐ Wenn Plätzchen gebacken werden: Kleines Zellophantütchen mit den eigenen Werken.

- ☐ Kleines, gebundenes Heftchen mit den Rezepten der gekochten Speisen.

Eigene Notizen

4.20 Märchen und Sagen

(ab 4 Jahre)

IDEENSAMMLUNG

Rätsel aus Märchen, selber Märchen erfinden, Märchenland, Aschenputtel, Erbsen, Schneewittchen, Tischlein Deck Dich, Märchenwolle, Märchenbuch, Prinz, Prinzessin, Goldene Kugel, Frosch, Schuhe, Aschenputtel, das tapfere Schneiderlein, Rotkäppchen

EINLADUNG

- [ ] Ein **Märchenbuch** aus Pappe ausschneiden. Dazu die erste Seite einer Klappkarte wie ein Buch anmalen, mit großen, geheimnisvollen Ornamenten. Auf die Innenseite den Text schreiben.

- [ ] Viele Märchentitel als **Schlagwörter** auf die erste Seite einer Karte schreiben.

- [ ] Text: Komm mit mir ins Märchenland...

DEKORATION

Dornröschen: Aus Seidenpapier rosa Rosen formen. Rollen Sie dazu einen Streifen Krepppapier auf und drehen Sie einen Draht um den einen Rand. Den anderen fächern Sie auseinander. Dies sieht mit Fantasie aus wie eine Rose. Geben Sie kleine Glitzersteinchen und Efeuranken auf den Tisch, arrangieren Sie Perlen und Kerzen.

VERKLEIDUNG

Frau Holle hat eine Haube aus Tortenspitze auf. Sterntaler hat einen Geschenkebandstern auf dem Stirnband. Dornröschen trägt ein Stirnband mit kleinen Röschen usw. Schminken Sie die Kinder mit Fantasiemotiven.

ESSEN UND TRINKEN

☐ Ein **märchenhaftes** Mahl! Alles sollte möglichst pastellfarbig bzw. in der Farbe rosa sein. Färben Sie z.B. den Pfannkuchenteig mit Lebensmittelfarbe und servieren Sie farbige Pfannkuchen.

☐ In vielen Märchen spielt auch das Essen eine Rolle. Orientieren Sie sich bei der **Namensgebung** daran: z.B. Rotkäppchen-Kuchen, Hänsel und Gretel-Lebkuchen, der süße Schoko-Brei (Schokoladeneis), Äpfel a la Schneewittchen, Rapunzel-Salat (Feldsalat), Marmeladenbrot vom tapferen Schneiderlein usw.

☐ Märchen-Kekse

MOTTO-GESCHICHTE

Denken Sie sich eine Geschichte aus, bei der verschiedene Märchenfiguren mitspielen. Immer, wenn die Kinder das Märchen erkennen, müssen sie „Märchenland" rufen, z.B.:

Es war einmal eine wunderschöne Müllerstochter (Rumpelstilzchen). Sie besaß nur einen Schatz, eine goldene Kugel. Mit dieser spielte sie gerne am Brunnen und so geschah es eines Tages, dass ihr die Kugel hineinfiel (Froschkönig). Ohne lange zu überlegen, sprang sie hinterher und fiel und fiel und fiel... Als sie plötzlich wieder Boden unter ihren Füßen spürte, sah sie eine freundliche grauhaarige Frau, die soeben Kissen ausschüttelte, dass die Federn nur so flogen (Frau Holle). Neben der Frau saß ein großer schwarzer Kater, der Stiefel anhatte. (Der gestiefelte Kater)...

*Sie können die Kinder auch durch vier farbige, aneinander geknotete Tücher ins Märchenland steigen lassen:
Gelb wie die Sonne im Märchenland,
grün wie die Wälder im Märchenland,
blau wie der Himmel und rot wie das Feuer.*

334 Märchen und Sagen

Schön ist es, ein paar Bilder zu folgender Geschichte zu malen oder aus Büchern zu fotokopieren und zu zeigen. Singen Sie dabei mit den Kindern das Lied:

Dornröschen war ein schönes Kind,

schönes Kind, schönes Kind,

Dornröschen war ein schönes Kind, schönes Kind.

Dornröschen, nimm dich ja in acht, ja in acht, ja in acht...

Da kam die böse Fee herein, Fee herein, Fee herein...

Dornröschen schlafe hundert Jahr,

hundert Jahr, hundert Jahr...

Da wuchs die Hecke riesengroß, riesengroß, riesengroß...

Da kam der junge Königssohn, Königssohn, Königssohn...

Dornröschen, wache wieder auf, wieder auf, wieder auf...

Sie feierten ein Hochzeitsfest, Hochzeitsfest, Hochzeitsfest...

Weitere berühmte Märchen: Aschenputtel, Brüderchen und Schwesterchen, der Wolf und die sieben Geißlein, Hänsel und Gretel, Rapunzel, Schneewittchen, Tischlein deck dich, Schneeweißchen und Rosenrot, ...

SPIELE

☐ Alle Kinder sitzen im Kreis. Der Würfel geht reihum. Wie bei Aschenputtel sollen getrocknete **Erbsen und Bohnen** auseinander sortiert werden. Wer sammelt am meisten, solange die anderen Kinder noch keine 6 gewürfelt haben? Größere Kinder dürfen mit einer Pinzette die Früchte auseinander sortieren.

☐ Alle Kinder sitzen mit einem Strohhalm im Kreis am Tisch. Ein Stück **Watte** wird in die Mitte gelegt. Das Geburtstagskind soll die Watte wegpusten, sie darf aber nicht hinunterfallen. Alle Kinder sollen versuchen, die Watte wieder von sich weg zu pusten. Das Kind, bei dem die Watte doch auf den Boden fällt, muss ein Pfand abgeben.

☐ Alternative dazu: Immer zwei Kinder treten gegeneinander an und versuchen, ein Stück Watte mit Hilfe eines Strohhalmes über eine festgelegte **Wegstrecke** in ein Ziel zu pusten.

336 Märchen und Sagen

☐ Aus welchen Märchen sind folgende **Sprüche**?

»Ach, wie gut, dass niemand weiß, dass ich ...
(Rumpelstilzchen) heiß.«

»Spieglein, Spieglein an der Wand, wer ist die Schönste
im ganzen Land...«
(Schneewittchen)

»Knusper, Knusper, Knäuschen, wer knuspert an meinem
Häuschen...« (Hänsel und Gretel)

»Aber Großmutter, was hast Du nur für große Ohren...«
(Rotkäppchen)

»Was macht mein Kind, was macht mein Reh...«
(Brüderchen und Schwesterchen)

»Was rumpelt und pumpelt in meinem Bauch...«
(Sieben Geißlein)

»Ruckedigu, Ruckedigu, Blut ist im Schuh. Der Schuh ist
zu klein, die rechte Braut sitzt noch daheim...«
(Aschenputtel)

»Kikeriki, Kikeriki, die Goldmarie ist wieder hie...«
(Frau Holle)

☐ Lassen Sie ein Kind wie bei **Montagsmaler**
Tiere, Personen oder Ereignisse aufmalen. Die
anderen Kinder müssen das Märchen erraten.

BASTELN

- Aus **Märchenwolle** und Seifenlauge wird ein kleiner Ball gefilzt (bitte bei Kapitel 3.5 Basteln nachlesen).

- **Frosch**: Einen Pappteller knicken und grün anmalen oder bekleben lassen. Aus Krepppapier riesengroße Augen aufkleben und kleine Nasenlöcher aufmalen. Aus rotem Tonpapier noch eine Zunge ausschneiden und einkleben.

- Die Kinder dürfen ein **Kissen** von Frau Holle basteln: Besorgen Sie sich kleine, nicht mehr benötigte oder neue weiße Leinentaschen. Lassen Sie diese von den Kindern mit Textilfarben anmalen und bügeln ein-, zweimal darüber, damit die Farbe fixiert ist. Dann dürfen die Kinder Füllwatte in die Hüllen stecken. Nähen Sie das Kissen grob wieder zu und fertig ist das Schmuse-Märchen-Kissen!

GASTGESCHENK

Alles, was Sie im Handel zum Thema Märchen finden können, Märchen-Kassetten, kleine Märchenblöcke und –aufkleber, Trinkgläser mit Märchenmotiven, Puzzles.

4.21 Mäuse und Katzen

(ab 3 Jahre)

IDEENSAMMLUNG

Katze, Speck, Käse, Schwänzchen, Grau, schwarze Nase, Riechen, Kirchenmaus, Hausmaus, Vorräte, Mauseloch

EINLADUNG

- ☐ **Gelbe** Klappkarten mit Löchern. Eventuell sieht man etwas Graues, die Maus.

- ☐ Bekleben Sie eine Klappkarte mit grauem **Kunstfell**

- ☐ Nehmen Sie **Postkarten** von süßen Katzen und schreiben die Einladung auf die Rückseite!

- ☐ **Text:** Heute feiern Katz und Maus ein Fest: Meinen Geburtstag! Dazu möchte ich Dich auch gerne einladen!

DEKORATION

Tischdeko: Gelbe Tischdecke mit kleinen Löchern. Legen Sie kleine „Leckerlis" auf dem Tisch aus.

VERKLEIDUNG

☐ Besorgen Sie sich im Stoffhandel etwas Fellimitat. Nehmen Sie Fellstreifen als Schwanz, der in die Hose oder unter den Gürtel der Kinder gesteckt wird. Basteln Sie Stirnbänder (ca. 50 cm lange, 3 cm breite Streifen aus grauem Tonpapier zusammen tackern) und kleben Sie Katzen- bzw. Mäuseohren aus Tonpapier an diesem Tonpapierring fest. Kleben Sie etwas von dem Fell auf die Ohren.

☐ Schminken Sie die Kinder als Katze oder als Maus

MOTTO-GESCHICHTE

Es war einmal eine kleine rote Katze namens Eastwood. Irgendetwas stimmte bei ihm nicht. So sehr er sich auch bemühte, ihm wollte das Fressen, das sein Frauchen ihm jeden Tag in die Schüssel füllte, einfach nicht schmecken. Manchmal wurde ihm schon bei dem Gedanken daran ganz übel. Und so wie die anderen Katzen draußen auf dem Feld Mäuse zu jagen war für ihn undenkbar. Ihm taten die armen Mäuse leid, die von den anderen Katzen aufgespürt und im Maul weggetragen wurden. Wenn er aber dagegen die frischen Karotten oder Gurken sah, die Frauchen vom Stadtmarkt nach Hause brachte, lief im das Wasser im Mund zusammen. Sooft er konnte stibitzte er heimlich gekochte Nudeln und Kartoffeln, die beim Mittagessen übrig geblieben waren.

So ergab es sich eines Tages, dass er die Maus, die er im Vorratsraum rascheln hörte, beinahe ignoriert hätte. Er konnte ja nicht ahnen, welch wunderbare Freundschaft sie bald verbinden würde. Und das kam so:...

ESSEN UND TRINKEN

☐ Jede Maus liebt **Käse**. Was halten Sie von einer Portion Käsespätzle für alle?

☐ Weiße Schaummäuse, Katzenzungen aus Schokolade

☐ **Käse**-Trauben-Spieße, Wurst-Spieße

SPIELE

☐ Ab ins **Mäuseloch**: Basteln Sie im Vorfeld aus einem schwarzen Karton einen Katzenkörper von vorn. Man sieht nur die Umrisse des Kopfes mit den spitzen Ohren, den Körper und 2 Beine. Auf die Kopfkonturen können Sie ein weißes Gesicht mit Augen, Mund, Schnauze und Schnurrhaaren aufkleben. Schneiden Sie nun die Katze so aus, dass ein kleiner Tunnel (Mäuseloch) zwischen den Beinen entsteht. Lassen Sie jedes Kind aus grauem Krepppapier 10 Mäuse basteln (einfach zusammenknüllen). Sie halten die Katze und die Kinder müssen nun versuchen, möglichst viele Mäuse in das Mäuseloch zu treffen. Wer schafft die meisten?

□ **Katz und Maus-Fangspiel:** Die Kinder bilden einen Kreis und fassen sich an den Händen. Ein Kind ist die Maus, ein anderes die Katze. Die Katze ist innerhalb des Kreises, die Maus außerhalb. Die Kinder bilden im Kreis 2 gegenüberliegende Tore (Hände hochhalten), durch die die Katze schlüpfen darf, die Maus darf überall hindurch. Wenn die Katze die Maus fängt, dürfen andere Kinder Katz und Maus spielen.

□ **Mäusejagd:** (max. 7 Kinder) Schneiden Sie Korken der Länge nach durch. Nehmen Sie einen Farbwürfel und 6 Kräuselbänder in diesen Farben. Wickeln Sie je ein Band um einen Korken. Das sind die Mäuse. Die werden auf den Tisch gesetzt und die Katze würfelt. Die Maus in der gewürfelten Farbe muss vom Tisch gezogen werden bevor die Katze sie mit dem Würfelbecher erwischt. Wird sie geschnappt, scheidet sie aus. Welche Maus bleibt bis zum Schluss?

□ Es gibt ein nettes **Lied**, bei dem die Kinder in verschiedene Tierrollen schlüpfen: *„Schau, die Katze tanzt allein, tanzt und tanzt auf einem Bein. Kam der Igel zu der Katze: Bitte, reich mit Deine Tatze... mit dem Igel tanz ich nicht, ist mir viel zu stachelig...“*[7] Fragen Sie wegen der Melodie und dem Text Ihr Kind, es kennt das Lied sicher...

[7] *Frederik Vahle „Das Katzentanzspiel“ (Annes Kaffeekanne), Patmos-Verlag, 1990*

☐ Alle Kinder sitzen am Boden im Kreis. Ein Kind ist in der Mitte, bekommt die Augen verbunden und wird gedreht. Dann darf es zu einem Kind im Kreis krabbeln und sich auf dessen Schoß setzen. Auf sein **Mäuschen, Piep einmal** soll das „untere" Kind piepen. Wird es erkannt? Wenn ja, kommt es als nächstes in die Mitte.

☐ Die Mäuschen stecken sich graue **Kreppstreifen** in die Hosen, die Katzen rote. Auf Ihr Kommando müssen die Katzen versuchen, die Mäuse zu fangen. Der Clou dabei ist, das Sie Kommandos geben, wie sich die Tiere bewegen müssen (auf einem Bein, krabbelnd, rückwärts laufend etc.)

☐ **Armer schwarzer Kater:** Alle Kinder sitzen im Kreis. Ein Kind ist die Katze und miaut vor einem Kind. Dieses muss die Katze 3x streicheln und dazu „Armer, schwarzer Kater" sagen. Aber es darf nicht lachen!!! Wenn doch, ist es die nächste Katze.

☐ Die Kinder gehen paarweise zusammen. Alle Katzen wollen gestreichelt werden. Ein Kind ist die Katze und liegt auf dem Bauch, das andere **streichelt** und kitzelt es mit einer Feder oder den Händen. Die Katze zeigt durch Schnurren, ob es ihr gefällt. Nach einiger Zeit tauschen die Kinder.

☐ Die Kinder bekommen einen Strick in die Hose gestopft, an dessen Ende ein Korken baumelt. Nun muss die Katze versuchen, ihren **Katzenschwanz** in eine Dose zu bringen, die hinter ihr aufgestellt ist.

BASTELN

- Kleine **Klammermäuse**: Aus normalem Tonpapier tropfenförmige Mäusekörper ausschneiden. Jeweils 2 Körperhälften mit gleichem grauen Plüsch- oder Fleece-Stoff bekleben. Kleine Holzperlen als Augen, Spitzohren aus Plüsch und Schnurrhaare aus Bindfaden auf eine Hälfte aufkleben. Schwänzchen aus grauer Wolle an die Unterseite einer Hälfte kleben. Nun beide Seiten auf eine normale Holzwäscheklammer aufkleben.

- **Wollmäuse** aus Märchenwolle (siehe Kapitel 3.5) filzen. Mit einem Luftmaschen-Schwanz und kleinen Perlenaugen. Und Bindfäden am Schnäuzchen.

- **Walnussmäuse**: Lassen Sie die Kinder Walnusshälften grau anmalen. Mit lustigen kleinen Kulleraugen und mit Schwänzchen aus Wolle versehen.

GASTGESCHENK

Als Süßigkeiten bieten sich natürlich weiße Schaummäuse oder Katzenzungen an.
Ansonsten alles, was Sie zum Thema Katzen und Mäuse finden können: Die Sendung mit der Maus etc., kleine Plüschkätzchen, Blöcke mit netten Katzenmotiven

Eigene Notizen

346

4.22 Olympiade
(ab 6 Jahre)

IDEENSAMMLUNG

Siegertreppchen, Fahnen und Bänder, Medaillen, Vierkampf, Zehnkampf, viele Länder, Siegerehrung, Stabhochsprung, Urkunden, Geschicklichkeit, Schnelligkeit, Ausdauer

Spiele in der Antike (776 v. Christus) und die ersten in der Neuzeit: 1896 in Athen, auch im Winter, 5 Ringe, olympisches Feuer, alle 4 Jahre

EINLADUNG

- ☐ Malen Sie die 5 olympischen **Ringe** auf eine Klappkarte aus Tonpapier. Schreiben Sie in jeden Ring Schlagwörter wie: Schnelligkeit, Geschick, Ausdauer, Glück, Können...

- ☐ Es gibt die bekannten Sport-**Piktogramme**. Erfinden Sie einfach ein Neues: Einen Tisch mit einer Torte und eine Person daneben

- ☐ Schreiben Sie die Einladung auf einen „**Diskus**", eine Frisbeescheibe

- ☐ **Text:** Du bist für die Spiele nominiert... Bitte bringe Turnschuhe und Sportkleidung mit.

DEKORATION

Verwandeln Sie die Wohnung oder den Garten mit verschiedenen Spiel-Stationen in eine Wettkampfstätte.
Und orientieren Sie sich bei der Dekoration an den 5 Olympiaringen. Alles schön bunt.
Haben Sie verschiedene Fahnen? Hängen Sie diese auf.

VERKLEIDUNG

Schärpen für die verschiedenen Mannschaften und entsprechend farbige **Striche** ins Gesicht malen

ESSEN UND TRINKEN

☐ Energydrink (Bananen- und Kirschsaft mischen),

☐ Fitnesssalat, Putenschnitzel, Fitnessgetränke

☐ Käsespieße, Wurstspieße mit Länder-Fähnchen

MOTTO-GESCHICHTE

Lassen Sie die Kinder aussuchen, für welche Länder sie antreten wollen. Stellen Sie eine Auswahl von Fahnen vor und kleben Sie kleine vorbereitete „Fahnen" aus Tonpapier mit doppelseitigem Klebeband an den T-Shirts fest. So weiß jedes Kind auch noch nach dem 5. Spiel, für welches Land es startet. Haben Sie sehr viele Kinder eingeladen, können auch immer Zwei zusammen eine Mannschaft bilden.

Erklären Sie das Punktesystem: Bei 5 Kindern bekommt der Sieger 5 Punkte, der Zweite 4 usw. Am Ende werden alle Punkte zusammenaddiert und dem entsprechend Medaillen verteilt.

Bevor Sie die Spiele für eröffnet erklären, lassen Sie die Kinder eine Kerze am Tisch von einem zum anderen reichen, als Symbolik für das Olympische Feuer. Dabei werden die Kinder sicher ganz andächtig! (Kerze wieder ausblasen nicht vergessen!)

Die Kinder müssen sich nun nur noch aufwärmen (Kniebeugen, Liegestützen, im Stand rennen, Rumpfbeugen etc.) und die Spiele können beginnen:

SPIELE

Wettläufe:

Die Kinder müssen einen vorgegebenen Weg entweder nacheinander oder zusammen ablaufen (nehmen Sie die Zeit):

- **Wattelauf** (mit Löffel und Wattebällchen, die nicht hinunterfallen dürfen)

- **Froschhüpfen** (der Weg muss hüpfend absolviert werden)

- Im **Vierfüßlerstand** (die Kinder müssen mit Armen und Beinen am Boden das Ziel erreichen)

- Auf **einem Bein** hüpfend. Wechsel des Beines ist erlaubt

☐ **Hürdenlauf:** Stellen Sie Bierkisten, Stühle, Pylonen auf

☐ **Sackhüpfen:** Besorgen Sie sich Kartoffelsäcke auf dem Stadtmarkt oder große Plastiktüten. Achten Sie bitte darauf, dass keine Tüte über den Kopf gezogen wird!

☐ **Schubkarrenrennen:** Immer 2 Kinder gehen zusammen. Ein Kind als Schubkarre im Vierfüßlerstand, das andere schiebt, indem es die Beine der "Schubkarre" in die Hände nimmt.

☐ **Dreibeinlauf:** Binden Sie jeweils ein Bein von zwei Kindern zusammen. Synchron müssen sie nun die Beine bewegen um ins Ziel zu gelangen.

☐ **Schneckenlauf:** Die Kinder müssen das Ziel in genau 2 Minuten erreichen. Welches Kind liegt am nahesten dran?

☐ **Quizrennen:** Alle Kinder stehen in einer Reihe am Start und sollen ein Ziel erreichen. Sie stellen vorbereitete Fragen: Beruf mit Anfangsbuchstabe M, Tier mit T, Blume mit V, Farbe mit R, Land mit D, etc. Das Kind, das als erstes die Antwort ruft, darf einen Schritt vorgehen. Welches Kind erreicht als erstes das Ziel?

Wurfspiele:

Hier geht es entweder darum, ein bestimmtes Ziel zu treffen oder am weitesten zu werfen

☐ **Kugelstoßen:** Papierkugeln werfen

☐ **Speerwerfen:** Wer wirft den Besenstil am weitesten?

☐ **Diskuswerfen:** Wer wirft eine Frisbeescheibe in ein vorgegebenes Zielfeld?

☐ **Dosenwerfen:** Stellen Sie Blechdosen aufeinander. Wer trifft mit 3 Bällen die meisten Dosen?

☐ **Basketball:** Wer trifft mit einem Ball genau in einen Eimer? Jeder hat 3 Versuche.

☐ **Boccia:** Nach den bekannten Regeln. Welche Kugel liegt am nächsten zum Schweinchen?

☐ **Ringwurf:** Plastikringe um einen senkrecht stehenden Stab werfen.

☐ **Bogen schießen:** Markieren Sie ein Ziel in Augenhöhe der Kinder. Jedes Kind soll mit seinem ausgestreckten Finger das Ziel fixieren. Dann werden ihm die Augen verbunden und es geht aus einigen Metern Entfernung auf das Ziel zu. Trifft es das Ziel? Messen Sie die Zentimeter, die fehlen.

☐ **Teebeutelweitwurf:** Jedes Kind bekommt einen Teebeutel (nass). Es muss das kleine Schildchen zwischen die Zähne nehmen und den Teebeutel so weit es geht von sich nach vorn wegschleudern.

Springspiele:

☐ **Weitsprung aus der Hocke:** Welches Kind springt mit beiden Beinen am weitesten?

☐ **Hochsprung:** Immer 2 Kinder halten wie beim Gummitwist einen Hosengummi. Messen Sie die Höhe, die der Springer gerade noch geschafft hat.

☐ **Springseil:** Wer schafft die meisten Sprünge?

Kräftemessen:

☐ **Seilziehen:** Teilen Sie die Kinder in gleich starke Gruppen ein und lassen sie an einem Tau ziehen. Welche Gruppe zieht die andere über einen markierten Mittelstrich?

☐ **Gewichtheben:** Füllen Sie gleichgroße Plastikgefäße mit Wasser. Welches Kind kann dieses am längsten mit ausgestrecktem Arm von sich weg halten?

☐ **Fingerhakeln** und **Armdrücken:** Immer 2 Kinder treten gegeneinander an. Welches bezwingt das Andere?

Turnen:

☐ Wer schafft es in 1 Minute die meisten **Purzelbäume** oder Räder zu schlagen?

☐ Haben Sie eine **Slackline**, die den Schwebebalken ersetzt?

BASTELN

- **Basketball** in Klein: Wir basteln einen Fangkorb. Ein quadratisches Papier an der Diagonalen zu einem Dreieck falten. Die Ecken der langen Seite nach oben übereinander klappen und die herausschauenden Spitzen nach unten falten. Eine kleine Holzkugel auf ein Stück Wolle auffädeln und mit einem Knoten fixieren. Das andere Ende des Fadens mit Tesa im Inneren des Korbes festkleben. Wenn man den Korb nun etwas auseinanderklappt, kann man versuchen, den Ball hineinzuwerfen.

- **Siegertreppchen** basteln. Dafür viele verschieden große Konservendosen oder andere Behälter sammeln, ausspülen und Kanten mit einem Schleifpapier abschleifen. Von den Kindern in verschiedenen Farben anmalen lassen (Acryl). Entweder Klebe-Zahlen verwenden oder schwarze Farbe und die Zahlen 1-3 auf die Dosen schreiben. Die Dosen auf ein Brett kleben oder nageln und als Stiftehalter verwenden.

- **Medaillen:** Immer 2 Bierdeckel zusammenkleben. Dazwischen ein Band (Geschenkband o.ä.) legen. Die Bierdeckel mit Goldfolie oder Silberfolie bekleben oder mit Goldfarbe/Silberfarbe besprühen.

GASTGESCHENK

Stoppuhren, Schweißbänder, Schrittzähler, Urkunden, Trinkflaschen

4.23 Orient/Ägypten
(ab 4 Jahre)

IDEENSAMMLUNG

Bauchtanz, 1001 Nacht, Alibaba, Turban, Scheich, Schmuck, Kamel, Wüste, Lama, Fata Morgana, Karawane, Oase, Beduinen, Wasser, Spitzschuhe, Pyramiden, Udjat-Auge (Auge des RE), Sindbad, der Seefahrer, Reicher Kaufmann

EINLADUNG

- ☐ Malen Sie **Sanddünen** auf ein beiges Blatt und in der Ferne 3 kleine Pyramiden.

- ☐ Zeichnen Sie eine **Wunderlampe**. (wie ein kleines Ölkännchen). Text: Ich wünsche mir... dass Du zu meinem Geburtstag kommst! Ich feiere am.. eine Party aus 1001 Nacht!

- ☐ Schneiden Sie eine Klappkarte wie eine **Pyramide** zu.

DEKORATION

Haben Sie noch Urlaubsandenken aus den orientalischen Ländern? Hängen Sie bunte Tücher auf. Decken Sie den Tisch in Sandfarben. Streuen Sie etwas Sand auf den Tisch. Legen Sie große Kissen auf den Boden. Haben Sie sogar die Möglichkeit, den Kindern eine Wasserpfeife zu zeigen? Können Sie ein „Beduinenzelt" aufbauen (einen Sonnenschirm umfunktionieren) oder haben Sie einen Baldachin, den Sie über die Kinder hängen können?

VERKLEIDUNG

- Verkleiden Sie die Jungen als **Scheichs** mit weißen Gewändern (T-Shirts) und karierten Geschirrtüchern auf dem Kopf. Binden Sie letzteres mit einer Kordel um den Kopf.

- Malen Sie den Mädchen einen **Punkt** auf die Stirn und rosa Backen.

- Verschleiern Sie die Mädchen mit **Chiffontüchern**. Geben Sie ihnen Ketten aus Modeschmuck, die sie sich um den Bauch hängen können.

- Haben Sie **Turbane** vom Fasching?

ESSEN UND TRINKEN

Sandkuchen, Hirsebrei. Eine große Schüssel Pudding, aus der alle Kinde essen dürfen (Clou: Wer die Fatima-Perle (Erbse) im Pudding findet, der darf bei jedem Spiel beginnen!)

MOTTO-GESCHICHTE

Erzählen Sie den Kindern ein Märchen aus 1001 Nacht. Sicherlich haben Sie passende Märchenbücher zuhause. Wenn nicht, finden Sie orientalische Märchen auch in der Bücherei oder im Internet.

Natürlich können Sie auch selber eine Geschichte, z.B. vom reichen Kaufmann Ali Mente, erfinden. Er war einer der bedeutendsten Bürger der Stadt, lebte in einem der schönsten Häuser und man munkelte schon von einer Heirat mit der Tochter des Kalifen. Aber niemand wusste genau, wie Ali Mente zu seinem Reichtum gekommen war...

SPIELE

- **Mumienspiel:** Die Kinder gehen paarweise zusammen. Bei Ihrem Startzeichen wird ein Kind von seinem Partner mit Klopapier (reißfest) von Kopf bis Fuß eingewickelt. Nur Augen, Nase und Mund bleiben frei. Welches Paar ist als erstes fertig? Vergessen Sie nicht zu fotografieren!

358 Orient/Ägypten

☐ **Die Reise nach Jerusalem:** Stühle im Kreis
aufstellen. Einen Stuhl weniger als Anzahl der Kinder.
Legen Sie orientalische Musik auf. Immer wenn
die Musik ausgeht, müssen sich die Kinder einen
Stuhl suchen. Das Kind, das keinen bekommen hat,
scheidet aus. In der nächsten Runde wieder einen
Stuhl wegnehmen. Wer bleibt zum Schluss übrig?

☐ **Brezeln schnappen** mal anders: Unsere Brezeln
sind im Spiel Oliven, die an Olivenbäumen hängen.
An eine Wäscheleine in verschiedenen Höhen kleine
Salzbrezeln oder Schoko-Brezeln aufhängen. Alle Kinder
stellen sich darunter, die Hände auf dem Rücken
und versuchen, durch Hochspringen und Schnappen
mit dem Mund Brezeln (Oliven) einzusammeln.

☐ Wo viele Störche, da viele Frösche: **Froschhüpfen!** Alle
Kinder sind kleine grüne Frösche (binden Sie ihnen ein
grünes Tuch oder eine grüne Kreppschärpe um). Ein Kind
ist der Storch. Es muss versuchen, Frösche zu fangen.
Ist ein Frosch gefangen, wird das Kind selber zum Storch
und fängt auch, solange bis keine Frösche mehr da sind.
Um das Ganze zu erschweren, dürfen die Störche, sobald
es mehrere gibt, nur noch auf einem Bein hüpfen.

☐ **Pyramide:** 2 Meterstäbe in der Mitte knicken
und zu Pyramiden aufstellen. Die Kinder sollen
durchkrabbeln ohne dass die Pyramide umfällt.

☐ Bauen Sie mit den Kindern aus mindestens 21 gesammelten Joghurtbechern eine **Pyramide** (Grundfläche 3x4). Das ergibt dann 4 Stockwerke. Aber dann: Alle Kinder sollen nacheinander einen Becher entfernen. Bei wem stürzt die Pyramide ein?

☐ **Schleiertanz** mit Chiffontüchern

☐ Erklären Sie einen Ihrer Teppiche zum **fliegenden Teppich**. Die Kinder spielen: „Ich sitze auf meinem fliegenden Teppich und fliege nach ..." Jedes Kind überlegt sich einen Ort, das Nächste einen anderen Ort, der mit dem letzten Buchstaben des vorher genannten Ortes beginnt.

☐ Alle Kinder sind **Kamele**, die Lasttiere des Orients. Die Kinder gehen in den Vierfüßlerstand. Legen Sie jedem ein Kissen auf den Rücken und lassen Sie die Kinder als Kamele durch das Zimmer gehen. Welches verliert als erstes seine Last?

☐ **Fata Morgana:** Manchmal sieht man etwas, was gar nicht da ist: Die Kinder sitzen hintereinander und der Letzte malt seinem Vordermann ein Zeichen (bei Schulkindern auch Buchstaben) auf den Rücken. Dieser gibt es wiederum an seinen Vordermann weiter. Was kommt am Ende heraus, wenn das letzte Kind das Gespürte auf ein Papier zeichnet?

BASTELN

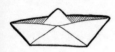

- Basteln Sie mit den Kindern aus Käseschachtel-Deckeln **orientalische Hüte**. Dazu diese anmalen lassen und mit Pailletten oder Sternchen bekleben. Kleben Sie Stoffe unter das Loch des Deckels und bei Mädchen einen Schleierstreifen aus Stoff an die Schachtel, den die Mädchen am Kinn vorbei wieder nach oben führen.

- Lassen Sie die Kinder **Mandalas** ausmalen.

- Die Kinder basteln Bauchketten, Fußkettchen etc. aus **Büroklammern**, die die Kinder einfach ineinander haken müssen.

- Rühren Sie **Sandkleister** an: Normalen Kleister mit Sand mischen, so dass eine festere Masse entsteht. Lassen Sie die Kinder diese Masse auf alte Fliesen, Holzbrettchen oder feste Pappe streichen. Sie dürfen das Bild dann mit kleinen Glitzersteinen, Sternen, Muscheln etc. verschönern. Trocknen lassen.

GASTGESCHENK

Nette Trinkbecher, Sanduhren zum Zähneputzen, Sandformen, orientalische Glücksbringer

Eigene Notizen

4.24 Piraten
(ab 5 Jahre)

IDEENSAMMLUNG

Augenklappe, Balancieren auf Planken, Piratenflagge, Fernrohr, Fischernetz, Flaschenpost, Käpt'n, Muscheln, Schatz, Schiff, Säbel, Skelett, Narbe, Piratenhut, Stiefel, zerfetzte Kleidung, Ohrringe, Kanonen, Entern, Einbein, Insel, Rum, Totenkopf, Steine golden bemalen, Tauziehen, Hakenhand, Mut, seetauglich, Schärpen, Papagei, Goldzähne, wilde Namen, Tätowierung

EINLADUNG

☐ Wenn Sie eine **Schatzsuche** planen: Zeichnen Sie eine Schatzkarte (mit Tee oder Kaffee einfärben, am Rand abfackeln) und teilen Sie diese durch die Anzahl der Kinder. Schneiden Sie dementsprechend viele „Puzzleteile". Auf die Rückseite schreiben Sie jeweils den Einladungstext und einen Hinweis, dass die Einladung zum Fest mitgebracht werden soll.

☐ Schreiben Sie die Einladung auf normalem **Papier**. Rollen Sie die Einladung klein zusammen und umwickeln sie mit Paketschnur an beiden Seiten. Stecken Sie die Einladung in eine große, gut gespülte (Sekt)-Flasche und lassen ein Ende der Paketschnur aus der Flasche hängen.

☐ Verwenden Sie eine farbige **Plastikflasche** und werfen die gerollte Einladung hinein. Das Kind muss die Flasche schütteln, um die Einladung herauszubekommen.

Sie können hier ein einfaches Fest machen oder eine Schatzsuche integrieren. Bitte sehen Sie meine Hinweise dazu unter dem entsprechenden Kapitel 3.8 nach.

364 Piraten

☐ Kleben Sie ein Stück eines schwarzen Stoffes auf eine Klappkarte. Der Einladungstext sagt den Kindern, dass es sich um ein Stück einer **Piratenflagge** handelt!

☐ **Text:** Geben Sie den eingeladenen Kindern verwegene Piratennamen (einbeinige Schorsch, Messerspitzen-Bruno, Seebär Oliver etc. oder wandeln Sie bekannte Seeräubernamen mit den Namen der Kinder ab (Sir Fabian Drake, Julian Stoertebeker...).

☐ Laden Sie zum **Piratenfest** oder zum Entern des feindlichen Schiffes ein

DEKORATION

☐ Dickes **Seil** auf den Tisch legen, Muscheln, Seesterne, Netz, gebastelte Papierschiffchen

☐ Sie können an einer Wand Ihres Raumes ein Laken als Segel, und blaue **Müllbeutel** als Meer arrangieren.

☐ Haben Sie einen **Plüschpapagei** in der Stofftiersammlung?

☐ Stellen Sie kleine **Tonkrüge**, oder noch besser, Becher aus Zinn zum Trinken zur Verfügung.

☐ Hängen Sie die obligatorische **Piratenflagge** aus schwarzem Stoff mit aufgebügeltem Fließ-Totenkopf auf.

☐ Hängen Sie **Säbel** aus Tonpapier als Girlanden auf.

VERKLEIDUNG

- Zeitungspapier-**Hüte** aus schwarzem Bastelpapier falten und mit Totenkopf und Knochen verzieren.

- Ausgefranste **T-Shirts** mit einem Totenkopf o.ä. darauf oder Ringelhemden verteilen.

- Kopftücher, **Piratentücher**, Schwarze Bandannas verteilen und im Nacken verknoten.

- Malen Sie den Kindern Bartstoppeln, wilde Augenbrauen und **Narben** ins Gesicht.

- Basteln Sie einfache **Augenklappen** aus Filz oder Pappe, die Sie mit Hutgummi den Kindern um den Kopf binden.

ESSEN UND TRINKEN

- **Piratenschiff-Kuchen:** Normalen Kastenkuchen mit Glasur backen, aber verkehrt herum aufstellen, so dass er hin- und herschwankt, aus Tonpapier mehrere dreieckige Segel ausschneiden. Auf Schaschlik-Spieße aufspießen und wie bei einem Segelschiff in den Kuchen stecken.

- **Kanonenkugeln:** Mozarella-Kugeln und Tomaten

- Alles mit den **Fingern** essen: Hühnchenschenkel, Fischstäbchen

- **Pfloppflaschen** auswaschen und mit neuem Etikett bekleben und Saft einfüllen

☐ Traubensaft mit Lychees – Augäpfel in Rum

☐ Abgehackte Finger (Würstchen mit Ketchup)

☐ Abgehackte Hand (Kirschsaft in Plastikhandschuh einfrieren)

☐ Pommes (Skelettknochen)

MOTTO-GESCHICHTE

Erzählen Sie den Kindern Wissenswertes über Piraten. Informationen dazu finden Sie in Büchern aus der Bücherei, dem Buchhandel und dem Internet.

Sie können, wie bereits erwähnt, auch eine Schatzsuche vorbereiten.

Oder einfach eine frei erfundene Geschichte von Käpt'n Jake erzählen, der alleine mit seinem Papagei noch übrig war von den alten Haudegen! Viele Abenteuer hatte er zusammen mit seiner Piraten-Crew erlebt, aber so nach und nach hatte er alle seine Freunde verloren. Die meisten waren das Leben auf See Leid, sie hatten sich von den ergaunerten Golddukaten in der Zwischenzeit kleine Häuschen gekauft, geheiratet und waren sesshaft geworden. Nur Käpt'n Jake war noch da. Und er war noch lange nicht müde, wieder in See zu stechen und nach reich beladenen Handelsschiffen Ausschau zu halten.
Nur wie sollte er die geeignete Mannschaft finden? Könnt Ihr die schwierigen Aufgaben erfüllen, um mit Käpt'n Jake auf der Santa Esmeralda das Meer zu befahren? ...

SPIELE

- **Käpt'n, wie tief ist das Wasser?** (Abwandlung, Fischer, wie tief ist das Wasser?) Die Kinder stehen auf einer Seite z.B. des Gartens, der Käpt'n auf der anderen. Die Kinder rufen: Käpt'n, wie tief ist das Wasser? Käpt'n sagt: 2 m (z.B.). Die Kinder rufen: Und wie kommen wie rüber? Antwort: Auf einem Bein hüpfend (oder krabbelnd, oder rückwärts...). Alle müssen versuchen, auf die andere Seite zu kommen, der Käpt'n muss versuchen, ein oder mehrere Kinder zu fangen...

- Alle Kinder sitzen im Kreis und erzählen, was sie für die Reise brauchen: Das erste Kind sagt: „**ich gehe an Bord** und nehme ...(einen Gegenstand) mit." Das nächste Kind muss den Begriff wiederholen und noch einen neuen dazu erfinden. So geht es bei allen Kindern weiter. Wer nicht mehr weiter weiß, scheidet aus oder muss ein Pfand abgeben.

- Wer kann **Kirschen** am weitesten spucken?

- Welches Kind kennt die beste **Seemannsgarn**-Geschichte (kurz, 5 Sätze)?

☐ Die Kinder werden auf **Seetauglichkeit**
geprüft: Sie müssen

- **balancieren** können (legen Sie ein Seil auf den
  Boden und verbinden Sie den Kindern die Augen),
- gut **klettern** können (können Sie Ihre
  Haushaltsleiter kurz entbehren, damit die Kinder
  einmal hinauf und auf der anderen Seite wieder
  hinunterklettern können? – Bitte unter Aufsicht!),
- **Kraft** haben (Lassen Sie die Kinder einen mit
  Wasser gefüllten kleinen Eimer waagrecht mit
  ausgestrecktem Arm ca. 20 Sek. halten)
- **gute Augen haben** (verteilen Sie 18 kleine
  Tonpapierpalmen im Zimmer, aber so, dass
  man sie sehen kann ohne etwas zu berühren.
  Lassen Sie die Kinder raten, wie viele
  Palmen es sind. Kommt jemand auf 18?
- **einen Piratennamen erhalten**. Denken Sie sich
  zusammen mit den Kindern Namen aus (Achtung,
  haben Sie bereits in der Einladung Namen
  vergeben?). Die Kinder bekommen eine Seetaufe
  und sind dann endlich richtige Piraten!!! Für die
  Seetaufe bietet sich im Sommer natürlich der
  Gartenschlauch an, in der Wohnung können Sie
  die Kinder mit einem Blumenbesprüher „taufen".

BASTELN

- Besorgen Sie sich **Fensterleder**, klappen Sie dieses in der Mitte ein und nähen an den Rändern locker darüber. Die Kinder dürfen die Tasche wenden, mit Farb-Motiven ihrer Wahl verschönern und ein Band als Henkel anbringen (tackern).

- Basteln Sie mit den Kindern kleine **Piratenboote** aus Walnusshälften. Geben Sie Steckmoos oder Knetmasse in die Walnusshälfte. Ein Streichholz oder einen Zahnstocher hineinstecken. Eine kleine schwarze Fahne mit weißem Totenkopf daran festkleben. Können die Boote schwimmen?

- Basteln Sie mit den Kindern **Säbel** aus Wellpappe, in der typischen gebogenen Form. Bekleben Sie den Schafft mit einer anderen Farbe.

- Alle guten Piraten brauchen ein **Fernrohr**, mit dem sie die Meere im Blick haben: Nehmen Sie das Innere einer Faxrolle oder einer Küchenpapierrolle, lassen Sie es von den Kindern schwarz anmalen und an beiden Enden mit Goldpapier umwickeln.

GASTGESCHENK

Tattoos, Seifenblasen, Aufkleber, ein schönes Halstuch als Bandanna, Sonnenmilch, Zitronen (gegen Scorput), ein schönes Handtuch

4.25 Plärrer/Volksfest/Jahrmarkt
(ab 6 Jahre)

IDEENSAMMLUNG

Zauberer, Kasperletheater, Riesenrad, Achterbahn, Zuckerwatte, Popcorn, große Luftballons, Feuerwerk, verschiedene Spielstationen: Dosenwerfen, Ringewerfen, Karussellfahrt, Autoscooter (mit Bobbycar Parcour fahren), Eisenbahn

EINLADUNG

- ☐ Malen Sie ein **Riesenrad** auf, mit kleinen lachenden Gesichtern auf dem höchsten Punkt und Händen, die herunterwinken.

- ☐ **Textvorschlag**: "Heut geht's rund!"

- ☐ Schreiben Sie die Einladung fortlaufend auf eine ausgespülte, glänzend silberne **Dose**. Erwähnen Sie im Text, dass Dosenwerfen geplant ist.

- ☐ Schreiben Sie die Einladung auf ein Papier, rollen sie dieses ein und stecken es in einen **Luftballon**. Zusätzlich können Sie noch Konfetti oder Glitter in den Luftballon geben. Blasen Sie den Luftballon auf und übergeben ihn aufgeblasen.

DEKORATION

Keine besondere Dekoration notwendig, ganz normal, bunt, schrill, peppig, evtl. bayrisch (weiß/blau), Brezenstangen.

VERKLEIDUNG

- ☐ Malen Sie den Kindern, „damit sie sich nicht auf dem Rummel verlieren", ein **Erkennungszeichen** auf die Backe, einen Stern z.B.

- ☐ Geben Sie den Kindern bei ihrer Ankunft bereits Chips oder z.B. Perlen, mit denen sie an den einzelnen Stationen „bezahlen" können.

- ☐ Originell ist natürlich Tracht. Hat jedes Kind eine Lederhose oder ein Dirndl?

ESSEN UND TRINKEN

- ☐ Alles, was auf dem Volksfest zu haben ist: Mit Schokolade überzogene Obstspieße, Eis, Waffeln, Würstchen, Zuckerwatte, Popcorn, Fisch, Gockel, Riesenbrezen

- ☐ Getrunken wird aus großen Maßkrügen

- ☐ Popcorn auf dem Tisch verteilen.

MOTTO-GESCHICHTE

Fragen Sie die Kinder, ob sie schon einmal auf einem Jahrmarkt waren. Was sind sie schon alles gefahren? Was hat ihnen am besten gefallen? Welches Gefühl hatten sie dabei?

SPIELE

- **Karussell fahren**: 2 Kinder überkreuzen die Arme und drehen sich. Wenn Sie das Ganze draußen im weichen Gras spielen, können sich die Kinder auch loslassen und purzeln wahrscheinlich durch die Gegend.

- Es gibt **Hütchenspieler**, die einen Gegenstand unter einem von drei Bechern verstecken, den der Betrachter dann finden muss. Wir spielen jetzt so etwas Ähnliches. Eine Art Süßigkeiten-Memory. Verteilen Sie unter ca. 30-40 Pappbechern 15 bzw. 20 x 2 Süßigkeiten. Wie beim normalen Memory dürfen die Kinder nach den Pärchen suchen und 2 Becher hochheben. Wenn ein Kind ein Pärchen findet, darf es die Gummibärchen oder Kaugummis etc. darunter behalten.

- Markieren Sie mit Klebeband eine kleine Arena am Boden. Die Kinder nehmen sich ein Kissen (**Pferdchen**) zwischen die Beine und reiten zur Musik im Kreis. Aber wehe, das Pferdchen macht schlapp (das Kissen fällt auf den Boden). Dann scheidet das Kind aus.

□ Oft wird auf dem Volksfest ein **Kasperletheater** angeboten: Wenn die Kinder dafür noch nicht zu alt sind (bis ca. 9 Jahre), können Sie sich eine nette Geschichte überlegen und eventuell vorher auf Kassette auf sprechen. Orientieren Sie sich dabei an den vorhandenen Puppen.

□ **Geisterbahn:** Verbinden Sie allen Kindern die Augen. Die Kinder sollen sich am Vordermann einhalten. Führen Sie das erste Kind über einen Parcour (über den Tisch, unter dem Stuhl, über die Couch etc.). Die Kinder müssen sich konzentrieren und am Vordermann orientieren. Fahren Sie den Kindern mit dem Staubwedel oder feuchten Tüchern über die Gesichter.

□ **Auto-Skooter:** Organisieren Sie sich im Freundes- und Bekanntenkreis einige Bobbycars und lassen Sie die Fahrzeuge gegeneinander antreten. Fast alles ist erlaubt: Rempeln, Anschupfen etc. Stoppen Sie nach einigen Minuten das Geschehen.

BASTELN

☐ Bemalen oder bedrucken Sie mit den Kindern kleine Leinen-**Einkaufstaschen**.

☐ Lassen Sie die Kinder ein großes **Gemeinschaftsbild** malen vom Rummel. Das eine Kind malt das Bierzelt, das andere das Riesenrad etc.

☐ Die Kinder basteln sich einen **Steckerlfisch**: Besorgen Sie größere runde Styroporkugeln. Bohren Sie einen dünnen Stab in die Kugel. Dann sollen die Kinder einen Tonpapier-Fischkörper mit buntem Seidenpapier bekleben. Besorgen Sie sich dazu Styroporplatten, in die man die Stäbe stecken kann, so haben die Kinder beide Hände zum Basteln frei. Dann sollen die Kinder lustige Augen, einen lustigen Mund, Flossen und Schwanz aus Knetmasse (eingefärbt) formen und hinkleben.

GASTGESCHENK

Eine Freifahrt auf dem nächsten Jahrmarkt, gebrannte Mandeln, Plastikblumen, 1 €-Artikel, die es auch beim Schießen zu gewinnen gibt, Taschenlampen, Bleistifte, kleine Schlüsselanhänger.

4.26 Pony/Pferd
(ab 4 Jahre)

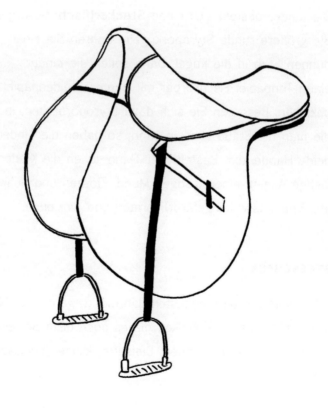

IDEENSAMMLUNG

Steckenpferd, Parcours, Reitabzeichen, Blässe, Pferdearten, Reiten, Voltigieren, Halftern, Sattel, Trense, Hufeisen werfen, Steigbügel, Kommandos, jedes Kind sucht sich Pferdenamen aus.

EINLADUNG

- ☐ In keinem Mädchenzimmer fehlen **Bilder** oder Kalender von Pferden. Rangieren Sie einige davon aus, indem Sie sie auf Klappkarten kleben.

- ☐ Schneiden Sie ein **Hufeisen** aus Pappe aus, malen es grau an (Nägel nicht vergessen) und schreiben den Einladungstext auf die Rückseite.

- ☐ Malen Sie ein rundes lachendes Gesicht auf Papier und setzen dem Gesicht eine **Reiterkappe** auf. Anschließend bekommt es noch eine Sprechblase, in dem der Einladungstext steht.

- ☐ **Text:** Geburtstag auf dem „Reiterhof"

DEKORATION

- Etwas **Heu** oder Stroh aus dem Zoogeschäft auf dem Tisch und an Stellen, wo es sich leicht wieder zusammen kehren lässt, verteilen.

- **Hufeisen** aus Pappe ausschneiden, grau anmalen und auf die Plätze legen. (Oder gibt es in der Nähe einen Reiterhof, wo man echte Hufeisen kostenlos bekommt?)

- **Plüschpferde**, Playmobilpferde, Holzpferde aufstellen

- **Pferdeposter** an den Wänden aufhängen

- **Pferdesachen** (Gerte, Trense, Reiterstiefel...) aufstellen, wenn diese vorhanden sind.

VERKLEIDUNG

Keine Besondere. Wenn es schon größere Kinder sind, können Sie ihnen Reithelme aufsetzen: Besorgen Sie sich dafür entweder Fahrradhelme oder schwarzen, rundgeschnittenen Stoff, tackern oder nähen Sie 2 schwarze Bänder an und binden diese „Helme" den Kindern um den Kopf.

ESSEN UND TRINKEN

Laden Sie zum Reiterschmaus! Sie können hier alles servieren, was sich Ihr Kind als Geburtstagsessen vorstellt. Von belegten Broten, die die "Reiter" unterwegs zu sich nehmen bis zur Suppe, die nach dem "Ausritt" verzehrt wird.

MOTTO-GESCHICHTE

☐ Lesen Sie den Kindern eine Pferdegeschichte vor oder erzählen Sie ihnen Wissenswertes über die Pferde: Welche Rassen es gibt, welche Sportarten mit Pferden, welche Gangarten etc.

☐ Fragen Sie die Kinder, ob sie auch gerne ein Pferd oder Pony hätten. Wie sollte es aussehen und welchen Namen würde es bekommen?

SPIELE

☐ Die Kinder stehen im Kreis. Jedes Kind fasst seinen Vordermann an der Schulter und dann wird auf Kommando im Kreis gelaufen. Das **Kommando** geben Sie: Bei Hüh geht es vorwärts, bei Hott zurück. Wie lange dauert es bis die Gesellschaft am Boden liegt?

☐ **Steckenpferdlauf:** Auf einer festgelegten Bahn laufen die Kinder zu zweit oder zu mehrt gegeneinander mit ihrem Steckenpferd ein Rennen. Welches Pferd gewinnt?

☐ **Springreiten:** Die Kinder sind Pferdchen und müssen nun über Hindernisse springen: Stellen Sie Bierkisten und Pylonen auf. Spannen Sie rotes Absperrband zwischen 2 Stühle, legen Sie eine blaue Mülltüte auf den Boden als Wassergraben etc.

☐ **Dressurreiten:** Schicken Sie alle Kinder aus dem Zimmer. Holen Sie eines nach dem anderen für das Spiel wieder herein. Stellen Sie 6 Flaschen hintereinander auf und zeigen Sie dies dem Kind: Es muss nun mit verbundenen Augen die Flaschen grazil, mit großen Schritten übersteigen. Verbinden Sie dem Kind die Augen und entfernen heimlich die Flaschen. Dann führen Sie das Kind unter Kommentaren wie: „Noch etwas höher – Achtung, Dein Huf stößt gleich an die Flasche - weiter nach rechts" etc... über die imaginären Flaschen. Im Ziel nehmen Sie dem Kind die Binde ab und erklären ihm, dass Sie alle Flaschen schon vorher weggenommen haben. Dieses Spiel wird richtig lustig, je mehr Kinder die Aufgabe schon gelöst haben und den anderen Kindern zusehen dürfen.

☐ **Pferde** müssen auch versorgt und gepflegt, gestriegelt werden: Die Kinder gehen paarweise zusammen. Ein Kind liegt auf dem Boden, das andere bekommt eine Baby-Bürste (aus der Drogerie, mit ganz weichen Borsten) und darf damit das liegende Kind streicheln, massieren, beklopfen etc. Nach einiger Zeit ist Wechsel.

☐ Die jungen **Hengste** spielen auf der Koppel miteinander. Ein jeder will der Stärkste sein. Binden Sie Luftballons an ein Bein jedes Kindes. Sie dürfen nun versuchen, sich gegenseitig den Luftballon zu zertreten. Wer keinen Luftballon mehr hat, scheidet aus.

Pony/Pferd

Nicht vergessen: Hufeisen immer mir der Öffnung nach oben aufbewahren, damit das Glück nicht herausfallen kann!

BASTELN

☐ **Hufeisen** aus Pappe ausschneiden lassen und als Glücksbringer verzieren, mit Glitzerperlen, -Sternchen, -Hologrammfolie etc. An den Enden kleine Löcher bohren, damit man das Hufeisen auch aufhängen kann.

☐ **Steckenpferde** basteln: Für jedes Pferd 2 große Köpfe aus Karton ausschneiden. Diese beiden möglichst gleich (selbe Augenform etc.) anmalen lassen. Besorgen Sie sich ca. 1 m lange festere Rundhölzer. Kleben Sie die beiden Pferdeköpfe nun über dem Holz mit viel Wolle als Mähne dazwischen aufeinander. Zur Sicherheit noch mit Reißwecken festdrücken.

☐ Lassen Sie die Kinder kleine **Pferdeköpfe** (Frontansicht) ausschneiden und bemalen. Die Kinder können diese nun auf normale Holzwaschklammern kleben. Und fertig ist ein individueller Notizzettelhalter.

☐ Jedes Kind darf auf ein großes Blatt ein **Pferd malen**. Legen Sie Filzplatten, Klebesterne, Glitzer etc. zurecht. Nun dürfen sich die Kinder nehmen was sie wollen und ihr Pferd mit buntem Filz-Halfter, Glitzersattel etc. verschönern. Die Collagen dürfen die Kinder selbstverständlich mit nach Hause nehmen.

GASTGESCHENK

☐ Pferdeaufkleber, Radiergummi, kleine Blöcke, Pferdepuzzle, Pferdeheft

☐ Selbst gemachte Medaillen (Bierdeckel mit Kreppkrause außen und nach unten hängenden Kreppstreifen, mit Gold- oder Silberfolie bezogen.)

Prinzessin/Prinz
(ab 3 Jahre)

IDEENSAMMLUNG

Krone, Kleid, Dornröschen, rosa, Ringe, Schmuck, Prinz heiraten, spitzer Hut, Glitzer, Tüll, Märchen, schöne Prinzessin

EINLADUNG

- ☐ Gestalten Sie die Einladung wie einen wertvollen **Brief**, malen Sie an die Seite des Briefes eine kleine Ranke mit Blättern und vereinzelten Rosen. Stecken Sie den Brief in ein rosa Kuvert und versiegeln Sie ihn mit einem Siegel aus Wachs. Dann noch Sternchen-Aufkleber und Glitzer auf das Kuvert geben.

- ☐ Schneiden Sie aus goldenem Tonpapier eine **Kronenform** aus. Schreiben Sie die Einladung auf die Rückseite.

- ☐ Schneiden Sie aus grauem Tonpapier eine **Burg** in Frontalansicht aus. Malen Sie Zinnen, Fenster und ein Burgtor ein. Schneiden Sie das Burgtor soweit aus, dass es nur noch an einer Seite am Papier hängt. Kleben Sie von hinten weißes Papier auf die Burg. Bei geöffnetem Burgtor schreiben Sie nun den Einladungstext auf dieses weiße Papier. Überreichen Sie die Einladung mit geschlossenem Tor!

- ☐ **Text:** Am... findet im Schloss ein richtiger Prinzessinnen-Ball statt. Kommst Du auch?...

DEKORATION

- Legen Sie die goldene Seite einer **Rettungsdecke** auf den Tisch.

- Verzieren Sie den **Sitzplatz** des Geburtstagskindes als Geburtstagsthron. Legen Sie dazu Stoffe lose über den Stuhl.

- Haben Sie einen **Baldachin**, den Sie im Zimmer aufhängen können oder sogar ein Prinzessinnen-Zelt?

- Arrangieren Sie **Schmucksteine**, Blütenblätter und alles, was Sie in Ihrer Deko-Kiste entdecken können, auf dem Tisch.

VERKLEIDUNG

- Was natürlich nicht fehlen darf, ist die **Krone**: Basteln Sie im Vorfeld kleine Krönchen aus goldenem Tonpapier, mit verschiedenen Zacken und Schmuckstücken versehen. Oder Sie basteln zusammen mit den Kindern deren Kronen.

- Optimal wäre es, wenn die Kinder schon verkleidet kommen könnten. Wenn aber kein **Prinzessinnenkleid** vorhanden ist, können Sie mit Umhängen aus alten Vorhängen aushelfen. Wenn Sie Tüll- oder Chiffontücher haben, können Sie diese den Kindern ebenfalls als Verkleidung anbieten.

- Kochlöffel als **Zepter**, beklebt mit farbigen Wattebäuschen.

ESSEN UND TRINKEN

- Normalen Pudding vorkochen. Beim Abfüllen eine getrocknete Erbse oder eine Rosine verstecken. Wer sie findet ist der Prinz Pudding oder **Prinzessin Pudding** und darf bei den Spielen bestimmen, wer beginnt.

- Einen Biskuitteig in quadratischer Form herstellen. Nach Belieben füllen. Mit (sehr) viel Glasur oder einer Marzipanplatte überdecken. Dann für die Türme umgedrehte Waffelhörnchen draufstecken und nach Wunsch mit viel Zuckerglasur, bunten Smarties, Zuckerstreusel etc. verzieren. Ein richtiges **Prinzessinnenschloss**!

- **Kaiserschmarren**

MOTTO-GESCHICHTE

Sicher haben Sie einige Prinzessinnenbücher im Kinderzimmer. Entweder Sie lesen daraus eine Geschichte vor oder Sie erfinden selber eine.

Erzählen Sie z.B., dass ein König 3 Töchter, Prinzessin Vita, Prinzessin Amora und Prinzessin Aurora, hatte. Eine war schöner und klüger als die Andere und die Prinzen aus allen Herren Ländern standen Schlange, um die Prinzessinnen ausführen zu dürfen. Aber die Prinzessinnen dachten gar nicht daran, ihre Zeit mit Prinzen zu verbringen. Sie liebten ihre Spiele im Garten und ihre Ausritte in die Ländereien ihres Vaters.

Dieser machte sich aber bald schon ernsthafte Gedanken und befahl seinem Hofmarschall, einen passenden Gemahl für Prinzessin Amora, die älteste der 3 Schwestern, zu finden ...

SPIELE

- **Stopptanz** als Hoftanz umbenennen. Haben die Kinder irgendwelche Tücher, mit denen sie tanzen können (Organzatücher)? Wenn die Musik ausgeht, müssen die Kinder in ihrer Position verharren. Fotos machen!

- Wenn der König durch das Schloss geht, müssen die Prinzessinnen... Ein Kind fängt an: „...ihre Nasen bedecken". Die Kinder müssen alle **pantomimisch** das Gesagte machen. Das nächste Kind kommt dran. (Beispiele: ...den rechten Schuh ausziehen, die Haare bürsten, einen Verbeugung machen, einen Knicks machen, den Kopf schütteln etc.) Wer zu spät dran ist, muss ein Pfand abgeben.

- Alle Kinder geben sich einen **Prinzessinnennamen**. Dann dürfen die Kinder mit einem leichten Ball spielen: Die Kinder müssen den Prinzessinnennamen sagen, wenn sie den Ball werfen. Wenn der Name nicht mehr einfällt oder die fangende Prinzessin zu spät reagiert, scheidet das Kind aus.

- Mäuschen, piep einmal: **„Prinzessin, wo bist du"**: Alle Kinder verteilen sich im Raum. Ein Kind bekommt die Augen verbunden und muss nun eine Prinzessin fangen. Auf Ihr Kommando müssen die Prinzessinnen stehen bleiben und alle Prinzessinnen rufen „Hier". Findet das Sucherkind eine Prinzessin?

- Die Krone ist bei Nacht verloren gegangen. Lassen Sie die Kinder die Krone suchen (**Topfschlagen** mit Zepter).

BASTELN

- Eine Prinzessin braucht natürlich ein Collier, eine **Kette**. Wie wäre es mit einer selber gemachten Kette aus zerschnittenen bunten Strohhalmen? Diese lassen sich leicht mit einer Stopfnadel oder auf ein Stück Wolle, dessen Ende mit Tesastreifen umwickelt ist, auffädeln. Besonders schön wird die Kette, wenn kleine viereckige Goldpapierstücke dazwischen mit aufgefädelt werden. Oder lassen Sie die Kinder bunte Büroklammern ineinander hängen. Das ergibt mit der Zeit ebenfalls eine lustige Kette.

- Schöne **Armreife** können Sie herstellen, indem Sie Goldpapier in 2 lange Streifen schneiden und in „Hexentreppen-Art" falten, d.h. sie werden am Anfang im rechten Winkel aufeinander geklebt. Nacheinander falten Sie immer einen Streifen über den anderen. Die Enden können Sie zusammenkleben. Durch diese Ziehharmonika-Technik lässt sich der Armreif dehnen und über den Arm ziehen.

- Basteln Sie **Fächer** für die Prinzessinnen. Dazu ein schönes Papier ebenfalls wie eine Ziehharmonika falten und an einem Ende mit einer schönen Spange aus Leder, besetzt mit Glitzersteinen zusammenhalten. Die andere Seite des Papieres auffächern.

- Basteln Sie mit den Kindern verschiedene **Kronen** aus goldenem Papier, einmal mit spitzen Zacken, einmal mit Edelsteinen als Abschluss etc. Lassen Sie die Kinder Schmucksteine aufkleben.

- Verwenden Sie kleine Marmeladengläser und zaubern Sie eine **Glitzerkugel:** Füllen Sie Pailletten, Glitzer, Perlen, etc. in das Glas. Dann mit destilliertem Wasser aufgießen und schütteln.

☐ Basteln Sie mit den Kindern aus rosa Spüllappen kleine **Täschchen** oder Beutel (Lappen zum Kreis schneiden, am Rand Löcher eindrücken und mit einem Lederband zusammenziehen).

☐ Jede Prinzessin braucht ein **Zepter:** Einen Kochlöffel in Metallfarben anmalen. Weißes Geschenkband an den Löffel kleben und den Kochlöffel noch mit Wattebäuschen, Glitzerpunkten oder Ähnlichem versehen.

GASTGESCHENK

Jede Art von Glitzer-Schmuck, Glitzer-Stift, Glitzer-Blöcke, Kämme etc.

4.28 **Räuber**
(ab 5 Jahre)

IDEENSAMMLUNG

Räuberhöhle, Schutz, Gendarm fängt und steckt Räuber in Gefängnis, Hotzenplotz, Alibaba, großer roter Bart, große Hüte, Robin Hood, Spitzhut, bayr. Hiasl, Ronja Räubertochter

EINLADUNG

- ☐ Schreiben Sie die Einladung auf **Butterbrot- oder Backpapier** und verpacken Sie die Nachricht mit Paketschnur

- ☐ Nehmen Sie ein Stück **Jute** (Kartoffelsack) und stecken Sie einfach einen zackig geschnittenen Zettel mit dem Einladungstext darauf fest.

- ☐ Nehmen Sie den **Fingerabdruck** Ihres Kindes als Unterschrift.

- ☐ Schreiben Sie den Text mit Füller und machen Sie absichtlich **Kleckse** auf das Papier.

- ☐ Geben Sie ein **Kennwort** an, das die Kinder nennen müssen um hereingelassen zu werden.

DEKORATION

Hängen Sie **Zweige** aus dem Wald auf und kleine, aus Tonpapier ausgeschnittene Säbel. Legen Sie Goldmünzen (Schokolade) auf dem Tisch aus.

VERKLEIDUNG

Verdrecken Sie die Gesichter der Kinder dunkel mit **Ruß**. Geben Sie den Kindern **Augenklappen** aus Filzkreisen und Hutgummi. Holen Sie sich im Stoffhandel einige Meter Filz (1m ca. 3 Euro) und machen Sie den Kindern einfache **Filzüberwürfe** (für den Kopf ein Loch ausschneiden und über der normalen Kleidung tragen, mit einer Kordel zubinden) und **Hüte aus Zeitungspapier** mit eingesteckten langen Federn.

ESSEN UND TRINKEN

Räuberbrote: Belegt mit Wurst und sauren Gurken, **Räubergulasch**, **Räuberwurst** am Lagerfeuer, Räuberbier (Spülen Sie Pflopp-Bierflaschen aus und füllen etwas Anderes hinein oder servieren Sie Karamalz)

MOTTO-GESCHICHTE

Ganz, ganz weit hinten, ganz tief im Wald lebte er: Der gefürchtete Räuber Roland! Die Menschen im Dorf hatten ihn schon Jahre nicht mehr gesehen, aber immer, wenn wieder ein Schaf oder eine Henne plötzlich verschwunden war, wurde natürlich sofort Roland verdächtigt. Noch immer erzählte man sich die wildesten Geschichten über Roland, aber keiner wusste, ob diese wirklich wahr waren.

Eines Tages nach der Schule hatten Marlis und Lore mal wieder keine Lust sofort nach Hause zu gehen. Sie wollten lieber noch für die Mutter Blumen pflücken, auf der Wiese am Wald, dort wo die schönsten Astern blühten. Als sie sich so nach den schönsten Blumen bückten, fanden Sie plötzlich noch etwas Anderes: ...

SPIELE

- ☐ Legen Sie ca. 15 Sachen des täglichen Bedarfs auf ein Tablett. Die Kinder müssen sich diese Sachen einprägen. Denn plötzlich geht der **Räuberklau** um und ein Gegenstand verschwindet. (Decken Sie alles mit einem Tuch ab und nehmen Sie heimlich einen Gegenstand weg.) Das Kind, das ihn errät, bekommt eine Feder für seinen Räuberhut. Spielen Sie das Spiel ein paar Runden.

☐ Auf einer Seite im Raum steht ein Polizist, auf der anderen Seite die Räuber. Der Polizist steht mit dem **Rücken** zur Gruppe und ruft: Ich such die Räuber! Und dreht sich beim letzten Wort schnell um. Die Räuber versuchen, während der Polizist ihnen den Rücken zeigt, schnell auf seine Seite zu kommen, bleiben sofort stehen, wenn sich der Polizist umdreht. Wird ein Räuber in Bewegung gesehen, muss er wieder an den Ausgangspunkt. Wer als erstes beim Polizist ist, darf in der nächsten Runde der Polizist sein.

☐ Fast alle Räuber haben einen **Bart**. Werden sie gefangen, muss dieser als erstes einmal runter. Um das zu können, üben die Polizisten an Luftballons, die mit steifgeschlagener Sahne eingestrichen werden. Welches Kind schafft es, die Sahne mit einem (Kinder-) Messer wegzuschaben ohne dass der Ballon platzt?

☐ Die Räuberbande sitzt **60 Tage im Gefängnis**. Aber gegen hohe Auflagen könnte sie wieder entlassen werden. Die Mitglieder würfeln reihum. Alle Augen des jeweiligen Räubers werden zusammengezählt. Wer schafft es, die 60 Tage als erstes abzusitzen? Leider müssen die Räuber genau 60 würfeln, ansonsten gibt es Straf-Tage in Höhe der geschummelten Tage.

☐ **3-Bein-Lauf:** Obwohl 2 Räuber aneinander gefesselt sind, entkommen sie aus dem Gefängnis. Ist es den anderen Kindern, den Polizisten möglich, die beiden zu fangen, auch wenn sie die Augen verbunden haben?

☐ Die Räuber tanzen jeden Abend ihre **Räuberpolka**: Dazu stehen alle Kinder im Kreis und der Räuberhauptmann gibt die Bewegungen zur Musik vor. Alle anderen Kinder machen die Bewegungen nach. Können sie das?

☐ **Schlüsselräuber**: Der Weg führt einen reichen Kaufmann direkt durch den Wald unserer Räuber. Die müssen sich nun an den Kaufmann anschleichen um an seine Ware heranzukommen: Ein Kind sitzt mit verbundenen Augen auf einem Stuhl. Die Räuber versuchen, einen großen Schlüsselbund unter dem Stuhl herauszuholen, ohne dass der Schlüssel klappert. Gelingt das? Wenn der Kaufmann einen Räuber ertappt, ist Wechsel.

☐ Alle Räuber tanzen. Ein **Räuberhut** wird von Kind zu Kind gereicht. Jedes Kind muss den Hut aufsetzen! Plötzlich geht die Musik aus. Der Räuber, der nun den Hut aufhat, scheidet aus.

BASTELN

- **Räuberhut:** Ein normales Zeitungspapier (groß!) in der Mitte falten. Dann die oberen Ecken in die Mitte einklappen. Den entstandenen Streifen vorn und hinten nach oben klappen und die Ecken umknicken und ankleben. Den Hut ausbreiten und das hintere Eck an die Seite kleben. Spitze oder sonstige Applikation aufkleben. Eine große Feder in den Aufschlag stecken.

- Die Räuber leben in ihrer **Räuberhöhle**. Geben Sie den Kindern Decken, Kissen, Tücher, Wäscheklammern, Plastikzangen und Stäbe. Können sie eine Höhle bauen, in der alle Kinder Platz haben?

- Auch Räuber haben **Schmuck**. Allerdings keinen glitzernden, sondern eher robusteren: Bohren Sie Löcher in kleine Rindenstücke. Stecken Sie Blätter auf. Schneiden Sie Korken schon im Voraus in Scheiben. Mindestens 5 pro Kette. Die Kinder können nun mit einem Kastanienbohrer kleine Löcher in die Mitte machen und Lederbänder oder Wollfäden durchziehen.

GASTGESCHENK

Eine Kassette vom Räuber Hotzenplotz oder Mini-Bücher mit Räubergeschichten, kleine Halstücher

Eigene Notizen

400

4.29 Ritter
(ab 5 Jahre)

IDEENSAMMLUNG

Drachen, Pferde, Ritterprüfung, Ritterkämpfe, Schwerter, Rüstung, Helme, Kettenhemd, Schild, Rittermahl, Mittelalter, Burgfräulein, Spitzhüte, Morgenstern, Schmied, Königin, Laute, Falkner, Mönch, Knappe, Ritterschlagen, Siegelrolle, Federschreiber, Spinnrad, Kreiselspiele, Narr, Klingel, Beutelchen, Ringestechen, Dosenwerfen

EINLADUNG

- ☐ Schneiden Sie aus grauem Tonpapier eine **Burg** in Frontalansicht aus. Malen Sie Zinnen, Fenster und ein Burgtor ein. Schneiden Sie das Burgtor soweit aus, dass es nur noch an einer Seite am Papier hängt. Kleben Sie von hinten weißes Papier auf die Burg. Bei geöffnetem Burgtor schreiben Sie nun den Einladungstext auf dieses weiße Papier. Überreichen Sie die Einladung mit geschlossenem Tor!

- ☐ Lassen Sie Ihr Kind einen einfachen Tisch malen mit vielen grauen, um den Tisch sitzenden Figuren. Laden Sie ein zur **Tafelrunde**!

- ☐ Schreiben Sie den Einladungstext auf die Pappe einer Klopapierrolle. Immer fortlaufend. Schneiden Sie oben die Rolle wie die **Zinnen** eines Turmes ein.

☐ Basteln Sie einen **Ritterhelm:** Nehmen Sie ein graues Blatt Din A5 (auf Karton aufgeklebt) und kleben auf die untere Hälfte eine Klappkarte, mit der Öffnung nach unten. Alles in Grau. Schneiden Sie das Blatt oben in Ritterhelmform. Vergessen Sie nicht einen horizontalen dunklen Streifen (Guckloch). Auf die Klappkarte malen Sie dunkelgraue senkrechte Streifen. Wenn man die Karte aufklappt, sieht dies nun so aus, als würde man ein Visier hochschieben. Auf die Klappkarte wird der Text geschrieben.

☐ **Text:** Laden Sie zur großen Ritterprüfung...

DEKORATION

☐ Haben Sie **Humpen** oder henkellose Tassen, aus denen die Kinder trinken können? Ebenso Karaffen?

☐ Auf altes **Leintuch** eine Burg aufmalen und als Hintergrund aufhängen.

☐ Hängen Sie verschiedene kleine **Wimpel** und Wappen auf. Lassen Sie Ihrer Fantasie freien Lauf: Die Wappen können ein- oder mehrfarbig, mit oder ohne Emblem sein und rund, oval oder Schildförmig ausgeschnitten werden. Wenn Sie wollen, können Sie jedem Kind ein Wappen zuweisen.

☐ Wenn Sie eine Ritterprüfung oder ein Ritterturnier beabsichtigen, stellen Sie die verschiedenen **Spielstationen** auf.

☐ Setzen Sie **Playmobil-** oder **Legoritter** auf den Tisch.

VERKLEIDUNG

- Ein richtiger Ritter hat natürlich ein **Rittergewand**: Nehmen Sie einen Streifen weißes Tuch, falten es in der Mitte und schneiden eine Aussparung für den Kopf hinein. Auf die Frontseite des Umhangs zeichnen Sie noch die Umrisse eines Wappens.

- **Kettenhemd**: Wenn Sie an Fischereinetze kommen, können Sie diese wie oben beschrieben umfunktionieren.

- **Schild**: Basteln Sie aus festem Karton die typische Schildform. Die Kinder können das Schild bemalen. Ziehen Sie 2 Stricke als Armschlaufen von hinten nach vorn durch 4 gebohrte Löcher.

- **Schwert**: Ebenfalls aus Karton vorbereiten und mit den Kindern zusammen zu Ende basteln.

- **Helm**: Rollen Sie ein großes graues Tonpapier und kleben die Enden aufeinander. Schneiden Sie ein Guckloch ein und Spitzen am oberen Rand. Kleben Sie noch, wenn Sie haben, große buschige Federn auf. Der Helm wird den Kindern auf die Schulter gesetzt.

- Die **Burgfräulein** bekommen einen spitzen Hut aus festem Karton (Kreissegment), aus dessen Spitze Tüll hängt. Mit einem Hutgummi und Spitzenbordüren versehen.

ESSEN UND TRINKEN

- Für das Festmahl oder **Rittermahl:** Hähnchenkeulen

- **Arme Ritter:** Tüte Zwieback, ¼ l Milch, 2 Eier, 1 El Zimt-Zucker, alles verrühren. Zwieback darin wenden. In einer Pfanne anbraten. Apfelmus dazu servieren.

- **Honigwein:** aus Apfeltee, Honig und Wasser nach Geschmack eine süße Mischung herstellen.

- Stecken Sie Fahnen aus Tonpapier auf den **Geburtstagskuchen**.

MOTTO-GESCHICHTE

Sicherlich haben Sie so einige Ritterbücher zu Hause. Sie können den Kindern daraus Geschichten vorlesen oder Wissenswertes über Ritter aus Fachbüchern vermitteln. Natürlich können Sie auch eine Geschichte selber erfinden oder die Kinder zu einer Traumreise ins Mittelalter einladen, bei der sie mit allen Sinnen am Geschehen teilnehmen, weil Sie die Gerüche und Geräusche so gut beschreiben...

Oder Sie erzählen vom großen Ritterfest, das jährlich auf der großen Wiese gleich hinter der Stadtmauer stattfindet. Schon Wochen vor dem Fest werden Tribünen aufgebaut. Mit richtigen Logenplätzen, denn schließlich wird jedes Jahr auch der König mit seinem Gefolge erwartet. Ihm gebührt die Aufgabe, die Anwärter nach der großen Ritterprüfung zum Ritter zu schlagen...

Heuer wollen gleich ... (Anzahl der Kinder) edle Herren in den Ritterstand erhoben werden. Ob es ihnen allen gelingen wird, die schwierigen Aufgaben zu lösen?

SPIELE

- **„Wer hat Angst vorm schwarzen Ritter?"**... ruft ein Kind, das auf der einen Seite des Raumes steht. Die anderen Kinder stehen auf der gegenüberliegenden Seite und rufen: „Keiner!" „Wenn er aber kommt?!" „Dann laufen wir davon!" Der Fänger muss nun versuchen, ein Kind zu fangen, das ihm dann in der nächsten Runde als Fänger hilft.

- **Ringestechen 1**: Die Ritter sitzen auf dem Pferd, reiten im Galopp und müssen mit ihrer Lanze einen kleinen Kranz von einem Haken aufspießen: Befestigen Sie einen Reißnagel umgedreht am Fahrradhelm des Geburtstagskindes. Blasen Sie zusammen mit den Kindern für jedes Kind ca. 5 Luftballons auf und befestigen Sie diese, auch mit Hilfe von Reißnägeln, am Zipfel nebeneinander an einem langen Brett. Halten Sie dieses mit einem Helfer über das jeweilige Kind. Jedes Kind versucht nun, mit dem Helm in einer gewissen Zeit die Luftballons zum Platzen zu bringen. Schafft es jeder zukünftige Ritter? Ganz toll ist es, wenn die Kinder dabei auf aufblasbaren Hüpftieren oder Gymnastikbällen reiten können.

- **Ringestechen 2:** Die Kinder sitzen im Kreis. Ein jedes hat eine Salzstange im Mund. Die Kinder müssen versuchen, eine kleine Salzbrezel auf den Salzstangen zu übergeben. Schaffen sie eine Runde?

- In der Drachenhöhle lebt ein großer, wilder **Drache**. Diesen müssen die zukünftigen Ritter besiegen! Stellen Sie einen (grünen) Eimer auf und lassen die Kinder je 3 Bälle hineinwerfen. Schaffen das die Kinder?

- Haben Sie noch Hüpfpferde oder Stühle, auf denen die Kinderfüße den Boden erreichen? Für das **Pferderennen** setzen sich die Kinder verkehrt herum auf einen Stuhl und müssen versuchen, mit diesem hüpfend ein Ziel zu erreichen (Achtung, bitte nicht auf Holzfußböden – Kratzgefahr!). Unterwegs müssen sie z.B. Tücher vom Boden aufheben oder von der Decke hängende Sachen berühren, aber alles ohne den Stuhl zu verlassen!

- Die Kinder müssen auf am Boden liegenden Seilen **balancieren** (vorwärts und rückwärts) und sich auf einem Bein hüpfend 3 x um die eigene Achse drehen können.

BASTELN

- **Steckenpferde** basteln: Für jedes Pferd 2 große Köpfe aus Karton ausschneiden. Diese beiden möglichst gleich (selbe Augenform etc.) anmalen lassen. Besorgen Sie sich ca. 1 m lange festere Rundhölzer.

Kleben Sie die beiden Pferdeköpfe nun über dem Holz mit viel Wolle als Mähne dazwischen aufeinander. Zur Sicherheit noch mit Reißzwecken festdrücken.

☐ Alles, was zur **Verkleidung** (s.o.) gehört, können die Kinder selber basteln oder verschönern.

☐ Basteln Sie mit den Kindern kleine Lanzen. Sammeln Sie im Vorfeld schöne ca. 30 cm lange **Äste** im Wald. Zuerst muss die Rinde entfernt werden, dann dürfen die Kinder die Äste mit bunten Streifen anmalen. Stecken Sie eine Pappmanschette aus dem Blumenladen darüber und fertig ist die Lanze! Aber Vorsicht: Nicht auf andere Kinder zielen!!!

☐ Basteln Sie mit den Kindern **Lederbeutel** aus Fensterleder. Dieses rund schneiden und an den Rändern mit Löchern versehen. Kleine Lederriemen durchziehen und zum Beutel zuziehen.

GASTGESCHENK

Natürlich die Ritterurkunde! Machen Sie aus dem Überreichen ein feierliches Zinnober, indem Sie das Kind niederknien lassen und es mit einem Schwert, Staubwedel oder Regenschirm zum Ritter schlagen.

4.30 Römer
(ab 5 Jahre)

IDEENSAMMLUNG

Cäsar, Speere, Lanzen, Tunika, Rüstung, Streitwagen, Gladiatoren, Löwenjagd, Helme, Tribun, Vasen, Schatz, Ausgrabungen, Statuen, Asterix und Obelix, Thermen, männliche Namen enden auf -us, weibliche auf -a, die Zahlen werden in römischen Ziffern (I,II,V,X...) geschrieben

EINLADUNG

- Nehmen Sie **Pergamentpapier** oder Butterbrotpapier. Schreiben Sie die Einladung (nicht ganz stilecht...) in Keilschrift: „Salve Thomasus,... Kommst Du mit auf die Spuren der alten Römer?...Dein Philipus..." Versehen Sie die Namen dazu mit einem –us (Jungen) oder einem –a (Mädchen) am Ende. Schreiben Sie alle Zahlen in römischen Ziffern. Toll sieht es aus, wenn Sie die Ränder leicht mit einem Feuerzeug abfackeln, das Pergament dann einrollen, mit einem Strick umwickeln und mit einem Wachsklecks ein Siegel anbringen.

- Alte **Römer**, alte Scherben: Zerbrechen Sie einen nicht mehr benötigten Blumentopf. Schreiben Sie mit einem Edding den Einladungstext darauf.

DEKORATION

☐ Ist nicht notwendig. Sie können natürlich **Requisiten** aufstellen, die an Rom erinnern, falls Sie so etwas haben: Mosaike, Weinkaraffen, Tonkrüge...

☐ Tischdekoration mit einfachen weißen **Laken**. Oder stilecht auf Liegen bzw. mit Kissen am Boden.

☐ Haben Sie Humpen oder kleine **Tonkrüge**, dann können die Kinder daraus trinken.

ESSEN UND TRINKEN

☐ Legen Sie **Trauben** (ohne Kerne) in verschiedenen Farben auf große Platten

☐ **Hühnchenschenkel**, Pommes, Gemüsestifte, belegte Römer (Brötchen) mit Hackfleischfladen und Salat

☐ **Obstsalat** (gab es auch schon bei den Römern)

☐ Roten Trauben- oder Kirschsaft als **Wein** in Karaffen oder großen Krügen servieren

PROGRAMM

Nach der allgemeinen **Begrüßung** und dem Geburtstagskuchen begeben sich die Kinder auf eine Zeitreise:

- Zuerst sind sie **Archäologen**, die Ausgrabungen machen. Plötzlich finden sie **Tonscherben**. Zeichnen Sie dazu auf festeres Papier einfache Henkelkaraffen in der Anzahl der Kinder. Malen Sie jede in einer anderen Farbe an. Schreiben Sie ein Hinweiswort (z.B. Sandkasten), die Buchstaben auf die Bilder verteilt, auf die Rückseiten der Karaffen. Zerschneiden Sie anschließend die Bilder in je 6 Teile. Das sind die Scherben, die die Archäologen finden.

- Lassen Sie die Kinder die Karaffen wieder **zusammensetzen** und mit Tesa zusammenkleben. Dann dürfen sie das Bild wenden und die Buchstaben zu einem Wort zusammentüfteln.

- Dort (im Sandkasten z.B.) finden die Kinder einen **Schatz**! Verwenden Sie dazu eine alte Blech- oder Holzkiste. In der Kiste finden die Kinder von Ihnen vorbereitete einfache, weiße T-Shirts. Bemalen Sie diese im Vorfeld mit Zacken oder Strichen an den Säumen, damit sie wie römische **Tunikas** aussehen. Außerdem liegen noch Lederbänder oder Kordeln (für Stirnbänder) und Alupapier-Armbänder in den Kisten. Lassen Sie die Kinder die Shirts anziehen und schon beginnt die Zeitreise:

Wir landen im alten Rom!

Erzählen Sie den Kindern hier einiges von der Stadt. Informationen finden Sie in Büchern aus der Bücherei oder im Internet.

- [ ] In Rom gab es die verschiedensten **Berufe**: Ärzte, Bauern, Lehrer, Schlosser, Schmiede, Zimmerleute, Schneider: Besorgen Sie sich günstiges Fensterleder. Schneiden Sie dieses in Kreise (Durchmesser ca. 30 cm). Lassen Sie die Kinder mit einem Locher Löcher am Rand eindrücken. Nun dürfen die Kinder ein Band durch diese Löcher ziehen und zum Beutel formen. In diesen Lederbeutel können die Kinder ihre gesammelten Gewinne (ausgeschnittene Münzen oder Spielgeld, Süßigkeiten etc.) legen.

- [ ] Spielen Sie mit den Kindern **Beruferaten**. Geben Sie die verschiedenen Berufe vor, die die Kinder dann pantomimisch darstellen dürfen.

Die **Wohnungen** waren klein, aber es gab schon Häuser mit mehreren Stockwerken, wie bei uns. Sogar Latrinen (Toiletten) gab es damals schon. Aber es war beschwerlich, die großen **Karaffen** mit Wasser oder Wein z.B. in den 4. Stock zu schleppen ohne etwas zu verschütten. Gelingt dies auch den Kindern?

☐ Füllen Sie Popcorn (da leicht) in flache Schalen und lassen die Kinder gegeneinander zum **Wettrennen** antreten. Gelingt es den Kindern, das Popcorn ins Ziel zu transportieren ohne dass etwas auf den Boden fällt? Alles muss nämlich wieder eingesammelt werden! Die Sieger erhalten natürlich "Goldmünzen".

☐ Fast alle römischen Kinder gingen auch zur **Schule**. Dort lernten sie Schreiben, Lesen und Rechnen. Dazu verwendeten Sie Wachstafeln, in die sie Buchstaben ritzten. Haben Sie alte Fliesen? Wenn nicht, verwenden Sie kleine Holzplatten oder stabilen Karton, den die Kinder mit Tafelfolie (Spielwarenhandel) bekleben dürfen. Schenken Sie jedem Kind ein Stück Kreide dazu.

Aber auch die **Freizeit** wurde bei den römischen Kindern groß geschrieben. Sie kannten viele Spiele, die uns auch heute noch geläufig sind.

☐ Wir spielen **Blinde Kuh:** Dazu werden einem Kind die Augen verbunden und die Kuh wird 3 Mal um sich gedreht. Nun muss sie versuchen die anderen Kinder zu fangen.

☐ Stellen Sie einen tönernen **Blumentopf** auf und lassen die Kinder aus einiger Entfernung kleine Bälle (Kastanien, Steinchen, Legosteine) in den Blumentopf werfen. Jedes Kind bekommt 5 Stück. Welches Kind hat als erstes alle hineingetroffen? (Bei den Römern hieß dieses Spiel Orca.)

- Es gab in Rom auch **Theater**, in denen aber hauptsächlich Kämpfe stattfanden: Markieren Sie die **Arena** mit Klebeband am Boden und schicken immer 2 Kinder zum "Kampf". Sie müssen versuchen, sich gegenseitig die Socken auszuziehen. Aber nicht übertreten! Und fair bleiben! Schlagen und treten etc. sind strikt verboten!

- In den **Thermen** entspannten sich die Römer nach ihren anstrengenden Tagen im warmen Wasser und bei angenehmen Massagen: Die Kinder gehen paarweise zusammen. Eines davon soll sich auf den Boden legen, auf den Bauch. Das andere Kind soll mit der flachen Hand klopfend den Liegenden massieren (**Klopfmassage**), indem es beim linken Fuß beginnt, über den Po nach oben zu den Schulterblättern und Armen zurück zum anderen Fuß klopft.

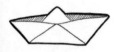

- Römer liebten Mosaike. Davon zeugen auch heute noch Funde bei Ausgrabungen: Sammeln Sie mit Ihrem Kind im Vorfeld größere, aber flache Steine, die Sie nun den Kindern geben. Besorgen Sie sich im Bastelladen Mosaik-Steinchen, auch Brüche. Im Handwerkerbedarf gibt es auch Klein-Mengen Fliesenkleber. Rühren Sie diesen an und lassen ihn von den Kindern auf ihrem Stein verteilen. Dann werden die Mosaik-Steinchen in die Masse gedrückt. Verfugen ist in diesem Fall nicht notwendig. Trocknen lassen.

☐ Eine ganz wichtig Rolle spielte bei den Römern das **Heer**, das Militär. Erzählen Sie den Kindern etwas davon. Notwendig war natürlich, dass Nachrichten schnell und richtig überbracht wurden: Spielen Sie mit den Kindern Flüsterpost: Ein Kind denkt sich einen Satz und muss ihn in das Ohr seines Nachbarn flüstern. Dieser flüstert ihn ebenfalls weiter. Das letzte Kind sagt laut, was es gehört hat. Stimmt die Nachricht noch?

GASTGESCHENK

Gibt es ein römisches Museum in Ihrer Nähe? Dort können Sie kleine Holzkreisel, Bleistifte, Playmobilfiguren etc. kaufen.

416

4.31 Safari
(ab 6 Jahre)

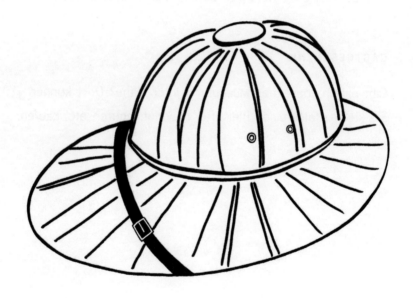

IDEENSAMMLUNG

Afrika, Jeep, Tiere, Giraffen, Löwen, Nashörner, Wasserstelle, Krokodil, Fernrohr, Fotoapparat, Mütze, Sonnencreme, Sonne, Proviant, Sonnenbrille

EINLADUNG

- ☐ Jede Art von wilden **Tieren**: Schneiden Sie die Konturen der Köpfe aus, kleben Wackelaugen auf und schreiben den Text auf die Rückseite (Giraffen, Zebras, Löwen, Elefanten...).

- ☐ Nehmen Sie die Form eines **Tropenhutes** aus beigem Tonpapier, malen die charakteristischen Linien darauf und machen eine Klappkarte daraus.

- ☐ Können Sie ein Auto, einen **Jeep** zeichnen? Greifen Sie dieses Thema auf und gestalten Sie eine Einladungskarte.

- ☐ Nehmen Sie ein beiges Tonpapier, malen Sie in groben Zügen eine **Landschaft** mit sanften Hügeln darauf, eine Wasserstelle in blau, kleine schwarz/weiße Punkte (Zebras), gelb/braune Punkte (Giraffen)... und vereinzelte grüne Bäume.

- ☐ **Text**: Wir gehen auf Foto-Safari nach Afrika! Kommst Du mit uns auf die Suche nach den wilden Tieren? Wir starten am ...

DEKORATION

- Verstreuen Sie etwas **Sand** (Vogelsand) auf dem Tisch. Auch Steine aus dem Garten können Sie hier arrangieren.

- Halten Sie die **Farben** der Dekoration gedeckt in beige, braun, orange und grün.

- Stellen Sie alle **Plüschtiere**, Plastikfiguren etc. auf, denen man auf einer Safari begegnen könnte.

- Stellen Sie kleine **Kakteen** auf den Tisch

VERKLEIDUNG

- Aus großen Tonpapierstücken können Sie den Kindern richtige **Masken** basteln, die sie über den Kopf stülpen können. Graues Papier für den Elefanten, gelbbraunes für die Giraffe usw. Nehmen Sie eine Rolle als Grundform und stückeln Sie Nase und Ohren an. Löcher für Augen und Mund nicht vergessen.

- **Schminken** Sie die Kinder als Giraffe, Löwe, Leopard und andere Tiere.

- **Stirnbänder** in den jeweiligen Farben (siehe oben) aus Tonpapier basteln und Ohren antackern.

- Jedes **Kind** bekommt einen **Tierschwanz** aus Krepppapier, in den jeweils zum Tier passenden Farben.

- **Ferngläser**, Sonnenbrillen, Tropenhüte, Trinkflaschen

ESSEN UND TRINKEN

- **Zebra-Pudding**: Eine Lage Vanille-Pudding, eine Lage Schoko-Pudding in eine Glasschüssel füllen mit der Gabel am Rand leicht ineinander ziehen.

- Zoo-Kekse

- **Zebra-Kuchen** mit zwei **verschiedenen** Rührteigen (1x mit Kakao, 1x ohne), die mit der Gabel leicht ineinander gezogen werden, oder ein **Marmorkuchen**

- **Löwenschnitzel** (panierte Schnitzel aus ganz normalem Schweinefleisch) und **Giraffenhörner** (Pommes)

MOTTO-GESCHICHTE

Löwenjagd: Animieren Sie die Kinder dazu, mitzumachen; machen Sie die Bewegungen vor, die die Kinder mitmachen sollen:

Gehen wir heute auf Löwenjagd?
(Hand an die Stirn als Sonnenschutz)
Ja, wir gehen auf Löwenjagd!
Ist denn dort ein Löwe?
Nein... eine Wiese! (Reiben Sie die Hände aneinander)
Gehen wir heute auf Löwenjagd?
(Hand an die Stirn als Sonnenschutz)
Ja, wir gehen auf Löwenjagd!
Ist denn dort ein Löwe?
Nein... ein Sumpf! (Ziehen Sie an Ihren Backen und machen

schmatzende Geräusche)
Gehen wir heute...
Nein... ein See! (Machen Sie Schwimmbewegungen)
Gehen wir heute...
Nein... eine Höhle! (Mit den Armen einen Kreis zeichnen)
Gehen wir heute...
Ist denn dort ein Löwe?
Eine nasse Schnauze, eine buschige Mähne, ein langer Schwanz
....Aaaahhhhh .....ein Löwe!
Schnell zurück aus der Höhle (Arme) ... durch den See (Schwimmen) ... durch den Sumpf (Backen) ... durch die Wiese (Hände) und die Türe auf (quietsch) und zu Hause! Gerettet!!!

SPIELE

☐ Auf so einer Safari sieht man alle möglichen Arten von Tieren. Ein Knäuel alter Wolle wird von einem Kind zum anderen geworfen. Das Kind, das die Wolle fängt, muss schnell eine Tierart nennen. Aber aufgepasst: Es geht nach dem **Alphabet**: Ein Kind sagt Affe, das nächste Büffel, das nächste Chamäleon... Schaffen es die Kinder bis zum Zebra?
Aus der Wolle entsteht ein tolles Spinnennetz, wenn die Wolle von dem weiterwerfenden Kind vorher einmal um den Fuß geführt wird! (Kann natürlich auch mit kleinem Ball gespielt werden)

☐ Im Busch leben verschiedene Stämme: Viele Frauen können schwere Sachen auf dem Kopf transportieren ohne dass etwas hinunterfällt. Schafft Ihr das auch? Die Kinder bekommen kleine **Reisbeutel** oder Bücher oder... auf den Kopf, müssen sich zur Musik bewegen und dürfen das Utensil nicht auf den Boden fallen lassen. Welches Kind schafft es am längsten?

☐ In der Ferne sind irgendwelche Tiere. Aber welche? Zeigen Sie den Kindern **Bilder** nur mit den Umrissen verschiedener Tiere (Elefanten, Giraffen etc..) Wer erkennt sie als Erster?

☐ Die Kinder sitzen im Kreis, ein **Löwe** krabbelt hinter den Kindern herum, die Kinder dürfen sich nicht umsehen, irgendwann greift der Löwe an. Er fasst ein Kind an der Schulter. Dieses muss nun aufstehen und im Kreis wieder zu seinem Platz laufen. Der Löwe rennt außen am Kreis. Wer erhascht den leeren Platz? Verliert das Kind, ist es in der nächsten Runde der Löwe.

☐ **Blinde Kuh**: Ein Kind ist der Löwe, ein Kind das Zebra (Der Löwe muss durch Abtasten mit verbundenen Augen das Zebra finden, denn irgendwo hat das Zebra sein Zeichen, einen schwarz-weißen Schal versteckt (um den Hals, um die Hüfte, um das Bein, in der Hand...).

- Jedes Kind bekommt ein **Stirnband**, auf das Sie ein aus der Zeitung geschnittenes Tier geklebt haben. Das Kind, das selber das Tier nicht weiß, muss durch Fragen an seine Mitspieler herausfinden, welches Tier es ist. Alle Kinder fragen gleichzeitig. Welches Kind weiß nach 3 Minuten Bescheid?

- Kleben Sie an den Rand eines Papierkorbes gelbe Krepppapierstreifen als Löwenmähne. Legen Sie den Papierkorb auf die Kommode, so dass die Öffnung, das **Löwenmaul** zu den Kindern zeigt. Die Kinder sollen den Löwen füttern, indem sie kleine Bälle in das Maul werfen. Welches Kind trifft am besten?

BASTELN

- Geben Sie den Kindern Papier zum Reißen. Bereiten Sie die **Umrisse** der einzelnen Tiere vor (Zebra, Giraffe, Elefant...) und lassen diese nun von den Kindern in den jeweiligen Farben bekleben. Ergibt wunderschöne plastische Bilder.

- Basteln Sie mit den Kindern einen kleinen **Löwen**: Der Körper ist ein Korken. Verbinden Sie diesen mit Hilfe eines Fadens und ein paar Perlen mit dem Kopf-Korken. Vom Körper-Korken noch 4 Beine (Fäden mit aufgezogenen Perlen, am Ende dünne Korkenscheiben als Füße) hängen lassen. Den Kopf mit ganz vielen hellen Wollfäden bekleben. Das Gesicht anmalen (Schnurrhaare nicht vergessen) und zum Abschluss noch einen Faden vom Hinterteil (hier für den Schwanz wieder 1-2 Perlen auffädeln) zum Hinterkopf führen. Der kleine Löwe lässt sich am Faden nun leicht durch die Gegend führen.

☐ Eine normale **Holzwäscheklammer** beige anmalen. Einen kleinen Giraffenkopf ausschneiden und ein lustiges Gesicht aufmalen. An die Waschklammer kleben. Schwänzchen nicht vergessen! Sie können die Klammer an der Rückseite noch mit doppelseitigem Klebeband versehen, damit die Kinder diese irgendwohin hängen können.

☐ Basteln Sie ein **Fernrohr** aus Klopapierpapprollen: Kleben Sie zwei Klopapierrollen aneinander. Außen lassen Sie die Kinder je ein Loch bohren und einen Trageriemen (Strick, Geschenkband etc.) durchziehen. Natürlich kann das Fernrohr noch nach dem Geschmack der Kinder bemalt werden.

GASTGESCHENK

Alles, was im Entferntesten mit dem Thema Safari zu tun hat: Kleine Kakteen in lustigen Blumentöpfen, Spielfiguren „Wilde Tiere", Blöcke und Farben, Jeeps, kleine echte Ferngläser, Teilnahmeurkunden an der Geburtstagssafari

4.32 Schmetterling, Fee und Elfe
(ab 3 Jahre)

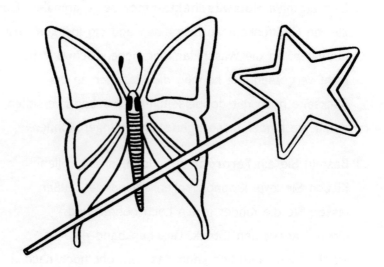

IDEENSAMMLUNG

Fliegen, Flügel, Farben, Fühler, Natur, Blumen, Puppen, Raupen, Punkte, Augen, Streifen, Käscher, Zitronenfalter, Frühlingswiese, Feenstab, Glitzerpuder, Zauberwald, Haarreif, Zauberstock

EINLADUNG

- ☐ Schneiden Sie die Konturen eines **Schmetterlings** aus und schreiben Sie den Einladungstext auf die Rückseite.

- ☐ Basteln Sie aus Pappe einen kleinen **Feenstab** (Stab mit Stern am Ende) und überreichen ihn, versehen mit dem Einladungstext.

- ☐ **Textvorschlag:** Komm doch mit ins Feenland!

DEKORATION

Blumig, alles in zarten Farben, Tüll auf dem Tisch, Stoffblüten auf dem Tisch arrangieren. Glassterne, bunte Krepppapierstreifen, Luftballonsträuße

VERKLEIDUNG

- Große **Flügel** aus Pappe vorbereiten und von den Kindern anmalen lassen. Mit 2 Hosengummi-Laschen um die Arme hängen.

- **Blumenkränze** um die Köpfe binden. Dazu einen Draht formen und mit weiterem Draht Efeu, Blätterranken etc. festbinden. Vereinzelt echte oder künstliche Blüten in den Kranz stecken oder festkleben.

- **Tülltücher** zum Umhängen mit Watte oder mit Blütenblättern bekleben

ESSEN UND TRINKEN

- **Würstchen** wie Raupen garnieren mit Augen aus Radieschen

- **Baguette-Raupe** mit Käse-Spießchen als Füsse

- **Mohrenköpfe** mit Salzstangen verbinden und aneinander legen.

- Tautropfen und Morgennebel: Wasser und **Tee**

MOTTO-GESCHICHTE

Kleine Entspannungsgeschichte (Einleitung und Ausklang wie unter Kapitel 3.7 beschrieben): Wenn die Kinder zur Ruhe gekommen sind, können Sie erzählen: Stell Dir vor, Du bist eine kleine Raupe. Täglich versuchst Du, möglichst viel zu essen. Immer die leckersten Sachen... Du bist auch schon ganz schön gewachsen. Soweit Du dich erinnern kannst, hast Du vor nicht allzu langer Zeit sogar noch in den Blütenkelchen der lila Krokusse gelegen. Nun hättest Du darin keinen Platz mehr! Streck Dich doch mal und zeige, wie groß Du schon geworden bist. Eines Tages geht eine seltsame Veränderung mit Dir vor ...

Viel Spaß beim Fertig-Ausdenken!

SPIELE

- Alle Kinder sitzen im Kreis, die Farben eines Würfels werden zugeteilt. Jedes Kind bekommt eine passende **Farbtafel**. Wird nun gewürfelt, setzt sich die gewürfelte Farbe einen Platz weiter nach links, auch auf ein anderes Kind. Es kann immer nur die oberste Fee weiterfliegen. Das Spiel geht so lange, bis die erste Fee wieder auf ihrem Platz sitzt. (Es kann durchaus sein, dass 3 oder 4 Kinder den gleichen Platz besetzen)

- **Elfentränen** bringen Glück. Man kann sie sammeln. Ein Glas mit Elfentränen (Leitungswasser) füllen. Die Kinder müssen nun nacheinander versuchen, einen Glücksstein oder eine 1-Cent- Münze hinein gleiten lassen, ohne dass das Glas überläuft. Bei wem sind zu viele Tränen im Glas?

☐ **Es fliegt:** Mit den Zeigefingern trommeln alle Kinder auf den Tisch. Das Geburtstagskind beginnt. Es sagt, „Es fliegt, es fliegt", und nennt irgendetwas, wobei es immer die Arme in die Luft streckt. Die anderen Kinder dürfen dies ebenfalls nur tun, wenn das Etwas auch wirklich fliegen kann. Wer falsch reagiert oder zu langsam ist, muss ein Pfand abgeben.

☐ Die kleinen Schmetterlinge sammeln **Nektar**. Verteilen Sie ganz viele Wattebäusche auf dem Boden. Jedes Kind hat einen Strohhalm und einen kleinen Becher. Es muss nach dem Startsignal versuchen, möglichst viele Wattebäusche anzusaugen und in den Becher zu geben. Alles ohne Hände! Wer hat die Meisten eingesammelt, wenn keine mehr da sind?

☐ Beim **Feentanz** schwirren die kleinen Feen durchs Zimmer. Auf Kommando bewegen sie sich in der gerufenen Art (in Zeitlupe, rückwärts, auf einem Bein...)

☐ So kleine Raupen haben ja immer **Appetit**. Schließlich wollen sie bald schöne Schmetterlinge werden: Stellen Sie 6 verschiedene Schälchen auf und schreiben Sie auf jedes mit großen Buchstaben eine Zahl von 1 bis 6. Füllen Sie verschiedene Sachen in die Schälchen: Gummibärchen, Zwiebelringe, Trauben, Popcorn, Zitronenscheiben, Bunte Smarties. Die Kinder würfeln der

Reihe nach. Je nachdem, welche Zahl sie würfeln, dürfen sie sich einen Löffel aus diesem Schälchen nehmen.

BASTELN

- ☐ Schmetterlinge aus **Filz** schneiden lassen, um die Mitte 2 Pfeifenputzer binden und als Fühler rausstrecken. Eventuell noch eine kleine Wäscheklammer unten hinkleben, so lassen sich die Schmetterlinge überall befestigen.

- ☐ Einen Bogen **Papier** einmal in der Mitte falten. Flüssige Farbe in den Falz und auf eine Seite geben. Wenn Sie verschiedene Farben verwenden, wird das Bild noch schöner. Dann klappen Sie das Papier wieder zu und streichen vorsichtig über den Bogen. Wenn Sie das Bild wieder öffnen, ist mit etwas Phantasie ein wunderschöner Schmetterling entstanden.

- ☐ **Schmetterlingskonturen** ausschneiden und die Kinder mit bunten Papierschnipseln bekleben lassen.

- ☐ **Raupe basteln:** Bierdeckel entweder anmalen oder bekleben lassen. Mit Briefklammern aneinander heften. 2 Pfeifenputzer als Fühler verwenden. Bewegt sich lustig hin und her.

- ☐ **Blumenkranz:** Stehen Blumen (z.B. von der Wiese oder aus dem eigenen Garten) zur Verfügung, können die Kinder mit Drähten wunderschöne Kränze binden. Grundlage dazu bilden einfache Gräser: Zum Kranz

430 Schmetterling, Fee und Elfe

legen und mit Draht umwickeln, damit die Gräser
zusammenhalten. Die kleinen Blumenstile ebenfalls mit
Draht umwickeln und in den Kranz stecken. Mit künstlichen
Blumen (Billigladen) oder Gräsern ist dies auch möglich.

☐ Die Konturen eines Schmetterlings als Vorlage
verwenden: **Tonpapier** nach Vorlage ausschneiden,
mit einem Cutter das Innere der Flügel entfernen
und dafür buntes Seidenpapier hinkleben.
Fühler aus Pfeifenputzer nicht vergessen!

☐ Die Feen haben auch **Zauberstäbe**. Meistens sehen
sie ganz eigenartig aus: Basteln Sie mit den Kindern
Zauberstäbe, indem sie alte Zeitungen rollen und mit
Kleister zusammenkleben und in Form drücken. Trocknen
lassen. Der getrocknete Stab kann geheimnisvoll
mit Metallfarbe angemalt werden und mit Pailletten,
Sternen, Glitzer und Steinchen beklebt werden.

☐ **Blumenstecker:** Lassen Sie von den Kindern Trink-
Joghurtflaschen anmalen. Setzen Sie einen Kopf
aus einer halben Styroporkugel auf die Flasche,
festkleben. Die Kinder dürfen ein lustiges Gesicht
darauf malen. Dann schneiden die Kinder mit Ihrer Hilfe
Schmetterlingsflügel aus Tonpapier und kleben sie an die
Rückseite der Flasche. Dort wird ebenso ein kleiner Stab
festgeklebt. Dann kommen noch kleine Schmucksteine
auf die Flügel und der Schmetterling ist fertig!

GASTGESCHENK

Schmetterlingstattoos, Aufkleber, schöne, kleine Bücher, lustige Stifte

4.33 Sterne
(ab 4 Jahre)

IDEENSAMMLUNG

Mond, Sterne, Sternschnuppen, Leuchtsterne, Sternwerfer, Sternenfee, Sternzeichen, Himmel, Sternenmärchen

Dieses Thema bietet sich auch für Übernachtungsfeiern an (siehe Kapitel 4.34). Die Altersangabe ist dabei natürlich nicht richtig.

EINLADUNG

☐ Aus farbigem **Tonpapier** oder Glanzpapier einen Stern ausschneiden (Plätzchenausstecher als Vorlage nehmen). Mit viel Glitter bestreichen oder besprühen. Auf die Rückseite die Einladung mit Glitzerstift schreiben.

☐ Klappen Sie schwarzes Tonpapier zur Karte. Kleben Sie einen **Leuchtstern** auf und schreiben Sie mit weißer Farbe den Einladungstext.

☐ Auf einen mittelgroßen, phosphoreszierenden Leuchtstern mit wasserfestem Stift den Einladungstext schreiben. An die unterste Spitze ein Kringelband kleben und einen weiteren, aber kleinen Leuchtstern, daran wieder einen usw. kleben. Die kleinen Sterne beschriften z.B. mit den Sachen, die die Kinder mitbringen sollen (Schlafanzug, Gute Laune...). Die Kleinen sollen sozusagen den Schweif darstellen. Mit einer Lasche lässt sich die **Sternengirlande** sogar aufhängen.

DEKORATION

- Aus goldenem Tonpapier Sterne ausschneiden und wie eine **Girlande** aufhängen (ca. 30 Sterne auf 3 m Girlande)
- Kleine **Kerzen** in Sternform
- Streuteile in Sternform (evtl. von **Weihnachten**) und alles, was von Weihnachten in Sternform im Haushalt vorhanden ist (Untersetzer, Plätzchenteller, Lampen, Sterne...)

VERKLEIDUNG

- Weiße, günstige **T-Shirts** verteilen und mit Textilfarbe goldene bzw. gelbe Sterne draufmalen lassen (Trockenzeit – eventuell Hilfe zum Trockenföhnen organisieren)
- **Stirnbänder**, auf denen kleine Sterne aufgeklebt werden (mittig)
- **Sternenmaske**: Mit viel Gold, Silber, Gelb, Rosa Sterne auf die Gesichter malen. Glitzer nicht vergessen!

ESSEN UND TRINKEN

- **Biskuitboden** in Sternform schneiden und nach Belieben verarbeiten. Mit Ananas z.B. und Sahnecreme. **Sternenstaub:** Brausepulver in Schüsseln geben, **Milchstrassenwasser:** Milch und Kakao, **Sternschnuppen:** Kleine Gebäckteile nach Ihrem Lieblingsrezept, **Sterntaler,**

Sternchennudel-Suppe, Müsli in Sternenform
(Können Sie auch auf dem Tisch arrangieren)

MOTTO-GESCHICHTE

Sie können verschiedene Sternengeschichten (z.B. Der Sterntaler von Gebr. Grimm) vorlesen oder den Kindern Wissenswertes zu den einzelnen Sternbildern erzählen. Informationen dafür finden Sie z.B. in der Bücherei oder im Internet.

Sie können natürlich auch eine kleine Geschichte selber erfinden, z.B. von der kleinen Sternenfee Stella, die viel zu tun hat, weil sie jeden Abend dafür sorgen muss, dass die Sterne, für die sie zuständig ist, blitzen und funkeln. Schließlich soll man ihren hellen Glanz bis zum anderen Ende des Universums, bis zur Erde sehen. Mit großen Tüchern und Poliermittel ist sie jeden Abend beschäftigt. Doch eines Tages kann sie, obwohl sie schon überall gesucht hat, ihr Kännchen mit feinstem Glanzöl nicht finden. Ob ihr wohl eine andere Sternenfee das Kännchen stibitzt hat? Da hilft nichts, sie muss sich auf die Suche machen ...

SPIELE

- **Sternesaugen:** Schneiden Sie aus normalem Papier einen Stern aus. (Ca. 10 cm im Durchmesser). Gelingt es den Kindern, die im Kreis sitzen, den Stern mit einem Strohhalm festzusaugen und so dem Nachbarn zu übergeben? Dieser muss den Stern mit seinem

Strohhalm übernehmen usw. Das Kind, bei dem der Stern auf den Tisch fällt, scheidet für diese Runde aus.

☐ **Sternentanz:** Schneiden Sie große Sterne aus Tonpapier (in Anzahl einen weniger als Kinder) aus und legen sie auf den Boden. Bei Musik tanzen die Kinder durch den Raum. Wenn die Musik ausgeht, muss sich jedes Kind einen Stern suchen. Welches Kind findet keinen und scheidet aus? In der nächsten Runde ist es wieder ein Stern weniger.

☐ **Sternschnuppenreise:** Jedes Kind muss sagen, was es auf seiner Sternschnuppe mit auf die Reise nehmen möchte. Das nächste Kind wiederholt das bereits Gesagte und fügt noch ein Utensil dazu. Welches Kind scheidet als erstes aus, weil es nicht mehr weiter weiss?

☐ **Sternenschweif:** Binden Sie jedem Kind einen langen Krepppapierstreifen an das Bein. Bei Musik müssen sie versuchen, sich gegenseitig den Streifen abzureissen.

☐ **Sterntaler**, du musst wandern: Alle Kinder sitzen um den Tisch, die Hände unter dem Tisch. Ein Kind ist für diese Runde der Beobachter. Geben Sie heimlich einem anderen Kind einen Taler (Geldstück) in die Hand. Den muss es ganz schnell heimlich weitergeben. Das Kind, das die Hände oben hält, muss gut beobachten und versuchen, den Taler zu finden. Wenn dies gelingt, ist Wechsel und ein anderes Kind ist an der Reihe.

☐ Zum Abschluss des Festes: Befestigen Sie an einem gasgefüllten Luftballon einen langen (ca. 1 m) Strick.

Hängen Sie unten an den Strick eine
Wunderkerze. Diese dann anzünden und als
Abschiedsgruß in den Himmel schicken.

BASTELN

- **Sternenkind:** Nehmen Sie eine Holzwäscheklammer mit einem Köpfchen. Malen Sie mit den Kindern lustige Gesichter auf und geben den Püppchen Haare aus Wolle. Kleben Sie Pfeifenputzer-Arme um den Körper und ein Sternenkleid aus gelbem Filz oder Glanzpapier.

- **T-Shirts bemalen:** Lassen Sie die Kinder alte weiße T-Shirts mit Sternen-Motiven bemalen.

- Basteln Sie mit den Kindern **Sterntäschchen**: Dazu 2 Lagen Filz in beliebiger Form aufeinander legen und mit groben Stichen mit Stopfnadeln von den Kindern zusammennähen lassen. Als Henkel einen Pfeifenputzer integrieren. Auf den Filz können Sie einen Tonpapierstern kleben oder einen oder mehrere Sterne zeichnen lassen.

GASTGESCHENK

Taschenwärmer in Sternform, kleine Kerzen in Sternform etc. Decken Sie sich, wenn Sie wissen, das Thema kommt für Sie in Betracht, nach Weihnachten mit verbilligten Sternen und Stern-Utensilien ein.

4.34 # Übernachtung: Pyjama, Mondscheinparty

(ab 7 Jahre)

Sie können Übernachtungspartys sowohl ohne als auch mit allen gängigen Mottos feiern. Die Kinder kommen meistens gegen 18.00 Uhr und bleiben bis zum nächsten Morgen. Sie können also alle Aktionen schön verteilen und den Kindern auch genügend Zeit für Freispiel lassen.

Bei Übernachtungspartys bieten sich Nachtwanderungen, eventuell aufgebaut als Schatzsuche, an. Bei älteren Kindern (ab 9 Jahren) ist es durchaus auch möglich, einen Video-Abend zu arrangieren oder abendfüllende Brettspiele (Monopoly etc.) zu spielen.

Man kann auch die amerikanische Idee der Pyjama-Partys übernehmen, bei denen die Kinder bereits im Schlafanzug zum Geburtstagsfest kommen.

Vergessen Sie auf keinen Fall, sich die Telefonnummern der Eltern geben zu lassen.

Die Kinder können auf mitgebrachten Isomatten, auf Gartenstuhlauflagen oder auf (Luft-)Matrazen schlafen. So ein Bettenlager allein ist für die meisten Kinder schon außergewöhnlich und toll!

IDEENSAMMLUNG

Nachtwanderung, Bollerwagen, warmer Tee, Fragen, Kissenschlacht, Gruselgeschichten, Taschenlampen, Matrazen, Schlafsäcke, Kuscheltiere

EINLADUNG

☐ Nehmen Sie einfarbigen Stoff, schneiden ihn in Quadrate und nähen je 2 davon an 3 Seiten zusammen. Wenden Sie den Stoff und schreiben Sie den Einladungstext auf die Vorderseite. Dann füllen Sie das **Kissen** mit Füllwatte und nähen die letzte Seite zu!

☐ Hängen Sie die Einladung gerollt an eine **Zahnbürste**.

☐ Schreiben Sie mit Gold- oder Silberfarbe auf ein schwarzes Papier. Malen Sie kleine **Sterne** und den Mond auf das Blatt.

☐ Malen Sie ein **Bett** auf die Vorderseite einer Karte und ganz viele Köpfe, die aus dem Bett grinsen.

☐ **Pyjama Party:** Amerikanische Flagge oder amerikanische Motive (Freiheitsstatue, Golden Gate Brücke, Manhattan etc.) auf die Karte kleben.

☐ **Text:** Bitte mitbringen: Handtuch, Taschenlampe, Schmusetier, Hausschuhe, Schlafsack etc.

DEKORATION

Machen Sie sich eine Sternen-Schablone (als Vorlage dient z.B. ein Malbuch) und schneiden Sie mit deren Hilfe Sterne aus festerem Goldpapier aus. Eine Zacke wird gelocht und schon kann man den Stern aufhängen.

Wenn Sie zu einer Pyjama Party laden, dekorieren Sie amerikanisch mit Flaggen und in den Farben rot/blau/weiß.

VERKLEIDUNG

Nicht notwendig. Achten Sie nur darauf, dass die Kinder, wenn Sie eine Nachtwanderung planen, auch gut gesehen werden. Hängen Sie ihnen vorsichtshalber Leuchtstreifen, fluoreszierende Bänder oder Katzenaugen um.

ESSEN UND TRINKEN

Abendessen nach Wahl.

Bei **Pyjama Partys** natürlich amerikanisch: Sandwiches, Hamburger, Hot Dog, Brownies, Mexikanische Dips etc.

Bei **Videoabenden**: Poppcorn, Chips, Flips etc.

Nachtwanderung: Warmer Tee oder Kakao, Knabberzeug

Frühstück: Toast, frische Semmeln, Brezen, Nutella, Eier, Marmelade, Müsli, Joghurt, Obst etc.

MOTTO-GESCHICHTE

Erzählen Sie den Kindern Geschichten nach deren Geschmack. Meistens bieten sich hier Gruselgeschichten an oder die Kinder spielen im Bett ihre eigenen Geschichten.

SPIELE

☐ Brennen Sie bei der Nachtwanderung **Wunderkerzen** ab.

☐ Bevor es ins Bett geht, **Sorgen** abstreifen.
Zu zweit zusammengehen. Dem Anderen die Sorgen abstreifen, indem man am Kopf beginnt und immer nach unten streicht...

☐ **Gesellschaftsspiele**, **Brettspiele** oder selbst Erfundene.

☐ **Zungenbrecher** müssen nachgesprochen werden und die anderen Kinder müssen raten. (evtl. mit einem Tischtennisball im Mund):

- Fischers Fritze fischt frische Fische, frische Fische fischt Fischers Fritze.
- Wir Wiener Waschweiber würden weiße Wäsche waschen, wenn wir wüssten, wo warmes Wasser wäre.
- Brautkleid bleibt Brautkleid und Blaukraut bleibt Blaukraut
- Am Zehnten Zehnten um zehn Uhr zehn zogen zehn zahme Ziegen zehn Zentner Zucker zum Zoo.

- Der Leutnant von Laeuten befahl seinen Leuten, nicht eher zu läuten, bis der Leutnant von Laeuten seinen Leuten das Läuten befahl.
- Es klapperten die Klapperschlangen bis ihre Klapper schlapper klangen.
- Messwechsel, Wachsmaske, Wachsmaske, Messwechsel

BASTELN

☐ **Zauberstern** basteln: Goldpapier falten wie ein Ziehharmonika, (ca. 5 x 20 cm). Dann kleine Muster reinschneiden, auch oben und unten. Einen Faden um die Mitte des gefalteten Papiers legen und fest zusammenknoten. Dann das Papier auseinander ziehen und aneinander kleben. Mit einem Nylonfaden aufhängen.

☐ **Laternen** basteln: Entweder nach einer der zahlreich in der Literatur aufgeführten Bastelideen oder aus Frühstücksbeutel: Schneiden Sie einen Kreis aus Pappe. Diesen in den Beutel stellen und ein Teelicht darauf kleben. Festeres Tonpapier oben an den Tütenrand kleben und dort einen Draht durchziehen.

GASTGESCHENK

Leuchtstäbe, Taschenlampen, Zahnbürsten, Seifen etc.

4.35 Unterwasser
(ab 4 Jahre)

IDEENSAMMLUNG

Nixen, Neptun, Fische, Muscheln, Delphine, Perlen, Haie, Wale, U-Boot, Korallen, Wasserfall, Seesterne, Seepferde, Quallen, Schildkröten, Riffe, Wrack, Taucher, Schatzkiste, Schildkröte, Kraken, Clownfisch, Muräne, Korallen

EINLADUNG

- ☐ Schneiden Sie einen kleinen **Seestern** aus Tonpapier aus und schreiben den Einladungstext auf die Füße.

- ☐ Blasen Sie einen blauen **Luftballon** auf. Schreiben Sie den Einladungstext auf den aufgeblasenen Ballon. Lassen Sie anschließend die Luft wieder heraus und kleben Sie den Luftballon auf ein Stück Papier. Versehen Sie den Ballon-Fisch mit gezeichneten Flossen, Augen und Mund.

- ☐ Legen Sie einige Tonpapier-Kreise auf die Karte. Dann soll ihr Kind die Karte mit blauer Wasserfarbe leicht anmalen. Entfernen Sie die Schablonen und es sieht aus wie **Luftblasen**, die an die Oberfläche steigen. Versehen Sie diese mit Schlagwörtern zur Einladung.

- ☐ **Text:** Die kleine Meerjungfrau Qualla hat ihr Sternchen verloren. Hilfst Du ihr? Wir gehen auf die Suche an meinem Geburtstag am …

DEKORATION

- **Kreppstreifen** in blau und grün für Tisch und Gardinenstange
- Blaue **Mülltüten** als Wasser
- Blaue **Tischdecke** mit durchsichtiger Folie drauf. Glitzer und Papier-Fischchen dazwischenlegen.
- Netze
- Legen Sie **Steine** auf den Tisch, viele Muscheln und farbigen Sand
- Schneiden Sie **Pappfische** aus Glitzerfolie aus und hängen diese auf.
- Stellen Sie doch das **Planschbecken** (ohne Wasser) auf!

VERKLEIDUNG

- Mit blauen und grünen **Stoffen**.
- Hängen Sie den Kindern alte **Glitzertücher** um.
- **Schminken** Sie die Kinder in blau/grün, mit viel Glitzer.
- **Nixen, Fische, Wassermann:** Faschingsgewänder, wenn vorhanden, anziehen lassen.

ESSEN UND TRINKEN

☐ Muschel-Nudelsuppe

☐ Goldfischli-Kekse, Fisch-Weingummi

☐ Garnitur der Kuchen mit Schoko-Meeresfrüchten

☐ Seestern-Kuchen (einen Biskuitteig in Sternform schneiden und wie gewohnt bearbeiten)

☐ Fischstäbchen

MOTTO-GESCHICHTE

Der Spiel-Seestern Sternchen der kleinen Nixe Qualla ist verschwunden! Wo kann sie ihn nur verloren haben? Wann hat sie ihn denn das letzte Mal gesehen? Und was hat sie in der Zwischenzeit so alles erlebt? Lasst uns doch mal überlegen:

Sie war gleich nach dem Frühstück bei den anderen Meerjungfrauen. Weil ihnen das Singen so viel Freude macht, haben sie sich lange ihre Lieblingslieder vorgesungen.

☐ Haben die Kinder denn auch **Lieblingslieder**? Sie sollen sie den anderen vorsummen und die anderen Kinder müssen erraten, um welches Lied es sich handelt (mit Wasser gurgeln ist auch möglich).

Dann war Qualla mit ihren Freundinnen in der Meeresschule. Dort hat sie ein Bild von ihrem Zuhause gemalt:

- Eine **Unterwasserlandschaft**! Geben Sie den Kindern flüssige Farben in verschiedenen Blau- und Grüntönen und ein großes Blatt Papier, das in der Mitte gefaltet wird. Mehrere Bindfäden in die verschiedenen Farben eintauchen und auf eine Seite des wieder aufgeklappten Blattes legen. Zuklappen. Bewegen Sie die Fäden leicht hin und her und ziehen Sie sie wieder raus. Die Farben laufen leicht ineinander und es entstehen wunderschöne Wirbelmuster. Nach dem Trocknen ist der richtige Hintergrund für eine Unterwasserwelt entstanden, die die Kinder sicher gerne mit gemalten Fischen, Nixen etc. bevölkern.

Und dann hatten die kleinen Meeresbewohner noch die Aufgabe, ein Gemeinschaftsbild zu malen. Qualla weiß genau, dass ihr Seestern noch mit dabei war, schließlich hat sie ihn als Muster abgemalt.

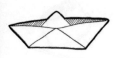

- Alle Kinder laufen zu Musik um ein großes **Blatt Papier** herum, das in die Mitte gelegt wird. Wenn die Musik ausgeht, wird etwas gemalt. (Fisch, Schatz, Muschel, Pflanze) Nach 1 Minute geht die Runde weiter. Und wenn die Musik wieder ausgeht, malt das Kind einfach an der Stelle weiter, wo es gerade steht... Das ergibt das schönste Unterwasserbild!

Später hatten die kleinen Freunde Sport. Heute war „Turchen" an der Reihe, eine Mischung zwischen Turnen und Tauchen:

- ☐ Die Kinder stehen in 2 Mannschaften in 2 Reihen hintereinander. Auf Ihr Kommando tauchen die Letzten der Reihe durch die Beine der Vordermänner nach vorne und stellen sich wieder vorn auf. Dies geht so lange, bis alle Kinder einmal getaucht sind. Welche Mannschaft hat gewonnen?

Als nächstes stand Wasserkunde auf dem Programm. Die Schüler haben diesmal gelernt, dass so einiges im Wasser liegt, obwohl es dort nicht hingehört.

- ☐ Nennen Sie den Kindern immer 4 Begriffe, einer davon gehört nicht dazu: Stuhl, Sessel, Schemel, Bett (Sitzmöbel), Tee, Milch, Saft, Kaffee (warme Getränke)...

Anschließend waren die Nixen noch Muscheln tauchen:

- ☐ Muscheln (Papierknäuel) am Boden verteilen. Die Kinder tanzen und müssen sich blitzschnell bücken, wenn die Musik ausgeht und sich welche schnappen. Welches Kind ist der beste Muscheltaucher?

Zuhause wartete die Mama schon mit einem wunderbaren Essen, es gab natürlich Algensuppe!

Nachmittags spielte Qualla noch ein lustiges Fischefang-Spiel mit ihren Freundinnen:

- **Angelspiel:** Haben Sie einen Farbwürfel? Schneiden Sie in den sich darauf befindenden Farben kleine Fische aus Tonpapier aus. Je 10 Stück. Alle Fische werden in einer Schüssel in die Tischmitte gelegt. Jedes Kind bekommt eine kleine Schüssel und einen Strohhalm. Es darf würfeln und muss versuchen, einen Fisch in der gewürfelten Farbe anzusaugen und zu sich in die Schüssel zu werfen. Gelingt es nicht, geht der Fisch wieder in die große Schüssel zurück. Sind keine Fische in der gewürfelten Farbe mehr da, muss das Kind einen Fisch in dieser Farbe aus seiner Schüssel wieder in die Mitte legen. Das Spiel geht solange, bis alle Fische aus der großen Schüssel geangelt sind. Wer hat die meisten gefangen?

... und bastelte Geburtstagsgeschenke für ihre Schwestern:

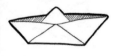

- Steine und Schneckenhäuser etc. mit **Glitzerstiften** betupfen bzw. beschreiben. Werden die Sachen anschließend lackiert, sehen sie richtig edel aus.

Und nun liegt Qualla in ihrem Algenbett und kann nicht schlafen, weil sie Sternchen nicht findet. Aber halt, was ist denn das? Unter ihrem Kopf fühlt es sich so hart an... aha, unter dem Kissen hat sich Sternchen versteckt! Jetzt ist er wieder da! Arm in Arm liegen die beiden da und lauschen den Geräuschen des Wassers und den Wellen, bevor beide einschlafen...

- Bis auf 2 Kinder liegen alle auf dem Boden. Diese beiden breiten ein großes Tuch über die Liegenden. Und schwenken es hoch und nieder. Mal schneller, mal langsamer, fester und zarter, wellenförmig. Wechseln nicht vergessen!

GASTGESCHENK

- Ein kleines, selbst gemachtes Aquarium: In ein Gurken-Glas o.ä. etwas Sand, Glitzer, Pailletten, Silberblättchen etc. und destilliertes Wasser einfüllen. Auf den Innen-Deckel mit wasserunlöslichem Kleber (Trockenzeit!) Muscheln kleben. Nun das Wasser-Glas schütteln und alles wirbelt wunderschön durcheinander!

- Glitzeraufkleber, schöne Muscheln, billigen Schmuck, Armbänder, Bonbon-Muscheln zum Ausschlecken

4.36 Wald/Zwerge/Wichtel
(ab 4 Jahre)

Optimal ist es, wenn Sie diese Art von Feier in den Wald verlegen können. Beachten Sie dazu die Hinweise in „Auswärts feiern". Weisen Sie im Einladungstext speziell noch einmal auf entsprechende Kleidung und Ausrüstung hin. Klären Sie ab, ob Sie alle Kinder mit Mücken- und Zeckenspray behandeln dürfen.

Denken Sie daran, den Kindern Regeln zu erklären, die sie im Wald befolgen müssen:

☐ Unbekannte Pflanzen nicht berühren! (Brennesseln)

☐ Keine Tiere erschrecken (durch lautes Schreien)!

☐ Immer auf dem Weg bleiben!

☐ Immer in Sichtkontakt zu Ihnen bleiben!

☐ Nichts in den Mund stecken, geschweige denn essen!

☐ Keinen Abfall auf den Boden werfen!

☐ Vor dem Picknick Hände mit Hilfe mitgebrachtem Wasserkanister waschen!

Wenn Sie mit den Kindern einen Waldspaziergang machen, können Sie den Kinder dort spezielle Aufgaben stellen: Auf Baumstämmen balancieren, über Baumstämme hüpfen, Zapfen finden, einen Baum umfassen etc.

IDEENSAMMLUNG

Rehe, Hasen, Füchse, Hirsche, Bäume, Eulen, Zapfen, Eichhörnchen, Specht, Wildschweine, Moos, Nadelbäume, Trolle, Kicherzwerge, Jahresringe, Baumstümpfe, Wurzeln, Kieswege, Laub, Spuren, Lupen, Kompass, Wald, Höhle, Zwergenfest, Zwergenmütze, Schürzen, Blumen, Gartenzwerge

EINLADUNG

☐ Schneiden Sie eine **Baumsilhouette** aus Tonpapier und schreiben Sie den Text darauf

☐ Malen Sie ein lachendes **Wichtelgesicht** mit einer Zwergenmütze auf eine Karte und lassen Sie ihn rufen: "Einladung zum Waldfest!"

☐ Schreiben Sie den Einladungstext auf ein grünes Blatt Papier und stecken dieses in die gelbe Hülle eines **Überraschungseies**. Diesem setzen Sie eine kleine Zwergenmütze (aus rotem Filzstoff gebastelt, an den Seiten zusammengetackert) auf. Sie können dem gelben Gesicht noch lustige Augen, Mund und weißen Bart aufmalen.

DEKORATION

Alles, was man im Wald findet, aufhängen, verschiedene Zweige aufstellen, Wurzeln und Moos auf dem Tisch verteilen, mit Bucheckern, Blättern, etc. verschönern. Legen Sie Schmunzelsteine (flache, kleine Steine mit aufgemalten Lachgesichtern) auf den Tisch.

VERKLEIDUNG

Zwergenmützen basteln aus Filzstoff. Dazu einfache Formen ausschneiden, an den Rändern zusammen tackern, wenden und den Kindern aufsetzen. Die Kinder mit roten Backen und Sommersprossen schminken. Bärte aus Watte mit Fettcreme aufkleben.

ESSEN UND TRINKEN

- **Riesenwürmer:** Spaghetti
- **Schnecken:** Biskuitroulade
- Frisches **Beereneis**
- **Rinde** und **Moos**: Vollkornbrote belegt mit Kressequark
- **Baumquarz:** Milchshakes zum Trinken
- **Picknick im Wald!** Vergessen Sie nicht, klares Wasser zum Händewaschen mitzunehmen.

MOTTO-GESCHICHTE

Es gibt eine reizende Wichtelgeschichte vom Schuster und seiner Frau (Gebr. Grimm), die Sie den Kindern vorlesen können. Sie finden diese im Internet oder in ausgesuchten Märchenbüchern.

SPIELE

Im Wald:

- ☐ Einem Kind werden die Augen verbunden, es wird von den anderen an einen **Baum** geführt, den es abtasten darf. Dann wird das Kind wieder zurückgeführt. Die Binde wird abgenommen, findet das Kind den Baum wieder?

- ☐ Vorbereitete **Bilder** aus einem Naturführer verteilen und das Abgebildete suchen lassen (z.B. bestimmte Bäume, Sträucher etc...)

- ☐ Ein paar **Steine** mit Gesichtern bemalen und verstecken. (Schmunzelsteine?)

- ☐ Baumstammrollen

- ☐ Ein Lieblingsspiel der Wichtel ist das **Zielwerfen**. Legen Sie einen Kreis aus Steinen. Die Kinder müssen versuchen, aus einiger Entfernung in den Kreis zu treffen.

- ☐ Gehen Sie verschiedene **Wege** (durch Blätter schlürfen, auf Baumstämmne balancieren, unter Ästen hindurchkrabbeln, über Bach springen)

In der Wohnung:

☐ Alle Zwerge **schlafen** tief und fest. Sogar so tief, dass sie nicht einmal merken, wenn Tannenzweige auf sie fallen. Die Kinder liegen auf dem Boden und haben die Augen zu. Sie schleichen zwischen den Kinder hin- und her und legen einem nach dem anderen vorsichtig z.B. einen Legostein auf den Körper. Wenn das Kind dies bemerkt, soll es sich leise hinsetzen. Wer schläft am tiefsten?

☐ **Zwergenfütterung!** Immer zwei Zwerge sitzen hintereinander im Kreis. Ein jedes Pärchen bekommt ein altes Hemd, das der Vordermann verkehrt herum auf seine Brust legt. Der Hintermann schlüpft durch die Ärmel. Der Hintermann füttert nun den Vordermann mit einer Schale Sahne! Der vordere Zwerg muss Kommandos geben, ansonsten landet der Löffel vielleicht im Auge. Die Kinder können dabei auch den anderen Zwergen zusehen und finden das Spiel sicher sehr lustig!

☐ Sammeln Sie im Vorfeld Blätter und Früchte. Immer ein Pärchen von einer Sorte. Spielen Sie mit den Kindern **Memory**. Dazu decken Sie die Früchte mit lauter gleichen Plastikbechern (ca. 30 Stck.) ab. Die Kinder müssen die Pärchen finden und dürfen dann die Sachen als Andenken behalten. Wer hat am Ende die meisten Wald-Früchte? Erschweren Sie das Spiel, indem Sie die Becher immer wieder hin- und herschieben.

Wald/Zwerge/Wichtel

BASTELN

☐ An einen schönen **Stock** sollen die Kinder mit Bast oder Band alle möglichen gefundenen Waldsachen kleben (Moos, Steinchen, Schnecken, Zapfen...). Das ergibt ein schönes Andenken zum Aufhängen.

☐ **Waldgesichter**: Im Wald leben die lustigsten Gestalten. Können die Kinder aus Waldmaterial ein Gesicht legen? Wer legt das schönste?

☐ **Baumkonturen** aufzeichnen und von den Kindern mit gerollten, grünen Krepppapierkügelchen bekleben lassen, Nylonfaden durchziehen und aufhängen.

☐ Kleine **Haselnussmännchen** basteln: Kleine Holzkugel auf eine Haselnuss kleben und in ein Moosbett setzen. Ein lustiges Gesicht aufmalen.

☐ Aus Tannenzapfen kleine **Wichtel** basteln: einen grünen Mooshut aufsetzen, mit Holzleim oder Farbe weiße Augen aufmalen und kleinen Mund und rote Nase aus Papier aufkleben.

☐ Die Zwerge leben in kleinen **Zwergenhöhlen**. Geben Sie den Kindern Decken, Kissen, Tücher, Wäscheklammern, Heftzangen und Stäbe. Können sie eine Höhle bauen, in der alle Kinder Platz haben?

☐ Aus Fimo, Salzteig oder Ton lange Würste rollen und zu **Schnecken** eindrehen. Bunt bemalen lassen. Für die Fühler kleine Zweige einstechen.

☐ Einen kleinen **Jutesack** mit grünen Stempeln (Baumform?) versehen. Dort können die Kinder ihre gesammelten Andenken aufheben.

GASTGESCHENK

Kleine Bücher über den Wald, Kleine Gesellschaftsspiele (Halma, Mühle etc.) in Zwergen-Ausgabe

4.37 Wellness
(ab 8 Jahre)

IDEENSAMMLUNG

Ballmassage, Kopfmassage, Gurkenscheiben, Joghurtmaske, Honigmaske, Peeling, Creme, schöne Musik, Träumen, Fußbad, Fingernägel lackieren, Gemüsestifte, Parfüm und Cremes selber machen, Seifen herstellen, Maniküre, Pediküre, Zuckerpeelings, Kitzelmassagen, Schmetterling-Lackierung, Schlammschlacht, Kräuterdampfbad

Erkundigen Sie sich im Vorfeld bei den Eltern, ob irgendwelche Hautprobleme/Allergien bei den Kindern vorhanden sind (Neurodermitis...).

EINLADUNG

- ☐ Einen kleinen **Handspiegel** mit wasserlöslicher Farbe beschreiben

- ☐ Schönes **Briefpapier** mit Parfüm einsprühen

- ☐ Lauter **Schlagwörter** auf die Karte schreiben: Beauty, Spa, Wellness, Fitness, Massage, ... und innen den Einladungstext

- ☐ **Text:** Geburtstag = Verwöhntag!!! Bist Du dabei?

DEKORATION

Keine außergewöhnliche Dekoration notwendig. Die normale Geburtstagsdekoration reicht aus.

Sie können natürlich diverse Zeitschriften auslegen und Duftstäbe anzünden. Entspannungsmusik im Hintergrund laufen lassen.

VERKLEIDUNG

Handtücher parat legen und Stirnbänder in verschiedenen Farben. Legen Sie eventuell auch Wechselwäsche zurecht, falls es etwas zu nass werden sollte. Auch verschiedene Schürzen oder alte T-Shirts zum Drüberziehen sind nicht schlecht, damit nichts von den Masken etc. auf die Kleidung fällt.

ESSEN UND TRINKEN

- **Quark** mit Honig verrühren, auf ein Brot streichen und mit Kiwi-Scheiben belegen
- **Shakes:** Erdbeer, Schoko, Himbeer ...
- **Energydrink** aus Ananas, Kokos, Maracuja etc., aufgegossen mit Mineralwasser
- **Wohlfühlplatte:** Eine große Platte im Vorfeld herrichten mit allem möglichen Fingerfood: Hühnchennuggets, Brötchen, Gemüsestifte, Käsespieße etc...

MOTTO-GESCHICHTE

Erkundigen Sie sich in der Bücherei oder im Internet, wie man Cremes und Parfüm selber herstellen kann. Geben Sie dieses Wissen an die Kinder weiter oder erzählen Sie ihnen, dass z.B. ein guter Parfumeur mit ca. 200 natürlichen und ca. 2000 (!) synthetischen Essenzen arbeitet, von denen er viele am Geruch erkennen muss. Bekannte Parfums bestehen aus vielen Essenzen, wie Gräsern, Blättern, Blüten und Früchten..., deren Mischung genau festgelegt ist. Lassen Sie die Kinder ruhig an Ihrem Lieblingsparfum riechen (oder kriegen sie vielleicht sogar einen Spritzer ab?)

SPIELE UND AKTIONEN:

Empfangen Sie die Kinder – wie im Flugzeug – mit **warmen Tüchern** aus der Mikrowelle, die sich die Kinder auf ihr Gesicht legen können.

- ☐ Fangen Sie dann bei den Füßen an. Alle Kinder ziehen ihre Schuhe aus und nehmen ein belebendes **Fußbad**. Stellen Sie einige Wannen mit warmem Wasser auf und geben Sie duftende Mittel und Zusätze hinein. Handtücher bereitlegen!

- ☐ Während die Füße im Wasser stecken, können die Kinder darüber diskutieren, was wohl eine **Schönheitskönigin** so den ganzen lieben langen Tag zu tun hat oder erzählen Sie, was Sie sich alles für den heutigen Nachmittag ausgedacht haben. Oder Sie können zusammen mit den Kindern einige lustige **Luftballontiere** (spezielle

Modellier-Luftballons im Fachhandel erhältlich) nach Anleitung herstellen. Die Füße werden dazu nicht benötigt und können noch im warmen Wasser schwimmen.

☐ **Massieren** Sie anschließend jedem Kind ca. 2 Minuten die Füße. Vergessen Sie dabei die Zehen nicht.

☐ Nun sollen die Kinder versuchen, mit ihren **nackten Füßen** alle möglichen Sachen zu ergreifen (Handtücher, Plüschtiere etc.). Schafft es ein Kind sogar, mit einem Stift zwischen den Zehen etwas zu zeichnen?

☐ Als nächstes ist der Kopf dran: Die Kinder dürfen paarweise zusammengehen und sich bei schöner Musik mit den Händen leicht den **Kopf** massieren.

☐ Dann legen sich die Kinder auf den Boden (Isomatten bereitlegen) und können sich gegenseitig mit dem Massageball, mit den Händen oder mit kleinen Spielzeugautos, die auf dem **Körper** entlangfahren, massieren oder beklopfen.

Dann geht es ans Verschönern: Die Kinder können am Boden liegen bleiben.

☐ **Gurkenmaske:** Gurke in dünne Scheiben schneiden, auf die zarten Kinderbacken legen. Nach max. 10 Minuten wieder entfernen. Wirkt erfrischend und belebend oder

☐ **Quarkmaske:** 500 g (Sahne)quark mit 2 TL Honig verrühren. Gut mischen und auf die Haut aufstreichen. 10 Minuten einwirken lassen und mit lauwarmen Wasser abspülen.

☐ **Gesichtscreme** selber zu machen, ist etwas schwieriger, deshalb in diesem Fall auf eine neutrale Gesichtscreme zurückgreifen. Streichen Sie für jedes Kind etwas davon in ein kleines Döschen. Nun können die Kinder ein Duftöl (z.B. Lavendel) nach ihrem Geschmack dazutropfen und verrühren (mit einem Zahnstocher). Bitte verwenden Sie nur hochwertiges Massageöl – kein Lampenöl!

Nun zu den Händen:

☐ Die Kinder können die **Handmassage** selber an sich mit Öl oder Handcreme durchführen, dabei Finger für Finger massieren.

☐ Wenn gewünscht, können Sie ja **kleine Tattoos** auf die Hände malen (Vorlagen dazu finden Sie im Internet)

□ Dann können Sie den Kindern noch die **Nägel** lackieren und mit Glitzersteinen oder anderen Dekorationsartikeln aus der Drogerie verschönern.

□ Jetzt, da die **Hände** so schön sind, sollen sie die Kinder auf den Tisch legen. Aber immer so, dass die der Nachbarn mit den eigenen überkreuzt sind. Und nun wird nacheinander mit den Händen auf den Tisch geklopft. Wer verpasst seinen Einsatz oder klopft, obwohl er noch nicht dran ist? Das Kind scheidet aus oder muss ein Pfand abgeben.

□ Wenn Sie möchten, können Sie die Kinder alle noch dezent **schminken** oder sie sich selber schminken lassen.

□ Wattebällchen-**Wettrennen**: Auf einem Löffel sollen Wattebällchen möglichst schnell eine vorgegebene Strecke getragen werden. Die Kinder laufen in Mannschaften, welche Mannschaft ist am schnellsten?

□ **Fingergymnastik**: 2 Luftballons aufblasen und die Luft wieder entweichen lassen. In den ersten Luftballon mit Hilfe eines Trichters Mehl einfüllen. Faustgroß. Den Luftballon zuknoten. Vom zweiten Luftballon den Zipfel abschneiden und so über den ersten Ballon stülpen, dass dessen Zipfel überdeckt ist. Fertig ist der Handschmeichler.

GASTGESCHENK

Lippenpflegestift, Proben aus der Parfümerie, kleines Handtuch, kleine Spiegel, wasserlösliche Badekugeln, Zahnbürsten, kleine Haarbürsten bzw. Sets, Haarspangen und -gummis in allen Variationen

4.38 **Weltreise**
(ab 7 Jahre)

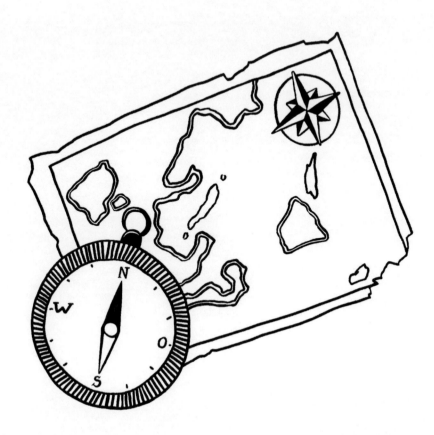

IDEENSAMMLUNG

Koffer packen, Fotoapparat, Australien, Känguru, Asien, Chinesen, Stäbchen, Amerika, Hamburger, Freiheitsstatue, Afrika, Busch, Europa, Rom, Pizza, Weltkugel

EINLADUNG

- Schneiden Sie eine Einladung in **Kofferform** und „bekleben" Sie den Koffer mit Aufklebern von verschiedene Hauptstädten oder Wahrzeichen (Eifelturm, Golden Gate, Atomium, ...)

- Malen Sie ein **Schiff**, ein **Flugzeug** und eine **Eisenbahn** auf eine Karte und laden Sie zur Weltreise ein.

- Schneiden Sie eine runde **Weltkugel** aus, zeichnen Sie Kontinente und Meere ein und malen lachende Kindergesichter dazu

- **Text:** Wir gehen auf Weltreise! Bist Du dabei?

DEKORATION

- **Weltkarte** aufhängen

- Stellen Sie einen **Globus** auf

- Dekorieren Sie den Tisch mit Ihren **Urlaubsandenken**.

- Sammeln Sie **Postkarten** aus aller Welt? Dann können Sie diese nun eindrucksvoll präsentieren und aufhängen.

VERKLEIDUNG

Accessoires aus verschiedenen Ländern: Indien (Turban), Afrika (Bastrock), Amerika (Hut), Arabien (Scheich), China (Dreieckhut), Hawaii (Blumenketten) etc.

ESSEN UND TRINKEN

Sicher haben Sie Kochbücher mit Speisen aus anderen Ländern, die Sie hier einmal wieder ausprobieren können. Aber es passen natürlich auch: Pizza (Italien), Hamburger (Amerika), Wiener Würstchen (Österreich), Almdudler (Österreich), Baguettes (Frankreich) etc.

MOTTO-GESCHICHTE

Betrachten Sie mit den Kindern einen Globus oder eine Weltkarte. Wo ist Deutschland? Wo ist unsere Stadt, in welchen Ländern waren die Kinder schon einmal im Urlaub, was haben sie dort erlebt und gesehen? Zeigen Sie den Kindern die Flaggen der verschiedenen Länder, welche gefällt den Kindern am besten?

SPIELE

☐ Als erstes geht es ans **Kofferpacken**: Die Kinder sitzen im Kreis, ein jedes muss erzählen, was es in seinen Koffer legt: „Ich packe meinen Koffer und nehme ... mit." Der Gegenstand muss den gleichen Anfangsbuchstaben wie der Kindername haben. Welchem Kind fällt nichts mehr ein, wenn es alle bereits genannten Sachen wiederholen und etwas Neues dazu erfinden muss? Erschwert und lustiger wird das Spiel, wenn die Kinder etwas in den Mund nehmen (z.B. eine Salzbrezel).

☐ Bemalen Sie 10 Kartonstücke in Postkartengröße so, dass sie wie **Koffer** aussehen. Die Kinder müssen die Augen schließen. Legen Sie unter einen Koffer einen kleinen, flachen Schmuckstein oder lustigen Aufkleber. Die Kinder müssen raten, „in" welchem Koffer sich der Stein befindet. Wer richtig rät, darf ihn behalten. Dann wieder alle Koffer mischen und wieder raten lassen.

☐ In China wird mit **Stäbchen** gegessen: Die Kinder sitzen im Kreis und würfeln. Wer eine 6 würfelt, darf einen Chinesischen Hut aufsetzen und versuchen, mit zwei Essstäbchen Gummibärchen aus einer Schale zu fischen. Aber nur so lange bis das nächste Kind einen 6er würfelt.

☐ Die Kinder sollen Autokennzeichen, Hauptstädte, Bauwerke von verschiedenen Ländern raten. Welche Währung gilt in den verschiedenen Ländern? Entnehmen Sie diese **Fragen** Rätselheften oder erfinden Sie einfach selber welche!

- Die Kängurus leben in Australien und hüpfen dort durch die Gegend. Haben Sie einen **Hüpfball**? Wie lange brauchen die Kinder, einen vorbereiteten Parcours abzuhüpfen? Nehmen Sie die Zeit.

- In Afrika tragen die Frauen große Gefäße auf dem **Kopf**, die nicht herunterfallen dürfen. Legen Sie den Kindern ein Buch auf den Kopf und schicken Sie immer zwei Kinder ins Rennen. Welches Kind gewinnt?

- Der schiefe Turm von Pisa: Welche Mannschaft baut den höchsten **Turm** aus Klopapierrollen oder Bauklötzen?

- Die Eskimos haben eine besondere Art sich Guten Tag zu wünschen: Sie reiben ihre Nasen aneinander. Wir wollen das ein wenig ummodeln: Die Kinder sitzen im Kreis und reichen sich eine Hülse einer **Streichholzpackung** weiter, indem sie sie von einer Nase auf die andere versuchen weiterzugeben. Bei wem sie herunterfällt, der scheidet aus.

BASTELN

- Keine Reise ohne Fotos! Nehmen Sie eine Teepackung, schneiden ein Loch in eine Wand hinein und stecken eine Papprolle durch. Noch ein Guckloch in die Pappe schneiden und an einem Band als Schlaufe aufhängen: Fertig ist der **Fotoapparat**!

- In Holland gibt es **Windmühlen**. Wir basteln uns welche aus einer Küchenrolle. Ein quadratisches Papier, ca. 20 x 20 cm, von den Ecken her bis fast zur Mitte einschneiden. Die 4 Ecken in die Mitte knicken und mit einer Briefklammer zu Windmühlenflügeln falten. Knapp neben der Briefklammer eine Nadel einstechen und an der bereits angemalten Küchenrolle mit Hilfe eines Korken als Gegenmittel befestigen.

☐ Weltenbummler reisen per Bahn, per Schiff und per Flieger. Wer bastelt den schönsten **Flieger** und welcher fliegt am weitesten? (Wie man aus einem Stück Papier einen Flieger bastelt, ist den Kindern sicher bekannt.)

☐ Ein **Leuchtturm** zeigt uns den Weg nach Hause. Aus Hasendraht eine Rolle formen, Durchmesser ca. 5 cm. Diese mit weißem Transparentpapier umwickeln. Rote Papier-Streifen ausschneiden, ebenfalls darumwickeln und festkleben. Den Leuchtturm über ein Teelicht stülpen.

☐ Endlich wieder zuhause! Alte, glatte **Dachziegel** mit Farbe anmalen lassen und mit Serviettenmotiven in Serviettentechnik bekleben. Dazu die erste Schicht der Serviette ablösen und mit Klarlack auf dem Ziegel festkleben. Mit Plakafarben dürfen die Kinder ihre Hausnummer auf den Ziegel schreiben. Ein schönes Türschild!

GASTGESCHENK

Kleine Puzzles mit Ländermotiven, Blöcke und Stifte, Aufkleber, kleine Weltkugel oder Poster etc.

4.39 Wilder Westen – siehe auch Indianer
(ab 5 Jahre)

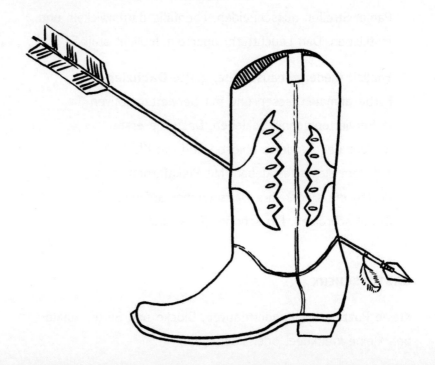

IDEENSAMMLUNG

Cowboy, Kühe, Eisenbahn, Sheriff, Sheriffstern, Colt, Reiten, Saloon, Trapper, Biberjagd, Pioniere, Cowboys, Goldgräber, Lasso

EINLADUNG

- ☐ Basteln Sie die Einladungskarte wie eine **Saloontür**. Malen Sie eine solche Türe und schneiden Sie diese mit einem Cutter aus, so dass sie nur noch in den "Angeln" hängt. Kleben Sie ein weißes Papier hinter die Karte. Wenn die Saloontür geschlossen ist, sieht man also nichts, wenn die Saloontür jedoch offen ist, kann man die Einladung lesen.

- ☐ Schneiden Sie eine **Sternform** (Kleine Kügelchen auf den Zacken nicht vergessen) aus weißem oder goldenem Tonpapier (Sheriffstern). Die Einladung kommt dann auf die Rückseite.

DEKORATION

Alles entweder amerikanisch in den Farben rot/blau/weiß dekorieren oder eher mit Naturmaterialien.

VERKLEIDUNG

Bandanna, chaps (Cowboyhosen), Weste, Cowboyhut, Bärte, Bartstoppeln, dicke Augenbrauen

ESSEN UND TRINKEN

Wenn es irgendwie geht, am besten: Stockbrot und Würstchen über'm Lagerfeuer, Bohneneintopf, Spareripps, Hamburger, Marshmallows

MOTTO-GESCHICHTE

Auch über dieses Thema finden Sie viele Informationen in der Fachliteratur oder im Internet.

Sie können aber auch einen (fiktiven) Tag im Leben eines Cowboys beschreiben: Bei Morgengrauen wacht Bill Cartridge am Lagerfeuer auf. Nach einem schwarzen Kaffee aus seinem Blechbecher macht er sich gleich auf den Weg und kontrolliert die Zäune, er fängt die jungen Kälber und gibt ihnen Brandzeichen, er reitet die wilden Pferde zu ... und abends trifft er sich im Saloon mit den anderen Cowboys zum Square Dance oder Kartenspiel.

SPIELE

☐ **Goldgräber** am Planschbecken: In eine Wanne viel Wasser und Sand geben. Kleine, goldene, bemalte Steinchen darin verstecken. Welches Kind findet am meisten (mit dem Sieb)? - siehe auch BADESPASS

☐ **Lasso werfen:** In einen Socken wird ein Tennisball gestopft. Je nachdem, wo gefeiert wird, kann nun ein Ziel näher oder weiter weg gewählt werden. Das Kind schleudert den Socken. Landet das Lasso im Ziel (z.B. Eimer), darf sich das Kind das nächste Spiel wünschen.

☐ Bohren Sie im Garten einen Stab in die Erde und lassen die Kinder **Hufeisen** (oder Ringe) darauf werfen.

☐ Stellen Sie 6 **Blechdosen** übereinander: Dosenwerfen

☐ **Kühe markieren:** Ein Kind ist der Cowboy. Er darf einen angerussten Teller mit sich tragen und jedem anderen Kind ohne Vorankündigung einen Strich auf die Wange malen.

☐ Der **Cowboy** passt auf seine Kühe auf. Er sitzt auf dem Boden und vor ihm liegen seine Kühe, z.B. Legosteine. Er hat die Augen verbunden. Nun kommen die wilden Wölfe und wollen seine Kühe reißen. Sobald der Cowboy irgendetwas merkt, muss er seine Kühe beschützen und sich auf sie werfen. Gelingt es den Wölfen trotzdem, die Herde auseinander zu reißen?

☐ **Streichholzknobeln:** Jedes Kind bekommt 3 Streichhölzer, es kann davon 0-3 in die Hand nehmen. Jedes Kind muss jetzt sagen, wie viele Streichhölzer alle Cowboys zusammen in den Händen halten (bei 6 Kindern max. 18 etc.). Das Kind, das am schlechtesten geschätzt hat, bekommt einen Rußfleck ins Gesicht.

BASTELN

- Ein **Bandanna** basteln. Dazu weiße Tücher kaufen und mit Textikfarbe anmalen oder per Kartoffeldruck bestempeln lassen, z.B. mit Sternen oder Kühen...

- Besorgen Sie sich mehrere große Blöcke sauberen Styropor (Wertstoffstelle) oder Seife. Ab ca. 6 Jahren ist den Kindern zuzutrauen, dass sie mit Messern (nicht sehr spitz und super-scharf) umgehen können. Lassen Sie die Kinder aus den Blöcken z.B. einen Zug oder was sie wollen **schnitzen**.

GASTGESCHENK

Hupfseil, Pferdeblöcke, Malbücher, Sheriffsterne aus Plätzchenteig, Quartett oder andere Kartenspiele

Eigene Notizen

Zauberfest
(ab 6 Jahre)

IDEENSAMMLUNG

Zaubertrick, Kaninchen, Zylinder, Zauberumhang, Tisch, Lichterspiele, Kartentrick, Seiltrick, Zaubersprüche, Zauberumhang, Zauberstab, Zauberhut, Zauberbuch

Wenn Sie dieses Thema verwenden möchten, planen Sie bitte die Anschaffung eines speziellen Zaubertrick-Buches, aus dem Sie im Vorfeld schon einiges lernen können. Leider bin ich nicht in die Geheimnisse der Zauberwelt eingeweiht und kann Ihnen deswegen keine detaillierten Vorschläge dazu machen.

EINLADUNG

- ☐ Malen Sie auf eine Klappkarte einen kleinen **Zauberer** mit großem lilafarbenen Zauberhut und Zauberumhang: Er schwenkt seinen Zauberstab und sagt in Sprechblasen: Ich zaubere Dich auf mein Fest!

- ☐ Schneiden Sie einen doppelt gelegten **Zylinder** aus. Kleben Sie beide Teile aufeinander, nur eine Stelle am Boden lassen Sie aus. Stecken Sie dort ein Papier, auf dem die Einladung geschrieben ist, hinein. Lassen Sie es ruhig unten herausschauen.

- ☐ **Text:** Laden Sie ein zum Zauberfest oder zum zauberhaften Geburtstagsfest.

DEKORATION

Bunte Lichterketten, fröhlich, Sterne, Glassteine, lilafarbene Tischdecke

VERKLEIDUNG

Zauberhut und Umhang mit Sternen oder Glitzersteinen darauf. Kaufen Sie dazu günstigen, schwarzen oder violetten Stoff, den Sie mit einer Haarklammer am Hals zusammenzwicken. Sie können auch geheimnisvolle Zeichen auf die Backen malen.

ESSEN UND TRINKEN

Zaubertüten voller Pommes, Zauberspeisen: Götterspeise (macht Dich schlau), Sahne (macht Dich süß), Spinat (macht Dich stark), Karottensuppe (macht Dir gute Augen)

MOTTO-GESCHICHTE

Die berühmte Zauberschule Friedensberg hat wieder einige Plätze frei! Seid Ihr die nächsten großen Zauberer, die auf dieser Schule ihr Handwerk lernen dürfen? Um an der Schule aufgenommen zu werden, müsst Ihr bereit sein, in kurzer Zeit einige Zaubersprüche zu lernen, Zaubertricks vorzuführen und Zauberregeln einzuhalten.

Ein guter Zauberer muss die Zauberregeln immer befolgen. Gerade am Anfang, wenn Ihr neu mit der Zauberei zu tun habt, ist das manchmal sehr schwer. Achtet immer auf Folgendes:

☐ Übt Eure Tricks bis Ihr sie wirklich könnt! Denn erst dann dürft Ihr sie einem Publikum zeigen.

☐ Das Publikum sollte mindestens 2 Meter von Euch entfernt vor Euch (nicht seitlich) sitzen.

☐ Zeigt jeden Zaubertrick nur einmal, auch wenn das Publikum den Trick noch einmal sehen möchte.

☐ Verratet niemandem Eure Tricks, auch wenn er noch so sehr darum bittet.

☐ Zeigt niemandem Eure Zauberutensilien und den Inhalt Eures Zauberkoffers.

Ihr braucht als erstes einmal Eure Zauberutensilien. Lasst uns einmal sehen: Wir brauchen einen Zauberumhang, einen Zauberhut und einen Zauberstab.

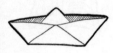

Den **Zauberumhang** basteln wir aus einer alten Rolle Tapetenpapier. Sie sollte mindestens einen Meter lang sein und ca. 40 cm breit. In die Mitte wird ein großes Loch für den Kopf geschnitten. Dann bekleben wir den Umhang mit allen möglichen Zauberformen (Kreise, Sterne etc.) aus Pappe.

Zauberhut: Ein Quadrat aus Papier (ca. 40 x 40 cm) wird knapp an der Diagonalen gefaltet, so dass das untere Dreieck ca. 2 cm hervorsteht. Eine dieser 2 cm Laschen wegschneiden, die andere als Falz verwenden. Mit dem Fingernagel fest den Falz abfahren. Festkleben, so dass eine Tüte entsteht. Diese öffen und wieder so zusammenlegen, dass der Falz nach oben zeigt. Das überstehende Dreieck nach innen einklappen und fertig ist der Zauberhut, der jetzt noch mit Sternen, Edelsteinen o.ä. beklebt werden kann.

Zauberstab: Ein Rundholz (ca. 30 cm lang) oder einen Bleistift mit schwarzer Farbe anmalen oder mit schwarzem Papier bekleben. An den Enden mit ca. 3 cm langen weißen Papierstreifen umwickeln, festkleben.

SPIELE

- ☐ Alle Kinder stehen im Kreis. Ein Kind ist der Zauberer, hält einen Zauberstab und spricht einen **Zauberspruch**. Dadurch verzaubert er die Kinder in Autos, Hunde, etc... Alle machen mit. Durchwechseln.

- ☐ Suchen Sie sich 2 freiwillige Kinder für ein „**Hypnosespiel**". Das Paar bekommt einen Zauberpinsel (Kosmetikpinsel). Ein Kind streicht mit dem Zauberpinsel dem anderen über das Gesicht, so dass dieses in „Hypnose" fällt. Es ist jetzt das Spiegelbild und macht alles nach, was das Kind mit dem Pinsel vormacht (Purzelbaum, Kratzen, Kopf schütteln...) Das Publikum ist sicher begeistert...

- ☐ **Zauberumhänge** machen oft unsichtbar, aber dieser hier macht, dass man alles in der gleichen Farbe sieht. Würfeln Sie mit einem Farbwürfel und lassen Sie die Kinder etwas in dieser Farbe im Zimmer suchen.

- ☐ **Kleine Tricks:** Wenn Sie einen Ballon oder Kinderhaare mit einem Wolltuch reiben, steigen die Haare in die Höhe bzw. der Ballon haftet an der Decke (ca. 3 Stunden).

- ☐ Die Kinder stehen im Kreis und werfen sich einen **Ball** zu. Leider ist er verzaubert und absolut heiß. Deshalb versucht natürlich jeder, den Ball schnellstmöglich wieder loszuwerden.

☐ **Alles wissende Zauberflasche:** Die Kinder sollen „wichtige" Lebensfragen stellen, die man leicht beantworten kann, z.B.: Wer hat schon einmal gespickt? Wer ist in ... verliebt? Wer geht ungewaschen ins Bett? Wer vergisst das Zähneputzen? Dann wird eine Flasche in die Mitte gelegt und gedreht. Dort, wohin der Flaschenhals zeigt, sitzt die Antwort der Frage.

BASTELN

☐ Ein **Zaubersäckchen** aus Samtstoff basteln: Rund zuschneiden, Durchmesser ca. 30 cm. Den Rand lochen und ein Band durch die Löcher führen. Mit Fellstückchen, Perlen, Lederstückchen oder sonstigen Utensilien bekleben.

☐ **Zaubersteine:** Steine aus dem Vorgarten mit Glitzerstiften bemalen lassen. Mit Strasssteinchen bekleben oder diese in ein Fliesenkleberbett drücken.

GASTGESCHENK

Einen kleinen Zauberkasten (1 Trick), Zauberstifte, Zauberbücher

Eigene Notizen

488

4.41 Zirkus
(ab 4 Jahre)

IDEENSAMMLUNG

Manege, Zirkuszelt, Clown, Dompteur, Seiltänzerin, Zuschauer, Schwungtuch, Springseil, Jonglierteller, Direktor mit Zylinder und Fliege, Schirm zum Balancieren, evtl. Vorstellung für die abholenden Eltern (bei älteren Kindern), Manege frei!

EINLADUNG

- ☐ Auf eine Streichholzschachtel zwei auf Pappe gemalte **Clownköpfe** (Vorder- und Rückseite) kleben, in die Streichholzschachtel den Einladungstext, geschrieben auf Papier, geben.

- ☐ Bei einer normalen bunten Postkarte eine Ecke **perforieren**, indem mit einer Nadel kleine Löcher nebeneinander eingestochen werden. Soll eine **Eintrittskarte** darstellen. Der Text kommt auf die Rückseite.

- ☐ Einladungskarten wie ein **Zirkuszelt** zum Hochklappen ausschneiden. Dafür erst einmal das Zirkuszelt auf eine geklappte Karte zeichnen. Nach eigenem Geschmack anmalen (unten mit gebauschtem Abschluss), ausmalen und die Konturen an den Seiten und unten ausschneiden. Der Text kommt in die Innenseite der Karte.

☐ **Text:** Manege frei für das Geburtstagskind ... und seine Gäste: Clown, Seiltänzer und Dompteure warten auf Dich! Komm am ... um....

DEKORATION

☐ Bunte **Kreppstreifen** wie ein Zelt von der Decke durch das Zimmer spannen.

☐ Hängen Sie **Zirkusplakate** auf.

☐ Begrenzen Sie die **Manege**, indem Sie ein oder zwei Taue auf den Boden legen.

☐ **Krabbeltunnel** als Raubtiergehege verwenden und parat legen

☐ Decken Sie den **Tisch** mit viel buntem Krepp. Bunte Smarties und buntes Geschirr wären nett.

VERKLEIDUNG

☐ **Clownhut 1:** Schneiden Sie einen Pappteller von einer Seite bis zur Mitte ein. Schneiden Sie ein Viertel heraus. Formen Sie den Pappteller zum Kegel (Ränder übereinanderschieben). Tackern Sie die Ränder fest. Mit einem Hutgummi um das Kinn führen.

- **Clownhut 2**: Besorgen Sie sich kleine Mini-Zylinder. Zur Faschingszeit können Sie diese ganz billig erwerben. Stecken Sie noch eine (künstliche) Blume an den Hut.

- **Zirkusschminke** bereitlegen und die Kinder nach ihren Wünschen in Löwen, Seiltänzer, Clown etc. verwandeln.

- Geben Sie der **Seiltänzerin** ein kurzes Röckchen (Ballettgewand?) oder einen Rock aus lauter Kreppstreifen.

- **Elefant**: Pappstirnband mit aufgeklebten großen Ohren und Rüssel

- Kleben Sie verschiedene **Tiergesichter** (Frontansicht) auf Pappteller. Schneiden Sie Löcher für die Augen hinein und ziehen Sie einen Gummi durch Löcher an den Seiten des Tellers. Fertig ist die Maske.

ESSEN UND TRINKEN

Popcorn selber machen: Nach Anleitung Kokosfett in eine große Pfanne geben. Boden mit Maiskörnern bedecken. Deckel draufsetzen und erhitzen. Die Körner poppen wieder auf und quellen aus der Pfannne... Mit Puderzucker oder Salz genießen (oder spezielles Popcorn in der Mikrowelle aufpoppen lassen).

MOTTO-GESCHICHTE

Wenn Sie eine richtige Zirkusaufführung planen, suchen Sie zusammen mit den Kindern die optimale Rolle für jedes Einzelne aus. Natürlich kann jedes Kind mehrere Rollen übernehmen. Zur Auswahl stehen: **Direktor, Dompteur, Löwen, Pferd, Dressurreiterin, Seiltänzerin, Clown, Akrobaten, Jongleur, Elefanten.** Lassen Sie sich für jedes Kind eine kleine Szene einfallen (z.B. Was sollen die Clowns vorführen?). Geben Sie Ihre Wünsche an die Kinder weiter und das Üben kann beginnen. Legen Sie zusammen mit den Kindern alle notwendigen Requisiten zurecht. Ein jeder Künstler sollte seinen Auftritt mindestens 5x proben. Die anderen Kinder können derweil ihre Kommentare und Verbesserungsvorschläge abgeben. Nach einer Stärkung schminken und maskieren Sie die Kinder, denn sicherlich trifft nun schon bald das Publikum (Eltern) ein.

Hier einige Ideen:

☐ Der **Direktor** heißt das Publikum willkommen. Er stellt die einzelnen Zirkus-Mitarbeiter vor und erzählt etwas über deren Können (Preisträger der Silbernen Palme vom Theaterfestival in Monte Carlo o.ä.)

☐ Die **Elefanten** laufen hintereinander her. Der Erste macht etwas vor, die anderen nach. Stellen Sie Bierkisten auf, auf die sich die Elefanten in der Manege setzen können. Schaffen es die kleinen Elefanten auf der Kiste zu knien und die Arme wegzustrecken?

☐ **Löwendressur:** Durch Hula Hoop-Reifen springen... (eventuell mit rot/orangenem Krepp bekleben = Feuer). Jedes Mal, wenn die Löwen etwas richtig gemacht haben, geht der Dompteur zu ihnen hin, lobt sie und gibt ihnen eine Kleinigkeit zu essen (Gummibärchen?)

☐ Die **Akrobaten** schlagen Purzelbäume, Rad und fahren Schubkarre. Sie können auch einen Stuhl mit einbeziehen und dort Kunststücke vorführen (z.B. mit einem Bein auf dem Stuhl stehen...). Sie können auch ein wenig aufeinander klettern (ein Kind stellt sich auf die Oberschenkel des Anderen, hält sich aber an dessen Händen fest.)

☐ Der **Dompteur:** Braucht auf jeden Fall eine Peitsche. Basteln Sie eine aus einem Bambusstecken, einer Stecknadel und mindestens 1 m Kreppstreifen.

☐ **Jongleure:** Jonglieren mit 2 bis 3 Mandarinen oder bunten Chiffontüchern, nicht nur alleine, sondern es können sich auch 2 Kinder gegenseitig Bälle, Kegel oder Tücher zuwerfen.

- ☐ Die **Seiltänzerin** springt sogar auf dem Seil (dickes Tau auf dem Boden)! Legen Sie noch einen Schirm parat.

- ☐ Die **Pferde** machen alle Kommandos, die ihnen gesagt werden (ein Bein heben, rechtsherum, linksherum, Kopf nach links etc.). Den Abschluss der Pferdenummer bildet der Pferdeknicks. Auch diesen müssen die Kinder vorher trainieren.

- ☐ Die **Clowns** wollen Tauziehen. Sie stellen sich Rücken an Rücken über ein am Boden liegendes Seil. Klappt es, dass einer den anderen über einen Mittelstrich zieht, wenn es beide nicht ganz so ernst sehen?

- ☐ Die **Clowns** wollen sich gegenseitig fotografieren, haben aber eine Kamera erwischt, die eigentlich eine Spritzpistole ist und bei der vorn Wasser herauskommt...

GASTGESCHENK

Leuchtstäbe, Leuchtringe, Popcornschalen, Playmobil Zirkus-Teile

Eigene Notizen

4.42 **Zoo**
(ab 3 Jahre)

IDEENSAMMLUNG

Nacht im Zoo, Geräusche, Gehege, Fütterung, Zoodirektor

EINLADUNG

- ☐ Schneiden Sie Tierfotos aus, kleben diese auf Pappe und perforieren Sie mit Hilfe einer Nadel eine Ecke, so dass es aussieht, als wäre es eine **Eintrittskarte**.

- ☐ **Banner:** Nehmen Sie 2 Schaschlikspieße, kleben Sie ein längliches Papier an den Seiten an den Hölzern fest, schreiben Sie mit bunten Stiften „Zoo" oder „Tiergarten" darauf und auf die Rückseite den Einladungstext. Rollen Sie das Banner ein und übergeben es eingerollt.

- ☐ Malen Sie einen **Zoo** von oben: Gehege außen herum, kleinere Gehege innen mit verschieden farbigen Punkten versehen (grau = Elefant, schwarz/weiß = Zebra, braun = Bär...). Text auf die Rückseite schreiben.

- ☐ **Text:** Im Zoo ist heute ein Geburtstagsfest! Bist Du mit von der Partie?

DEKORATION

- Machen Sie **Luftballons** zu Tieren! Hängen Sie dazu die farblich passenden Luftballons am Zipfel auf. Versehen Sie sie mit Augen, Schnauzen etc., kleben Sie Ohren und Rüssel aus Tonpapier auf.

- Stellen Sie Stoff-, Plastik- und **Holztiere** auf.

- Decken Sie den **Tisch** bunt, verteilen Sie Weingummitiere darauf.

VERKLEIDUNG

- Schneiden Sie in den passenden Tierfarben **Stirnbänder** zurecht. Am Ende zusammenkleben oder –tackern. Kleben Sie die passenden Ohren an und

- **Schminken** Sie die Kinder, wenn sie es möchten, in den Farben der Tiere.

ESSEN UND TRINKEN

Servieren Sie typisches Zoo-Essen: die Pommes mit Ketchup im Tütchen, die Currywurst im essbaren Schälchen etc., Tierkekse, Weingummitiere

MOTTO-GESCHICHTE

Lassen Sie die Kinder überlegen, welches Zootier sie darstellen wollen. Gehen Sie auf jedes einzelne Tier ein, wie sieht es aus, welche Geräusche macht es, wie läuft, hüpft, rennt es? Dann lesen Sie den Kindern eine Geschichte vor, die Sie im Vorfeld vorbereitet haben. Die Tiere sind auswechselbar, Sie müssen nur aufpassen, dass Sie immer die passenden Tiere erwähnen. Jedes Kind soll das vorher bestimmte Tier darstellen, wenn es genannt wird. Aber Achtung: Immer wenn das Wort TIERE vorkommt, sollen alle Kinder zusammen ihre Geräusche und Bewegungen vorführen:

Familie Meier macht heute einen Ausflug in den Zoo. Alle sind ganz aufgeregt, es ist schon lange her, dass sie die TIERE besucht haben. Sie freuen sich schon, die LÖWEN, die BÄREN, die GIRAFFEN, die PINGUINE, die ELEFANTEN, die AFFEN, die ..., die KROKODILE und all die anderen TIERE wieder zu sehen. An der Kasse zahlen sie den Eintritt und gehen als erstes zu den LÖWEN. Dort gab es Nachwuchs. 3 kleine LÖWEN-Babys spielen in der Sonne. Die ELEFANTEN im Gehege nebenan werden gerade gefüttert und ... ... Nach diesem großen Rundgang vorbei an allen TIEREN gelangen die Meiers schließlich an den Ausgang des Zoos. Alle sind sich einig: Das war ein toller Ausflug, er muss schnellstmöglich wiederholt werden!

SPIELE

- **Nachts** im Tierpark: Alle Kinder sind Tiere, liegen am Boden und schlafen. Ein Kind ist der Zoodirektor und muss versuchen, die Tiere wieder aufzuwecken und sie zum Lachen zu bringen (mit Kitzeln, Grimassen etc.).

- Machen Sie verschiedene **Tierstimmen** vor. Welches Kind errät als erstes die Tiere?

- Jedes Kind soll sich ein Tier ausdenken. Es soll das Tier so lebendig wie möglich **pantomimisch** nachahmen. Erraten es die anderen Kinder?

- **Fütterung** der Raubtiere: 2 Kinder spielen das Spiel zusammen. Sie sitzen sich gegenüber und beiden werden die Augen verbunden, sie bekommen Lätzchen und Löffel. Stellen Sie eine Schale mit Sahne auf. Die Kinder dürfen sich nun 2 Minuten lang gegenseitig füttern. Die anderen Kinder geben ihre Anweisungen dazu! Anschließend sind 2 andere Kinder dran...

- Auch die anderen Tiere bekommen ihr Fressen: Hängen Sie Würstchen auf Fäden auf und spielen **Würstchenschnappen**. Halten Sie dazu die Würstchen ca. 10 cm über Kopfhöhe der Kinder, die sich danach strecken müssen. Wichtig dabei ist, dass die Hände der Kinder auf dem Rücken bleiben.

☐ Wenn keine Besucher mehr im Zoo sind, springen die Tiere einfach aus ihren Gehegen! Aber wehe, wenn der Zoodirektor seine Runde macht! Dann müssen die Tiere schnell wieder **an ihren Platz**! Legen Sie Teppichfliesen oder Zeitungen auf den Boden, die Kinder tanzen bei Musik, wenn diese ausgeht, müssen sie schnell auf ihren Platz zurück. Das letzte Tier scheidet aus! Wer bleibt bis zum Schluss übrig, wenn in jeder Runde eine Zeitung entfernt wird?

BASTELN

☐ **Blumenstecker:** Zebra, Elefant, Löwe etc.: Styropor- oder Holz-Eier in den passenden Farben anmalen und auf einen Schaschlikspieß stecken. Die Köpfe (muss nicht professionell sein) der Tiere in Frontalansicht aus Tonpapier ausschneiden und direkt am Körper festkleben. Ohren und Schnauzen (Schnabel, Rüssel) nicht vergessen.

☐ Wer in den Zoo geht, will sicher auch etwas kaufen und braucht dazu einen **Geldbeutel**. Basteln Sie mit den Kinder einen Geldbeutel! Besorgen Sie sich dazu im Stoffhandel ca. 1 m Kunstpelz oder Fellimitat und schneiden es in Rechtecke. Falten Sie die Rechtecke in drei Teile (links legen), das unterste Teil wird nach oben gelegt und an der Seite einfach zusammen getackert (bitte helfen). Umdrehen, damit die Nähte innen liegen. Das obere Teil wird zum Dreieck geschnitten und lose eingeklappt.

Natürlich können Sie auch einen großen Knopf mit Lasche anbringen und den Beutel wieder verschließen.

☐ Jedes Kind bekommt ein buntes Blatt Papier. Besorgen Sie sich aus dem Zeitschriftenhandel **Tierhefte**. Die Kinder dürfen nun ihren Zoo gestalten wie sie wollen, indem sie aus den Heften Tiere ausschneiden, auf das Papier kleben und Zäune, Wasser und Häuser dazuzeichnen.

GASTGESCHENK

Alles, was es auch im Zoo als Andenken zu kaufen gibt: Kleine Plastikfiguren, Ketten, mit Sand gefüllte Stofftiere, Ringe etc., Lesezeichen mit Tieren drauf, Regencapes, kleine Tierpuzzles

Eigene Notizen

5 Auswärts feiern bzw. mit professioneller Animation

Es gibt unzählige Möglichkeiten, den Kindergeburtstag außerhalb der eigenen „4 Wände" zu feiern. Im **Sommer** könnte sich ein Besuch im **Schwimmbad** anbieten, ein Tag auf der **Kegelbahn** oder im **Wald** sind sicher auch etwas Besonderes. Speziell für diese Feste gibt es auch eine Anzahl von Spielmöglichkeiten (z.B. spezielle **Kegelspiele** - jedes Kind kegelt 3x und kann bestimmen, auf welcher Position einer 3-stelligen Ziffer der Wurf eingetragen werden soll (von 111 bis 999), wer hat bei 3 Zahlen die höchste Summe erkegelt?- oder **Wasserspiele** im Becken, auf die hier aber nicht näher eingegangen werden soll).

Oft ist es erlaubt, selber den **Geburtstagskuchen** mitzubringen, auch werden sogar spezielle Geburtstagsarrangements angeboten, die durchaus akzeptabel sind.

Egal, wo Sie feiern, Sie sollten für den Fall der Fälle vorbereitet sein. Wenn wirklich – was natürlich keiner hofft – etwas passieren sollte, vergeht mit mühsamen Telefonieren und Suchen oft zu viel Zeit. **Planen Sie** deshalb im Vorfeld Folgendes:

☐ Sorgen Sie für genügend **Aufsichtspersonen**, rechnen Sie mit mindestens einem Erwachsenen pro 5 Kinder.

☐ Wie kommen die Kinder zur Feierlichkeit? **Wer fährt**, brauchen Sie Kindersitze?

☐ Nehmen Sie auf jeden Fall die **Telefonnummern der Eltern** mit (auch Handynummern), Notrufnummern (Giftnotruf) und Ihr Handy.

☐ Erkundigen Sie sich auch im Vorfeld, welche
Freundin oder Bekannte telefonisch erreichbar ist,
wenn Sie dringend Unterstützung bräuchten.

☐ **Regenschirme**, Regenkleidung,
Handtücher nicht vergessen.

☐ Ein **Notfallköfferchen** mit Pflaster, Desinfektionsspray,
Mückenstichmittel, Kopfschmerztabletten für
Sie etc. unbedingt mitnehmen und

☐ Ganz wichtig: 1 Garnitur **Wechselkleidung**
Unisex, von der Unterhose bis zum T-Shirt.

Nicht vergessen:

Die Eltern übertragen Ihnen die rechtsverpflichtende
Aufsichtspflicht und SIE TRAGEN DIE VERANTWORTUNG
FÜR DIE ANWESENDEN KINDER!

Je nachdem, für welche private Art der Feier Sie sich entscheiden, müssen Sie mit **Kosten** zwischen 10 und 25 Euro
pro Kind (inkl. Gastgeschenk) rechnen. Dafür können Sie sich,
wenn Sie sich z.B. für einen professionellen Geburtstagsver-
anstalter entscheiden, gemütlich zurück lehnen und ebenfalls
das Kasperletheater o.ä. genießen...

Nachfolgend habe ich Ihnen einige Möglichkeiten in alphabe-
tischer Reihenfolge aufgeführt, die eine kleine Auswahl und
Anregungen darstellen sollen. Sicher finden Sie das Passende

in Ihrer Nähe:

- [ ] Abenteuerspielplatz
- [ ] Alleinunterhalter
- [ ] Ausgrabungen
- [ ] Bastelwerkstätten
- [ ] Botanischer Garten
- [ ] Deutsche Bahn
- [ ] Eissportstätten
- [ ] Erlebnisparks
- [ ] Feuerwehr
- [ ] Flughafen
- [ ] Freizeitparks
- [ ] Fußballplätze
- [ ] Indoorkartbahnen
- [ ] Kanustrecken
- [ ] Kasperletheater
- [ ] Kegel- / Bowlingbahnen
- [ ] Kindergeburtstagsveranstalter
- [ ] Kinos

- [ ] Kletterwälder
- [ ] Maislabyrinth
- [ ] Malwerkstätten
- [ ] Märchenzelte
- [ ] Minigolf
- [ ] Mühlen
- [ ] Museen
- [ ] Naturerlebnispfad
- [ ] Parks
- [ ] Planetarium
- [ ] Ponyhöfe
- [ ] Puppentheater
- [ ] Reiten
- [ ] Schifffahrt
- [ ] Schnellrestaurants
- [ ] Schwimmbäder
- [ ] Sealife o.ä.
- [ ] Stadtführungen
- [ ] Theater

508 Auswärts feiern bzw. mit professioneller Animation

☐ Töpfereien

☐ Verkehrsübungsplatz

☐ Vogelpark

☐ Waldlehrpfade

☐ Wildpark

☐ Zauberer

☐ Zoo

Dankeschön

Ich möchte mich bei all denen bedanken, die mir mit Ideen, Tipps und aufmunternden Worten zur Seite standen und mir maßgeblich zum Gelingen dieses Werkes verhalfen. Claudia, Kathrin, Moni, Ulli und all die anderen:
Dankeschön und ein dickes Bussi!!

Ein ganz besonderer Dank gilt meiner liebsten "Therapeutin" Birgit Andree, die immer ein offenes Ohr für mich und Adleraugen auf mein Geschriebenes hatte.

Herzlichen Dank auch an den "Meister der Maus" Moritz Jacobs, der sich bereit erklärt hat, mit mir zusammen das Wagnis "Buchprojekt" zu gehen und mich mit seinem grafischen Gespür und Können oft überrascht hat. Viel Glück Dir auf Deinem beruflichen Weg!

Am meisten bedanken möchte ich mich bei den Auslösern dieses Buches und meinen „Versuchskaninchen": Durch Euch hat mich das Thema erst interessiert: Hedi, Kilian und Theresa! Ohne Euch wäre mein Leben so viel ruhiger und gelassener, aber auch sooo viel ärmer...

Aus Dankbarkeit für drei gesunde Kinder spende ich für jedes verkaufte Exemplar dieses Buches 10 cent an den Bunten Kreis in Augsburg. Diese Stiftung hilft Kindern, die leider nicht das Glück haben, viele Geburtstage in Gesundheit feiern zu können. www.bunter-kreis.de

Infos und Updates zum Buch gibt es auch im Internet unter:

www.kindergeburtstage.org

Werden einfachheitshalber Personen oder Namen lediglich in der männlichen oder weiblichen Form verwendet (z.B. Mutter/Vater), so schließt dies das jeweils andere Geschlecht mit ein.

Die in diesem Buch vorgeschlagenen Spiele, Basteleien und beschriebenen Ratschläge wurden von mir nach gutem Wissen und Gewissen sorgfältig er- und aufgearbeitet und geprüft. Eine 100%ige Gelinggarantie kann ich dennoch nicht übernehmen, ebenso schließe ich die Haftung für alle Schäden an Personen, Sach- und Vermögensgegenständen aus.

Die einzelnen Vorschläge wurden mir überliefert, von meinen Kindern oder in Kindergruppen gebastelt, bzw. von mir erdacht. Dort, wo eine Ursprungsquelle bekannt ist, habe ich diese angegeben.